发现利润区2

利润模式

Profit Patterns

30 Ways to Anticipate and Profit from Strategic Forces Reshaping Your Business

Adrian J. Slywotzky
David J. Morrison
Ted Moser
Kevin Mundt
James A. Quella
[美]亚德里安·斯莱沃斯基
[美]大卫·莫里森
[美]特德·莫泽
[美]凯文·蒙特
[美]詹姆斯·奎拉 著
张星 等译

中信出版集团 · 北京

图书在版编目（CIP）数据

发现利润区. 2, 利润模式 / (美) 亚德里安 · 斯莱沃斯基等著；张星等译. -- 北京：中信出版社，2018.7（2026.1 重印）
书名原文：PROFIT PATTERNS
ISBN 978-7-5086-8283-9

I. ①发⋯ II. ①亚⋯ ②张⋯ III. ①企业利润—研究 IV. ①F275.4

中国版本图书馆CIP数据核字（2017）第264540号

Profit Patterns: 30 ways to anticipate and profit from strategic forces reshaping your business
by Adrian J. Slywotzky

发现利润区 2：利润模式

著　　者：[美] 亚德里安 · 斯莱沃斯基 [美] 大卫 · 莫里森 [美] 特德 · 莫泽 [美] 凯文 · 蒙特 [美] 詹姆斯 · 奎拉
译　　者：张　星　等
出版发行：中信出版集团股份有限公司
（北京市朝阳区东三环北路27号嘉铭中心　邮编　100020）
承 印 者：河北鹏润印刷有限公司

开　　本：880mm×1230mm　1/32　　印　　张：11.25　　字　　数：301千字
版　　次：2018年7月第1版　　印　　次：2026年1月第10次印刷
京权图字：01–2014–7492
书　　号：ISBN 978–7–5086–8283–9
定　　价：68.00元

服务热线：400–600–8099
投稿邮箱：author@citicpub.com

目　录

前　言

我们怎样从经验中吸取教训?

通过了解模式。

高明的医生把诊断的艺术和技巧结合起来，其基础不仅是他们的思想和所受的教育，还包括运用经验和直觉。高明的医生一眼就能识别某些模式。他们从整体着眼，把症状与病因联系起来，根据对病因的洞察来进行高超的诊断，并开出处方帮助病人康复。

商业活动也是一样的道理。精明的管理者善于辨别各种盈利模式。每种行业都因为盈利模式的变化而产生新的形式，这种变化能够引起商业领域利润和实力的剧烈变动。有时候这些模式是缓慢形成的，有时候它们的形成速度非常迅速，但是变化一直都在发生。预测公司的战略情况如何发展或者为什么变化，把症状与原因联系起来，然后开发新的战略，把公司引向持续、显著的盈利，这样的能力是一种艺术和技能，商业和投资领域的每个人都能够培养这种能力使自己获益。预测盈利模式的能力有助于管理者透过事物表面的复杂现象看到支配顾客和经济行为的动机。我们把这种能力称为战略预测，它不是百分之百的预测，而是准备好随时利用变化因素，制定胸有成竹的策略，以便采取有利于公司的最佳举措或者对抗性举措。

随着变化和复杂性增加，各种模式的变化更加频繁。模式识别就变得越来越重要。它从“知道了有好处”变为“必须知道”。

本书为商业界人士提供了一系列便利的工具，使他们在新的商业竞争中有更大的可能赢得胜利。商业活动中出现的变化类型，这是第一部分集中讨论的内容，要求他们具备一系列的新技能。过去，商业活动的复杂程度和变化频率都在快速地改变，在以后的几年里还会继续向前发展。我们不大可能回到“过去的美好时光”，回归 20 世纪 80 年代那种按照固定的规则决定商业活动发展的状态。从新的游戏规则中吸取经验有很大益处，识别关键模式的能力将帮助我们在参与竞争的时候更加游刃有余。

第二部分是全书的核心，它为管理人员和投资者提供了 30 种改变各行各业竞争态势的模式。掌握了这些模式之后，你就能够建立一个既有最佳举措，又有对抗性举措的备用库，在市场不断变化的过程中，这个备用库会成为你非常宝贵的“盟友”。辨认、了解和利用模式的艺术必须成为每位有志于实现利润持续增长的决策者的思维过程。

第三部分的内容是关于怎样引导的。通过模式应用的事例和技巧，此部分说明了怎样辨认改变本行业商业行为的关键模式。下一步是为公司注入活力，让它行动起来，而且要尽早行动起来。这部分还讨论了公司在正确决策之初常常碰到的问题。

作为第三部分的结论，第 14 章是一套指南，旨在帮助管理人员系统地应用模式思维来分析自己公司的情况。

《发现利润区 2 ：利润模式》旨在帮助管理人员发展一种企业战略的思维方式，这些战略建立在人们数十年所积累起来的企业设计创新经验的基础之上。

模式有多重应用。它们无疑是管理人员提高重大战略活动效果、分配资源和管理战略风险的工具。但是投资者、客户和优秀员工同样可以把模式思维应用到工作中，从而帮助自己做出更加明智的决定。

市场变得越来越难以预测，这给管理者和投资者带来了困难。对于投资者而言，冲击投资海面的汹涌波涛使他们越来越不容易看到海面下真正的价值增长激流。

在这个多变的环境下，理解模式并不能保证成功。但是理解模式有助于人们把注意力重新集中到潜在的客户和经济运行上，这既可能把公司引向新机遇的轨道，又可能将公司推到被淘汰的边缘。

正如股票价值会时涨时落、频繁变化一样，越来越重要的是，你一定要向自己投资的公司提出一些基本问题。比如：

1. 我投资的公司是否使用一种过时的盈利模式？新的价值领先的公司会不会很快出现？如果会，我怎样识别这些公司？

2. 我投资的公司是否属于“无利润”的行业？结构性盈利重新回到这个行业的可能性有多大？

3. 我投资的公司与行业领导者相比在能力上是领先的还是落后的？它会存活下去吗？

投资者可以利用 30 种模式中的任何一种，把它们转化成一系列适当的问题，以便据此判断自己对公司资产增长的企业设计是否满意。

投资者必须决定如何投资，客户必须决定供应商。挑选适当的供应商对客户的经营业绩会产生巨大的正面影响，盈利模式的识别能力可以帮助客户做出更明智的选择。

每种模式都可以从客户的角度转化成一系列问题。就像供应商需要预测模式以便转向正确的商业设计，客户能够预测模式以便弄清楚将来他们最佳的供应商是谁。

理解模式还可以帮助优秀员工充分发挥自己的潜力，使自己拥有下列能力：

1. 帮助公司尽早把握本行业的关键变化，为公司发展带来巨大的价值。

2. 明确哪些公司创造的价值增长类型最有可能为自己的业绩提供最大的回报。

比如，公司内部的高级管理人员，发现自己的供应商开始与自己争夺客户，这可能不是令人振奋的经验。在一家以产品为中心的公司工作的高级管理人员，发现所有的价值都转移到能够带来高回报的解决方案上，这同样是令人沮丧的。在上述两种情况下，战略模式的变化使公司现有的运营形式变得过时。这时的公司模式不能有效地回报业绩出色的员工。

到一定时候，当所有的员工都需要承担很大的责任创造或规划自己的事业进展时，他们将意识到重新塑造未来机遇的主流模式，这种意识可以与事业发展决定进行交互检测。

本书的内容建立在前两本书《价值转移》和《发现利润区》的基础上，并进一步扩展了前两本书中的各种观点和研究结果。在前两本书里，改变公司运营情况的模式都隐含在分析过程中，但是前两本书没有像本书这样深入细致地探讨这些模式。

《价值转移》讨论了商业领域中那些富有戏剧性的转移，新的积极主动的公司击败了资深的大公司——新公司不是通过新产品或者技术创新，而是通过创新性的企业设计。

《发现利润区》讲述了12位再创造者的故事，他们的利润战略为持股人创造了超过7 000亿美元的市值。本书还解释了为什么一些成功的企业持续赢利（如通用电气、迪士尼、英特尔）。本书讲述了总裁们的故事——杰克·韦尔奇、迈克尔·艾斯纳、安迪·格鲁夫，以及他们的宣传活动和他们一次又一次的胜利。

《利润模式》是“暗码书”，帮助你识别市场正在发生转移的具体方式，以便使公司、部门或者自己的小公司能够取得与这些再创造者类似的成就。

理解“利润模式”，打个比方，就好像大部分球迷在电视上观看职业橄榄球比赛一样：重量达到300磅[①]的人从四面八方奔跑过来，都想把

① 1千克=2.204 6磅。——编者注

对方打败；直到像约翰·马登这样的观察者在关键比赛后画出了距离图示，我们大部分人才明白了其中的模式。仅仅几秒钟之前我们还觉得它难以理解。

现在的商业市场似乎是难以理解的：变化日新月异，很难知道比赛正进行到哪一步。本书里的 30 种利润模式会帮助你透过混乱的表面，明确需要做什么才能使你的公司而不是竞争对手的公司，成为胜利者。

学习和使用这些利润模式并创造持续的利润增长，不会轻而易举地实现。就像国际象棋比赛一样，一个人不可能一夜之间成为大师。但是你尽早学习，创造利润的可能性就会提高。掌握了创造利润的基本规则和模式，你就会在短时间内戏剧性地实现业绩提升。

· 第一部分 · 新的商业游戏

第1章

掌握模式

1997年5月，当时最伟大的国际象棋大师加里·卡斯帕罗夫输给了“深蓝”——一套由IBM（国际商业机器公司）的科学家所设计的程序。事后，许多专家和权威人士争相宣称，在机器与人类之间，机器已经具有了压倒性的优势。

我们从“深蓝”的胜利中得出的却是与众不同的结论。

国际象棋实际上是一种模式的比赛。这些模式包括：比赛如何开局并展开，对比赛现状的理解和判断，以及下一步棋将如何走等。在国际象棋的比赛中，对模式认知拥有最强技能的棋手具有关键的优势。

加里·卡斯帕罗夫并不是被一台机器打败的。打败他的实际上是一个由IBM的雇员组成的研究小组。这个小组非常重视模式的作用，他们花费了数年的时间、投资数百万美元发明了一台能够识别模式，并能对学到的模式进行熟练应用的机器。

IBM的研究小组拥有以下三大优势，这些优势足以保证他们所发明的“深蓝”机器取得胜利，只是时间早晚的问题：

1. 在与卡斯帕罗夫比赛之前，学习和应用模式的比赛实际上已经在进行了。一方是卡斯帕罗夫——一位天才；另一方是由数十位专家组成的研究小组，每个人都非常优秀。只要假以时日，天平总会偏向研究小组一方。

2. 在研究模式时，IBM的研究小组采用了异常严谨的方法。他们将国际象棋中所有有用的模式都一一罗列出来，同时又建立起了这些模式之间的所有联系，包括带有卡斯帕罗夫本人特点的模式。

3. IBM的研究小组充分发挥了计算机的威力。计算机能储存每一种模式，而且其足够快的运算速度保证它能够在走下一步棋之前，将所有可能的模式分析一遍。通过计算机，研究小组创造了循序渐进的学习能力。

最终，卡斯帕罗夫发现他遇到了一个比他想象中更可怕的对手。他认识到了这一点，以至在比赛结束之后，他在冗长的演说中有意无意地流露出了他内心的挫败感。

因此，“深蓝”的获胜并不能证明机器胜过了人。这件事情只能证明，团队合作、系统的认识模式加上循序渐进的学习能够战胜天才。这种胜利仍然是人的胜利。同时，所有的经营者和投资者也应从中得到启示。

模式思维应用于企业战略

“深蓝”的获胜为每一位高级经理人和投资者都打开了一扇通往未来的窗户。无须多想，我们就能意识到，一种将来我们都能用来制定商业战略和投资战略的重要工具已显露端倪。

我们相信，任何一家公司，如果它能够像IBM的研究小组一样为模式研究投资，都能产生非常有新意的战略，并能获得可持续的长期投资回报。这种投资主要是方向上的（而非成本），包括管理层的团队合作、系统的模式开发和不断学习。本书的目标就是帮助这些公司在一开始开发它们自己的模式数据库时，就处在位置较高的起点上，由此也能减少它们资金上的支出并缩短回报期。

对模式的投资能够协助企业的经营者在企业竞争中获胜。需要指出的是，企业竞争是永无止境的，这是与国际象棋的不同之处。但是企业竞争的核心仍然是模式认知之争，包括竞争如何发展到今天，目前竞争的状况如何，以及竞争将向什么方向发展等问题。

掌握了企业模式识别的人习惯于从对于新手来讲是混沌的状态开始。在他们眼中没有混沌，他们所看到的是按照一定的复杂性展开的战略图景，他们发现了隐藏于其中的模式。他们掌握了模式。

掌握模式极为重要。这好像是你在漫天乌云、漆黑一片的夜晚戴上了一副红外夜视镜，它不仅能帮助你看清三步之内的危险，而且能让你看清通向机会的道路，并让你发现哪些行动将使竞争的形势向着有利于你的方向转变。

不能掌握模式将产生相反的结果。你看不清危险，看不清机会，在竞争中疲于奔命，穷于应付，无力创新。

这就是那些认识到企业模式识别威力的人如此勤奋实践、努力学习的原因。那些掌握模式的人利用他们的经验提高战略技巧，将竞争带入新的层次，而那些没有掌握模式的人则在竞争中败北，与胜利者的差距越来越大。

模式并不是新事物

好在所有的商业人士都已经在使用模式思维了。从首席执行官到中层经理再到证券分析员，我们已经将模式作为一种基本工具用于我们的工作和战略思维中了。

许多经理人都能够描述应用组合和分解模式，或者能够将商品化模式、无中间环节模式和放松管制模式的特征和结果娓娓道来。

同样，许多经理人也能够认识到“权力转移”模式所说的主动权正在从制造商转向分销渠道。他们已经从沃尔玛、家得宝和玩具反斗城中看到了例证。他们也能预测CarMax（美国最大的二手车零售商）、AutoNation（美国最大的汽车零售商）和亚马逊这些公司的发展方向。

盈利模式既不新鲜也不神秘。我们一直在使用它们。它们是人们从复杂多变的环境中，抓住并突出至关重要的经济特征而采用的重要和便捷的手段。

与20世纪80年代相比，需要我们去认识和理解的盈利模式在种类和复杂程度上都增加了。80年代，我们在经营公司时，明显或不明显地，总共只有十几种盈利模式。而现在，我们需要认识的模式成倍增加，不可同日而语。而且当我们去认识它们时，尤其是在消费者行为和利润产生方式方面，为了达到一定的效果，我们需要比10年前理解得更具体、更细致。

模式的数量和重要性正在增加

在20世纪的绝大部分时间里，理解盈利模式似乎无关紧要，我们周围的一切变化得并不快。每个人都懂得成功的秘诀，因为这些秘诀容易被发现，而且浅显易懂。

在制造业中，需要理解的关键模式就是相对市场占有率决定着利润。在这个行业中所需要的战略工具和思维方法浅显易懂且极为有效。增长/份额矩阵、经验曲线、全面质量管理、核心竞争力，这些加起来已经足够满足我们实际应用的需要。许多制造业企业变成了在相对市场份额方面竞争的专家。

但是现在，我们看到了越来越多的情况与上述规则矛盾。例如，小型汽车制造商比大型汽车制造商更有利可图，星巴克咖啡连锁店的盈利能力超过了大型咖啡公司。我们甚至无须奇怪，戴尔公司是赢利最丰厚的个人电脑制造商，但它自己并不生产关键部件。它将关键部件外包给其他厂商生产，虽然这会增加一两个百分点的成本，但由于它的整体模式设计使它的产品在出售时节省了 10 个百分点的成本，它仍然有利可图。

在零售业中，另一个简单的模式一直占据着核心地位，它就是地点，将商店建在靠近住宅区的地方，或者建在最好的大型购物中心的所在地。过去，没有定向超市，没有电子商务，没有售货亭，也几乎没有零售品牌，更没有“边玩边买”等模式让人们心烦。

服务业也有其自己的模式。过去，优质服务意味着有一个认识你的人为你提供个性化的服务，服务人员在打电话时能够叫出你的名字，或者在服务活动中融入了服务人员的个人关怀。那时候，没有远程服务，没有每天 24 小时、每周 7 天的全天候服务，没有较低价格的自助服务，也没有智能代理服务。

就像上述例子所显示的，仅仅知道传统的模式是不够的。那些用于开发传统模式的分析方法，线性的、逻辑的、二维的、自下而上的，也不再奏效。更糟糕的是，传统模式可能会在蔚为大观的新潮流中惨遭失败。在过去的 15 年中，那些采用传统战略分析的市场份额领先者将大约 7 000 亿美元的股东价值拱手让给了一些新进入者。

传统模式也不总是错的，它们只是不再总是对的。它们应当被视作众多盈利模式中的一种，而不再是北极星或指南针。取而代之的是许多其他的模式，这些模式能够解释今天的商业社会中许多新的价值创造活动。有一些公司打破了旧的规则，获得了商业上的成就，同时创造了新的规则。而其他公司则可以通过建立模式思维利用这些新的规则。

模式与领导力

许多科幻迷都非常熟悉电影《星球大战》和《星际旅行》中所描绘的光速旅行：轻轻按一下电钮，我们的英雄所驾驶的宇宙飞船就摆脱了敌人的控制，急速遁入超时空中；飞船化作一道令人难以置信的光束，顷刻便在观众的眼前消失得无影无踪。此时此刻，每位观众的视觉和听觉都淹没在如洪水一般涌来的各种各样、超负荷的感受之中。

任何一位关心当前商业信息的人也都会有一种超负荷的感觉。大量的信息正在向我们扑来，我们会感到迷惑、混乱和无法承受。今天的经理人在面对太空时，手中没有一张太空地图。新老客户都在不断地改变着偏好。新的企业设计正在从各个方面破土而出，而老的竞争对手在改变竞争方式之后又卷土重来。成千上万的“输入”信息充斥在经理人决策的过程中，致使经理人束手无策，他们不知道该如何分析这些信息并从中淘出金子。

输入过载会引发组织中的混乱。我们周围的一切都在改变，好像天旋地转一般。下一步该怎么走，好像又没人说得清楚。这种混乱是一种典型的前奏，接下来将是失败，股东价值的损失。一位曾经成功的经理人的履历上将添上不光彩的一笔。

盈利模式识别就是在“剧变的超时空”（世界留给我们的印象）当中航行，将模式从各种表象下面挖掘出来的过程。如果能以足够快的速度掌握盈利模式识别的技巧，我们就能在这些技巧的帮助下做出更好的决策和采取更有效的措施。否则，信息的洪水将会冲毁我们的决策堤坝。发现模式，也就是在混乱中建立秩序，将使我们看到清晰的战略前景，并指引我们朝着最有利润的机会迈进。

模式思维是一个经理人沟通并使变化更有序的最佳工具。经理人在借助模式与人沟通时，将会显示出他完全掌握了将变化转化为机会的艺术，以及他完全值得员工和投资者信赖。建立这样一种领导者的形象，将有助于留住最重要的优秀员工，保持投资者的投资热情，并最终给公司带来可观的经济回报。

另外一些与公司发生关系的人，包括为公司工作的、向公司投资的和从公司购买东西的人，信息洪水给他们带来的感受可能更糟糕。他们对局面的控制能力可能还不如公司的经理人。在这种情况下，模式思维就更重要了。理解一个行业中关键的盈利模式能够帮助投资者、客户和员工做出更明智的决策和选择。

你在模式竞争中有多强?

现在，谈一谈你所在的行业。你的公司是否掌握了它?

掌握什么?

掌握变化的模式，包括那些可以描绘战略格局如何从过去向未来演变的模式，那些企业设计在经济意义上已经过时的模式，以及那些企业设计变得适应客户，甚至受到客户追捧而且绝对能产生利润的模式。

关于掌握模式与不能掌握模式的案例有许多。本书第 4 章至第 11 章中所描述的只是其中的一小部分。每个案例都展示出几个非常具体、定义明确的模式。一些企业掌握了模式，其他的则没能掌握。掌握模式使胜利者做出正确的战略决策，并获得了这些模式所释放的巨大的经济力量。而那些不能掌握模式的企业，也就是没有看到模式的企业，进行了错误的行动，并摧毁了巨大的股东价值。

诺基亚是怎样利用从产品到解决方案模式和从产品到品牌模式，在无线通信市场超过摩托罗拉和爱立信，成为领先的创新者和价值创造者的?是什么促使SAP公司（全球领先的企业管理软件解决方案提供商）的创始人比它的竞争对手提前“看到”并率先使用，且充分利用知识到产品模式的优势?两位咨询顾问怎样预见从产品到客户知识模式将改造信用卡行业，以及他们怎样提出一种最终将第一资本金融公司（Capital

One）变成一个金融服务业巨人的企业设计的？班–奥卢夫森公司（世界顶级视听品牌公司）是怎样改变它的企业设计，进而从产品到品牌模式和客户重新定义模式中获利的？我们将在第 4 章至第 11 章中找到这些问题的答案。

遗憾的是，事后诸葛亮并不能给企业带来胜算。为了取胜，企业必须在竞争之前掌握模式，而不是几年之后才发现模式。在一个又一个的案例中，那些在竞争之前掌握模式的公司创造了最大的价值增长，并对它们的业务有最大限度的战略控制。

今天，在你的行业中，或许有 2~5 个完全不同的模式存在。旧的利润源泉正在向新的源泉转换。旧的盈利模式也在向新的模式转换。你的公司掌握模式了吗？你看到并理解模式了吗？你能预见模式如何展开并创造机遇或带来威胁吗？你的竞争对手掌握模式了吗？你和你的竞争对手，谁能对客户和变化中的模式产生更快速的反应，并能精准地加以利用呢？

模式与进步

不经过努力，学习并运用模式来创造可持续的利润增长是不会发生的。就像在国际象棋中一样，没人能在一夜之间变成大师。然而，如果你在初学阶段的速度很快而且掌握了基本规则，那么你在一个较短的时期内取得巨大的成绩是可能的。

读者在刚开始读本书时，可能觉得模式是一门令人望而生畏的学问。但是你需要牢记的是，盈利模式识别实际上是一种已经在许多领域中被用于预测不确定未来的方法。这些领域包括：

地震学——石油藏在哪里？

气象学——天气将会怎样变化？

医疗诊断——病人将出现怎样的变化？

当我们在商业战略中系统地应用盈利模式识别技术时，我们将面对这样的挑战：

企业战略——价值将向何处去？

变化的商业环境产生了大量的数据，对这些数据进行筛选是一项与预测天气或探测石油储量非常相似的任务。气象学家和声呐专家在工作中使用强大的计算机程序，这些程序采用模式的方法分析通用的数据。作为战略家，我们必须推广和应用管理层的模式思维培训。人类的头脑有能力有效地运用模式思维。盈利模式识别是一种可以被学会的技能，但是需要改变我们习惯的思维方式，同时我们在利用增长经验的方式上也要与以往不同。

通过全身心地学习盈利模式识别，你将获得辨明新的商业竞争中最重要的模式及其含义所必需的基本技能。利用这些新技能，你将更有可能为你的单位或公司制定出一套能够产生利润的行动指南，不管公司的前景现在有多么不明朗。事实上，出色的战略识别技术将帮助你在新一轮的竞争中把表面的混沌状况从一种不利的因素转化为一种明显的优势。

延伸阅读

模式与掌握模式：一个简单的例子

对比一下新手与大师能够很好地说明模式思维的作用。

如果让两个人同时看一张棋盘，其中一个是新手，另一个是大师，这两个人将看到完全不同的东西。新手看到的是棋盘上的许多方格，而大师看到的却是在一个战略空间内的许多模式。

试着把棋子如图 1–1 中棋盘A那样摆好，先看棋盘 15 秒钟，然后把棋盘盖住。再用 30 秒的时间，在一张空白的棋盘（棋盘B）上把棋子按棋盘A的样子重新摆出来。

棋盘A

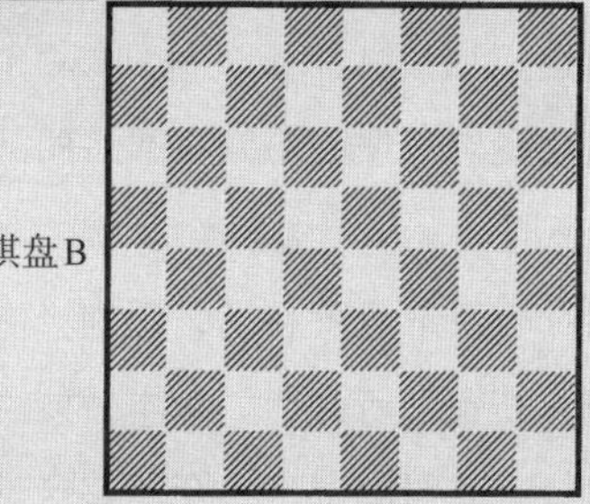

棋盘B

图 1–1　棋盘I

棋盘A中共有24个棋子，你摆对了多少个？

现在看图1–2中的棋盘C。按照上述的程序再来一遍。看15秒，盖上棋盘，重新摆棋30秒。这一次你摆对了多少个？

棋盘I是一种随机的摆法。新手和大师的得分相同：基本上都只摆对了24个棋子中的9个。棋盘II是一个真实的棋局。新手仍然只摆对了9个，然而这一次大师摆对了16个（或者更多）。

大师懂得国际象棋是怎样下的。他们通过观察棋子的位置来发现其中的模式。通过长时间的练习，他们学习和存储了5万种以上的棋局模式或者大量的信息。当他们看到一种棋局时，他们就会搜寻头脑中所记忆的模式，从而很快地得出对应的走法。他们能够很快地掌握模式。而新手看到的棋局只是棋子随机的摆放而已。

在商场上也存在同样的过程，但是它们有一些重要的区别。下一盘国际象棋要花 2~4 个小时，需要走几十步。一名国际象棋的高手必须学会成千上万种变化。大师则需要花费 10 年以上的时间学习所有的基本变化。

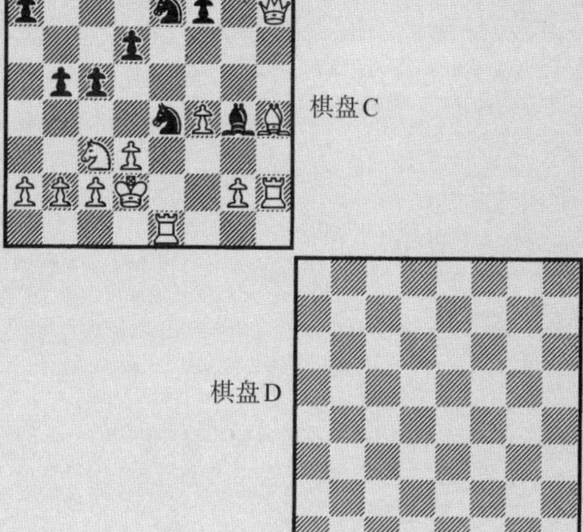

图 1–2　棋盘II

商业竞争包括不断变化的竞争行为和客户行为模式，一次商业变革可能要花 2~10 年，但其中只有四五个关键的行动。一个出色的职业棋手必须学习 300~400 种棋局的变化，并从中提炼出 30~40 种关键的模式。这不是件容易的事情，却是我们可以做到的。

第2章
价值两极分化

价值比例关系：越大越好

过去，成为行业中最大的企业一直是企业成功的不二法门。这一认识缘于这样一种事实，那就是销售额最大的公司沿着经验曲线移动得最快，拥有成本优势。较低的成本导致较高的利润，较高的利润带来较强的投资能力，而较高的投资能力又进一步推动成本的降低。另外，客户愿意为市场领先者的声誉多付钱，优秀的人愿意为最大的公司工作。成为行业领先者的关键就是获得超过所有竞争对手的市场份额。

当我们观察各类行业时，规模与市值总是相关的。市场将最大的市值奖励给了那些销售额最大的公司。

有关这种奖励的例子不胜枚举。计算机、汽车、消费品、钢铁、航空和金融服务等许多行业都出现了同样的景象。在企业价值与规模成比例的时代中，获得市场份额就等于获得市值。

价值转移：企业设计创新者通过商业模式识别创造了新价值

在过去的20年中，商业社会的许多基本特征都已经改变了。其中最基础的变化是企业如何运作以及什么因素决定企业成功。我们都目睹了混乱的20世纪80年代和90年代。那时候许多有潜力成为行业巨头的公司现在已风光不再。大公司和地位稳固的公司已经与问题公司和衰败的公司联系在一起。

在过去的15年中，超万亿美元的市值已经从旧的企业设计转移到了新的企业设计中。最高的价值评估现在给了那些拥有最有效企业设计的公司，而它们不一定是最大的公司。这些后起之秀定位于它们所在行业中的利润区内。这种定位可能包括规模，但真正驱动价值增长的是一种强有力的企业运作新方式。这种新方式创造或利用了商业竞争的新规则。伟大企业设计的特征包括：

- 高度关注客户。
- 一系列内部协调一致的关于经营范围的决策（提供产品、参与价值链活动）。
- 一套出色的价值捕捉机制或利润模式。
- 能够使投资者对未来现金流更有信心的、具有强大差异化和战略控制的来源。
- 一套精心设计的、能够支持和强化企业设计的组织体系。

商业模式识别是率先发现新机会，重新定义竞争规则，以及创造伟大企业设计的最有效的方法之一。

通用电气公司的商业模式是解决方案模式。在这种模式下，通用电气公司从销售传统产品，变为提供产品和融资、保险、咨询、管理服务。

微软公司的盈利模式包括价值链分拆模式、行业标准模式和基石建设模式（从操作系统到应用软件，再到浏览器，然后到内存）。

可口可乐公司的模式是重新整合模式。为了使它在价值链原有的环节（可乐原浆销售和广告）上获得成功，可口可乐公司必须介入传统意义上留给其他厂商的价值链环节（装瓶和分销）。

耐克公司的关键模式包括外包模式和新品牌定位模式。该公司在传统的 60 秒运动鞋广告之外，引入了 60 分钟的名人产品推介活动（如篮球明星迈克尔·乔丹，高尔夫球明星泰格·伍兹，足球明星罗纳尔多等）。

盈利模式识别和企业设计创新的威力，促使传统的企业价值与规模成比例的定式走向灭亡。新价值增长的获胜者凸显出来。在计算机、零售、原材料和很多其他行业中，超万亿美元的市值已经从旧的企业模式转移到新的企业模式中。成功的范例也不再是那些能够获得最大市场份额的公司，而是那些能够捕捉最大价值份额的公司。那些更多地关注顾客和企业设计主要方向，特别是利润模式和战略控制的公司，已经取得了行业中的领先地位。

延伸阅读

价值缘何转移？创业因素

在 20 世纪 40 年代后期，美国只有屈指可数的几家创业投资基金公司。到 90 年代，这样的公司达到了 1 000 家。这是驱动价值转移最重要的一个因素。

如果没有创业投资，所有的精英和天才将会在哪里？他们会被埋没在大公司的机构之中，抱怨公司行动迟缓，抱怨那些不能掌握模式的经理。

今天这些精英和天才在哪里？他们在成千上万家新兴企业中，为客户创造新的价值，引起股价上升，带来激情，创造就业机会，使竞争不断变化，吸引新的加入者，并使领先者忧虑不安，导致许多公司遭遇巨大失败。

随着企业设计创新和价值增长的强大种子从公司创业部门

扩散到公司其他部门，美国的创业因素正在进入下一个重要的阶段。财富500强名单中参与创业投资并且设立专门机构从事这一业务的公司数量，正在快速增加。

与此同时，创业因素也正在向其他地区蔓延。欧洲、亚洲和拉丁美洲正在进入创业文化发展的第一阶段。在未来的几年中，上述每个地区都将发生变化，新的创业风潮正在兴起。

其中的原因何在？这是被迫的选择。创业因素将成为每一个希望在全球经济舞台上不被抛弃，并拥有持续竞争力的企业家所必需的要素之一。

虽然创业因素目前在欧洲被发挥得并不充分，但是企业设计创新早已推行开来。最新的研究表明，一些被称为欧洲创新者的公司已经通过企业模式的创新创造了惊人的回报（见图2–1）。

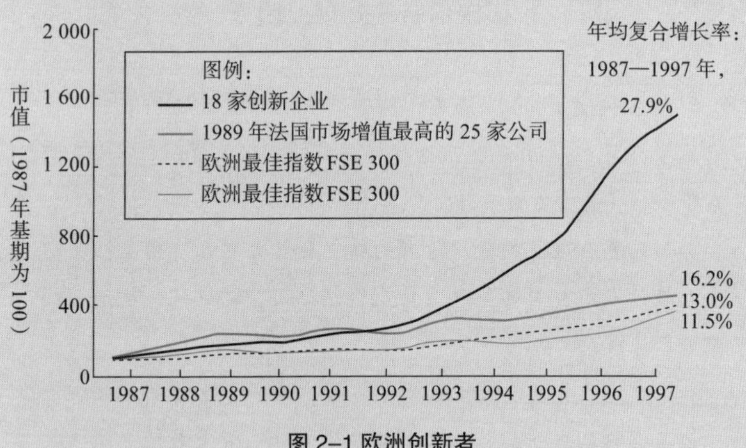

图2–1 欧洲创新者

注：欧洲创新者公司指那些在行业中收入处于第一、第二和第三的欧洲上市公司

当欧洲跨过了当前的再造／重组阶段并再生的时候，即当创业活动在欧洲展开的时候，我们可以预见欧洲企业设计的创新将会大大加强。

当企业设计创新频繁的时候，价值迁移就会加快。欧洲、亚洲和拉丁美洲的创业风潮不仅将重新上演许多率先出现在美国的盈利模式，而且将发展出许多崭新的盈利模式。在未来的几年中，可供我们决策过程所选择的模式的数量将大大增加，这将给那些懂得模式的人带来巨大优势，同时使那些不懂模式的人的处境更加不利。

价值两极分化：一枝独秀的世界

请大家看一看下面的填空游戏，表中列出的每家公司的市值是多少？

表 2–1　填空游戏

市值（10 亿美元）		市值（10 亿美元）
微软	vs.	苹果
可口可乐	vs.	百事可乐
思科	vs.	海湾网络
通用电气	vs.	西屋
耐克	vs.	锐步
雅虎	vs.	Excite搜索引擎
美泰	vs.	孩之宝
盖璞	vs.	The Limited（LTD公司）

在价值两极分化中，拥有新企业设计并占有决定性市场份额的胜利

者，会获得很大的成功。其原因何在？投资者相信出色的企业设计、战略控制和绝对支配性的市场份额的组合，不仅能使领先公司在当前的竞争中获得较高的利润，而且能够保证其在下一轮的战略竞争中继续领先。

在这种情况下，价值流向了金牌获得者，留给银牌选手的价值仅够其惨淡经营而已。

价值两极分化的过程通常分两个阶段展开（见图 2–2）。在第一阶段，许多竞争者都在努力使自己处于成功者的地位，它们进行投资活动，改变企业设计，以期更有效地满足客户偏好。

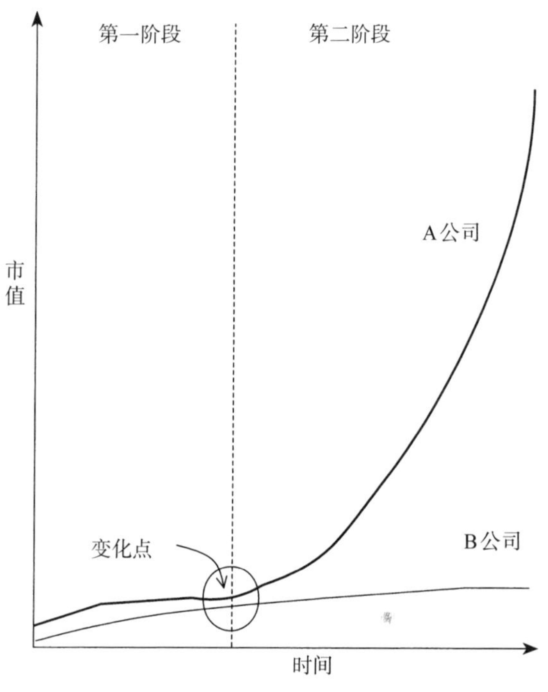

图 2–2　两极分化现象

在第一阶段，竞争者之间从表面来看势均力敌，都在为角逐领先地位公平地竞争，实际上在表面下蕴藏着相反的事实。其中的一个竞争者看到了正在行业中兴起的少数关键模式，而其他竞争者却没有发现。这个竞争者掌握了关键模式，并对兴起的变化给予了回应。为了借助会使整个行业重新洗牌的模式的力量，它在精心设计之后进行了少数几步关键的行动。

随着时间的推移，在某时点上，所有促成模式的因素和条件恰好到位（犹如钥匙恰好对准了孔位，打开了保险箱一样），第二阶段开始了。现在那个竞争者所开展的行动开始取得显著的成效。在这个时点上，它开始猛烈地争夺客户、投资者和精英人才。其结果是这个掌握模式的竞争者拥有了业绩，它的市值呈爆发式增长。价值不再与规模成比例，两极分化现象发生了。金牌得主比银牌选手的价值高出了很多倍。

请思考下面所举的例子（见图 2–3 至图 2–19）。请记住，成就金牌得主的每一步行动都源于其管理层中某些人有意识或无意识形成的盈利模式识别。

价值两极分化：率先掌握模式的价值

在我们所列出的每个案例中，领先者能够在它的行业中充分利用模式的优势。而其他竞争者要么没有看到模式，要么反应过慢。

探究正在改变行业格局的模式的重要性，比以往任何时候都要大得多。价值两极分化的积极意义在于能够创造出不可思议的成就。银牌选手（可能做得也很好，但只能屈居第二位）发现自己在竞争中变得越来越不利。价值两极分化使利益分配越来越不公平。

价值两极分化要求公司的管理层要有一种完全不同的战略思维。时间的本质和价值已经改变了。在价值与规模成比例的世界中，市场份额的争夺战可能要打好几年。在企业设计与大体相同的公司竞争的时候，竞争公司能够根据行业的规律按部就班地制订计划和做出投资安排。但现在，那种行业的老皇历正在变得不切实际。

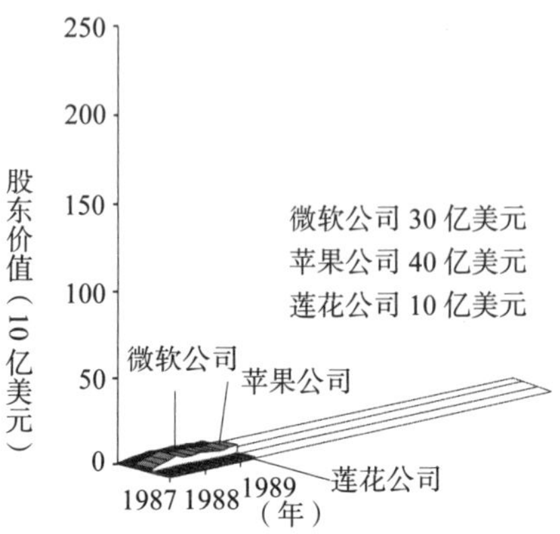

1989 年，微软公司、苹果公司和莲花公司都有很高的客户认可度及出色的产品，在企业价值方面三家公司也相差不多

图 2–3　微软公司、苹果公司和莲花公司的对比 I

资料来源：美世咨询公司价值增长数据库

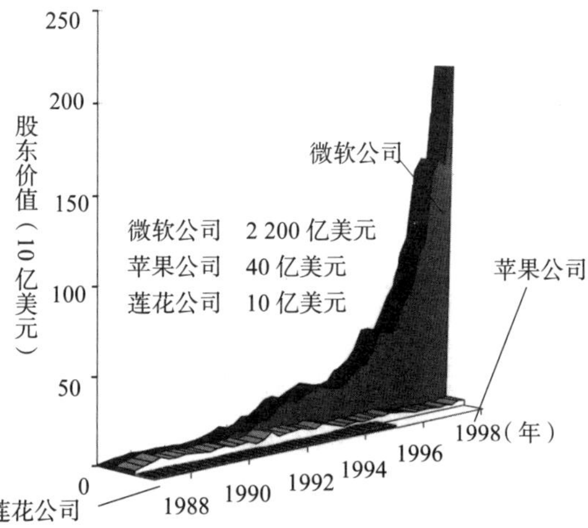

自 1989 年以来，微软公司通过改进企业设计吸收了几种不同模式的优势，从而获得了比银牌企业和铜牌企业高得多的市值

图 2–4　微软公司、苹果公司和莲花公司的对比 II

资料来源：美世咨询公司价值增长数据库

注：股东价值数据截至 1998 年第三季度

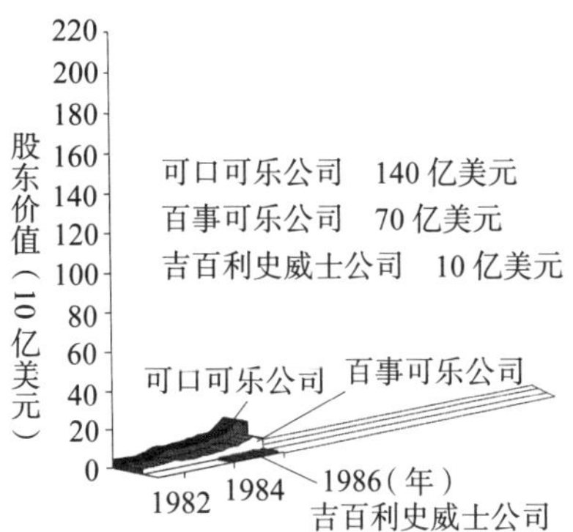

可口可乐公司过去在与百事可乐公司、吉百利史威士公司的竞争中，避开了对零售店的争夺。1986 年，可口可乐公司与百事可乐公司的股东价值差距只有 70 亿美元

图 2–5　可口可乐公司、百事可乐公司和吉百利史威士公司的对比 I

资料来源：美世咨询公司价值增长数据库

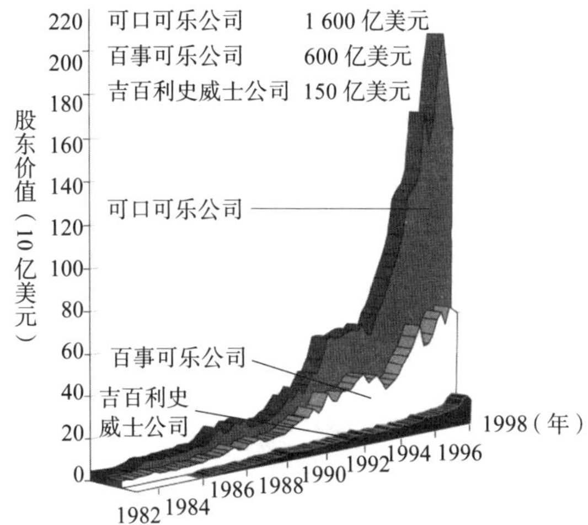

可口可乐公司理解并运用了与其业务相关的几种重要模式，再造了它的企业设计，以充分发挥模式的优势，最终创造了 1 600 亿美元的新的企业价值，与百事可乐公司的股东价值差距扩大到 1 000 亿美元

图 2–6　可口可乐公司、百事可乐公司和吉百利史威士公司的对比 II

资料来源：美世咨询公司价值增长数据库

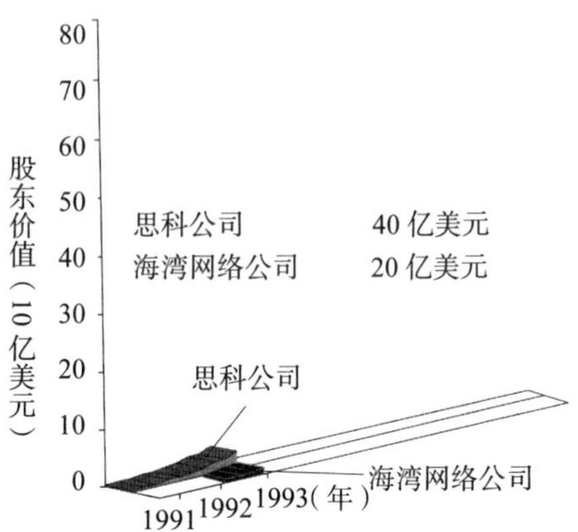

思科公司和海湾网络公司都是数字路由器技术的开创者。1993年，这两家公司之间的股东价值差距为20亿美元

图 2–7 思科公司与海湾网络公司的对比 I

资料来源：美世咨询公司价值增长数据库

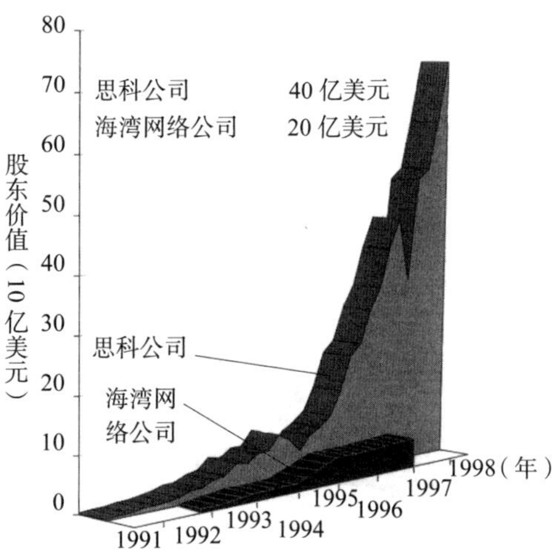

在快速变化的行业环境中，思科公司通过模式的应用，创造了超过竞争对手许多倍的股东价值

图 2–8 思科公司与海湾网络公司的对比 II

资料来源：美世咨询公司价值增长数据库

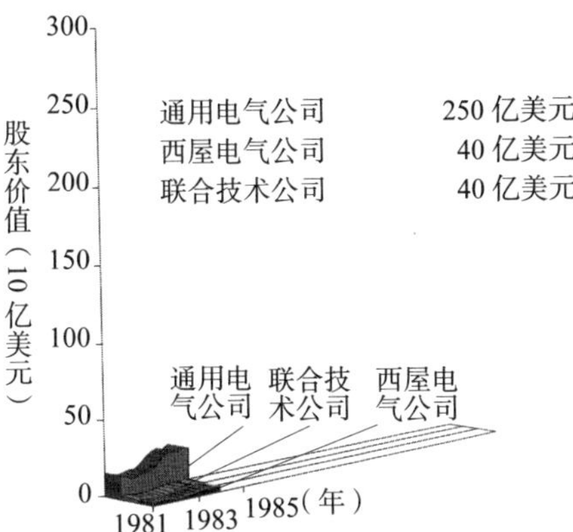

20 世纪 80 年代早期，这三家公司都自认为是世界级的工业产品制造商。1984 年，通用电气与其竞争对手的股东价值差距为 210 亿美元

图 2–9　通用电气公司、西屋电气 * 公司和联合技术公司的对比 I

资料来源：美世咨询公司价值增长数据库

注：*1997—2000 年，西屋电气公司改名为 CBS 公司

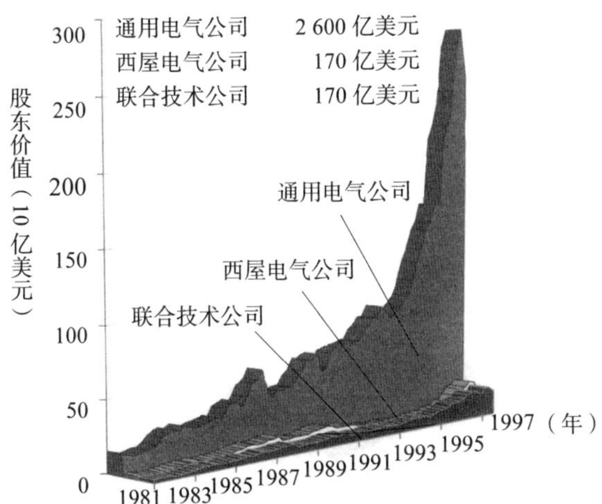

到 1998 年，在运用几种重要的模式对企业设计进行多次改造之后，通用电气公司将股东价值差距扩大到 2 430 亿美元

图 2–10　通用电气公司、西屋电气公司和联合技术公司的对比 II

资料来源：美世咨询公司价值增长数据库

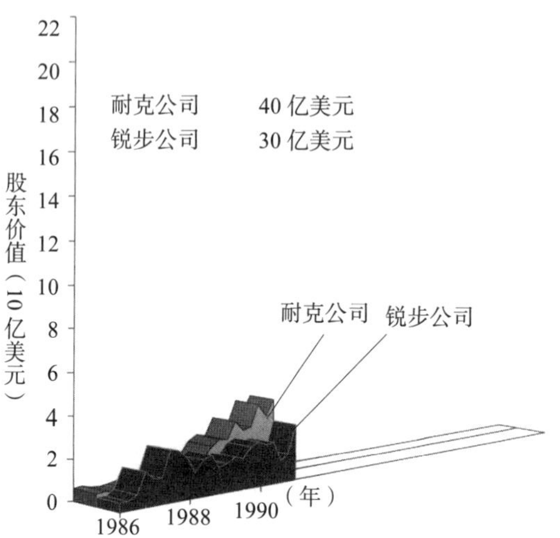

在运动鞋市场中，耐克公司和锐步公司为争夺市场老大而激烈竞争

图 2–11　耐克公司与锐步公司的对比 I

资料来源：美世咨询公司价值增长数据库

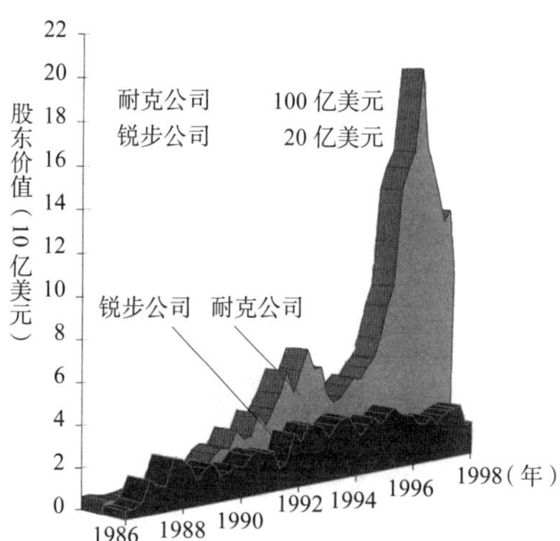

耐克公司通过应用一系列的模式，创造出了数倍于锐步公司的股东价值

图 2–12　耐克公司与锐步公司的对比 II

资料来源：美世咨询公司价值增长数据库

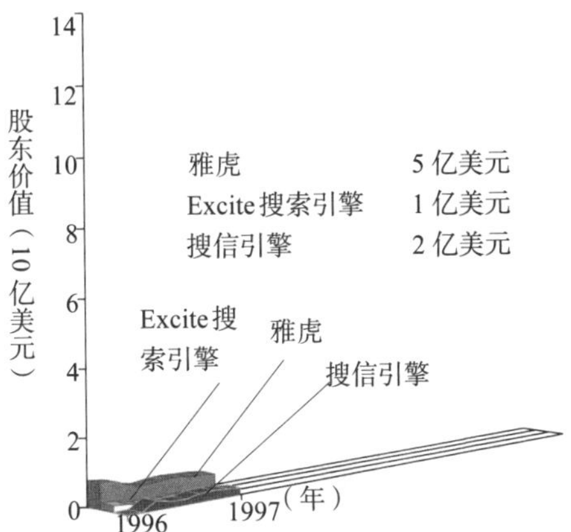

在互联网发展的起步阶段，这三家公司为成为领先的目录式搜索引擎而竞争

图 2–13　雅虎、Excite 搜索引擎和搜信引擎的对比 I

资料来源：美世咨询公司价值增长数据库

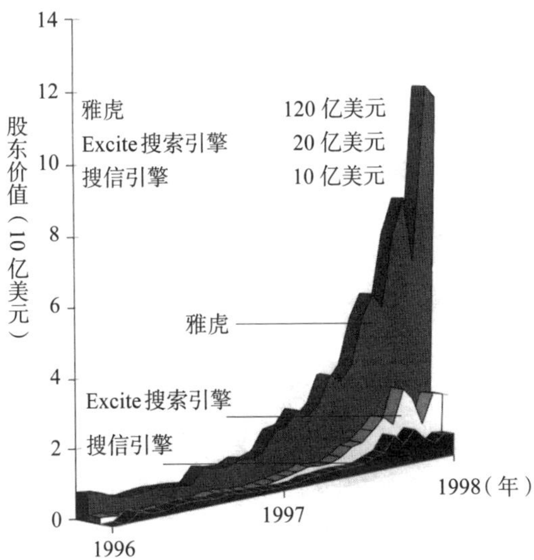

截至 1998 年年末，雅虎已经发展成为股东价值比搜信引擎和 Excite 搜索引擎加起来还要多数倍的行业领先者

图 2–14　雅虎、Excite 搜索引擎和搜信引擎的对比 II

资料来源：美世咨询公司价值增长数据库

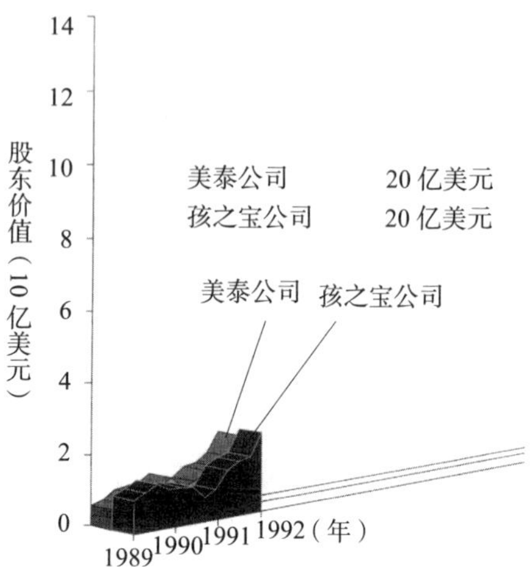

20世纪90年代初，孩之宝公司和美泰公司在争夺玩具市场领先者的竞赛中不分上下

图 2–15　美泰公司和孩之宝公司的对比 I

资料来源：美世咨询公司价值增长数据库

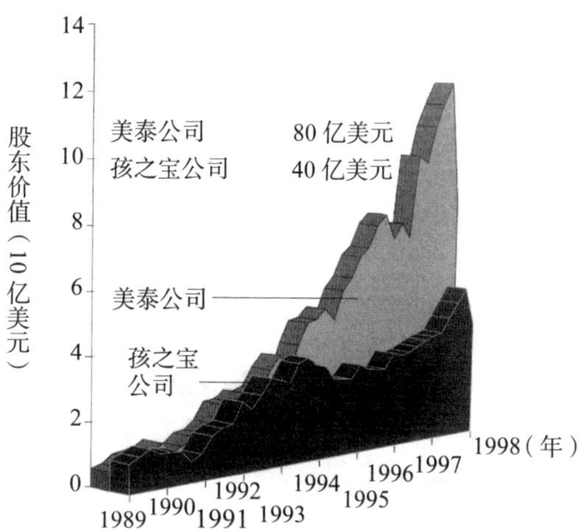

到20世纪90年代末，美泰公司已经运用几种重要的产品模式创造出了比孩之宝公司多1倍的股东价值

图 2–16　美泰公司和孩之宝公司的对比 II

资料来源：美世咨询公司价值增长数据库

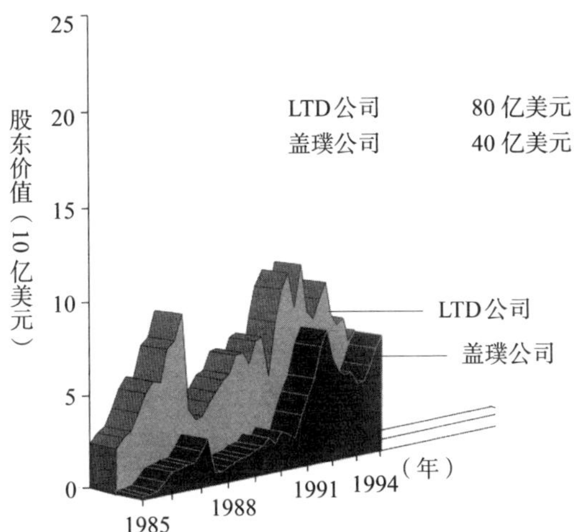

1994 年，盖璞公司和LTD公司正在争夺服装零售专卖店市场的领先地位

图 2–17　LTD公司和盖璞公司的对比 I

资料来源：美世咨询公司价值增长数据库

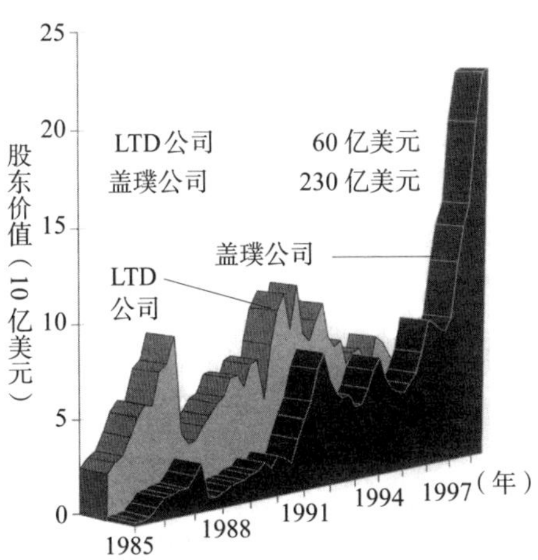

几年内，盖璞公司成了行业的领先者，创造出了近 4 倍于LTD公司的股东价值

图 2–18　盖璞和LTD公司的对比 II

资料来源：美世咨询公司价值增长数据库

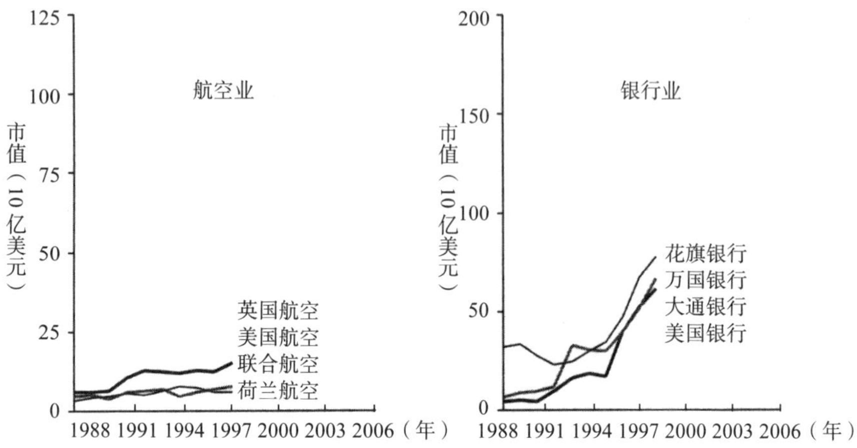

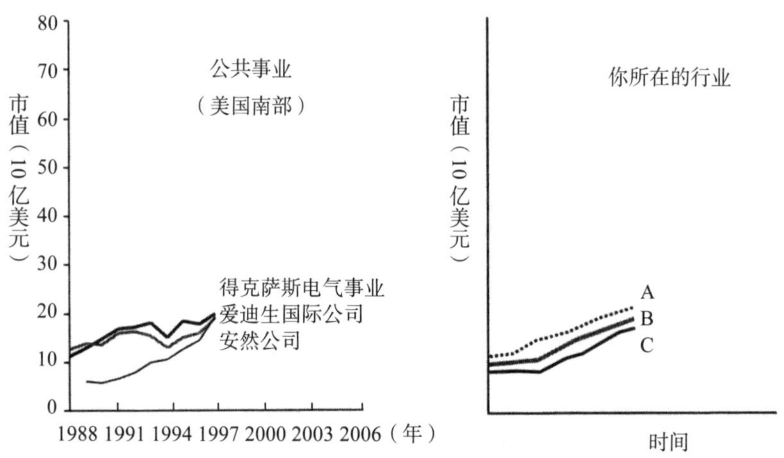

图 2–19　不同行业市值情况

价值转移要求公司换一种眼光看市场，同时对客户偏好的变化或新的竞争性企业设计做出反应。价值转移要求公司开始对竞争对手和客户进行大范围不间断扫描，同时处理大量的输入信息，从中辨别那些可能意味着新机会或威胁的偶然因素。

价值两极分化还增添了一种迫切需要改变的因素。公司仅对变化有灵敏的反应已经不够了。今天，竞争所需要的一项关键技能是战略预见能力和对下一代企业设计进行集中、快速投资的能力。在价值两极分化的时代，只有那些率先辨别出模式，并且提早一年将这种洞察力付诸行动的公司才能获得丰厚的回报。率先设定成功的轨迹能使公司在其后的价值两极分化的环境中成为赢家。

在一个又一个行业中，价值两极分化正在改写竞争的格局。在某些行业中，例如在本章前面所提及的行业中，谁胜谁负已见分晓，利益分配业已完成。在其他行业中，第二阶段才刚刚开始。能够首先看到模式并且能够在竞争之前掌握模式的公司，将有条件仔细思考并推出能够赢得金牌的一系列行动。

请思考一下航空业、银行业、公共事业和你所在的行业：哪一个竞争者将在价值两极分化中获胜？哪些公司将率先掌握模式？获胜者是否已经准备好了利用发展中的模式优势？ 5 年之后这些行业会变成什么样子？你自己的行业又将如何发展？

第 3 章

市场认同

通过掌握盈利模式识别而成为资本增长领先的公司，有机会成为价值两极分化的领先者。这个变化过程的关键是赢得客户、投资者和人才的认同。

这就是在越来越多的行业，竞争的焦点集中在市场认同度的原因。较早获得认同，人们不仅会购买市场领先者的产品，而且会向其他消费者或客户推荐，从而使领先者获得螺旋增长的竞争优势。在市场竞争的关键因素中，赢得市场认同已经成为企业管理者的首要战略考量因素。

赢得市场认同的战略主要涉及三方面内容：（1）赢得客户认同，使实力稍逊一筹的公司难以追赶；（2）赢得投资者认同，为企业提供更多的竞争资源；（3）赢得人才认同，增强目前及未来市场领先的可能性（见图 3–1）。

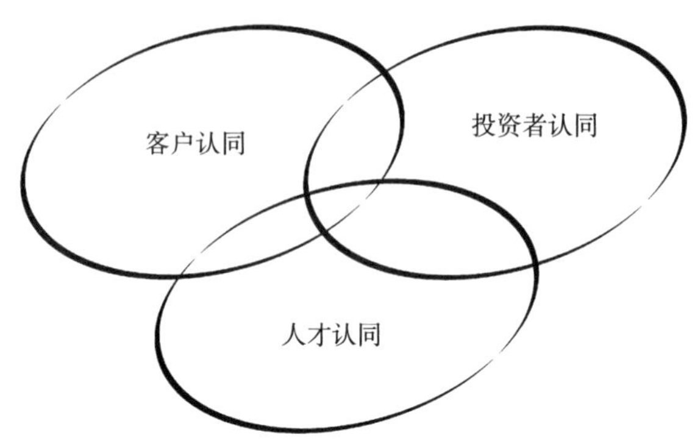

图 3–1　市场认同构成因素

同时获得三种市场认同会带来一连串的反应，释放巨大的经济能量。早期领先可以创造各种认同之间相互加强的循环效应。早期领先将导致强有力的新的企业设计。随着客户不断增加，投资者不断增资和人才不断加入，领先者的声誉和利润自然会日新月异、不断攀升。

客户认同

第一个在市场上推出新业务或新产品设计，即赢得客户或消费者认同的企业，可以获得先入为主的优势，即使有竞争者模仿该业务和产品设计，客户或消费者至少也有 50% 的可能性选择市场先入者。客户或消费者认同能够创造客户收益和客户认同相互加强的循环效应，从而加速企业资本增长的进程。在许多行业，初期的成功可以使收益不断增长。一个能够在早期建立市场领先地位的企业可以凭借在更多市场领域成功的优势不断增加收益，维持日益稳固的市场地位，使竞争者难以模仿。美国在线（AOL）就是这样一个例子。它拥有的市场地位及优势不但改变了整个公司的经济优势，而且改变了公司为客户创造价值的方式。

这些变化使企业的利润曲线迅速上升，为企业吸引投资者奠定了基础。

投资者认同

现在，股市的一大特点是高度透明性，公司的任何成功与失败都会公之于众。媒体的各种严密观察、无处不在的市场调研以及人们对各种新事物的期待，都围绕着市场竞争环境构成一种强大的关注力。投资者的巨大成功使任何人，无论是业余投资者还是专业投资者，都想去寻找下一个潜在的成功机会。这种投资观念甚至扩展到人才市场领域，越来越多以股权作为报酬方式的做法，正鼓励着无论是即将就业者还是已经就业的企业员工，不断寻找更具吸引力的职业目标。

这种过程与前一章所讲述的企业价值两极分化类似。当成功者从同类中胜出时，一种“堆积”效应就开始了，增长像滚雪球一样，很快，公司的一切就变得不可同日而语了。

当成千上万名投资者把目光集中在早期胜出的企业身上时，这个企业所获得的各种优势将实现互补。企业的股价也将随着人们争相购买股份而上升，同时公众对企业的信心也会不断增强。股价的增长还会吸引媒体的注意，而媒体对胜者的宣传又会促进股价增长。

需要特别注意的是，上升的股价代表了有价值的预期（见图 3–2）。它给企业带来很强的现金流。企业既可用它来挥霍，也可以用它来弥补现实情况与市值的差距。如果这样的差距不能完全被弥补，企业市值就会塌陷（见图 3–2A）。企业如果消除了差距，就获得了市值进一步增长的机会（见图 3–2B）。企业的良好声誉和历史记录会使股价继续上升。

人才认同

股价的上升趋势可以给企业带来另一种优势。上升的股价曲线会吸引市场上最好的人才。投资者的“高度审慎”文化已经拓展到人才市场，使无论是未来还是目前的最出色的雇员，都会不断地寻找更好的职业发展机会。

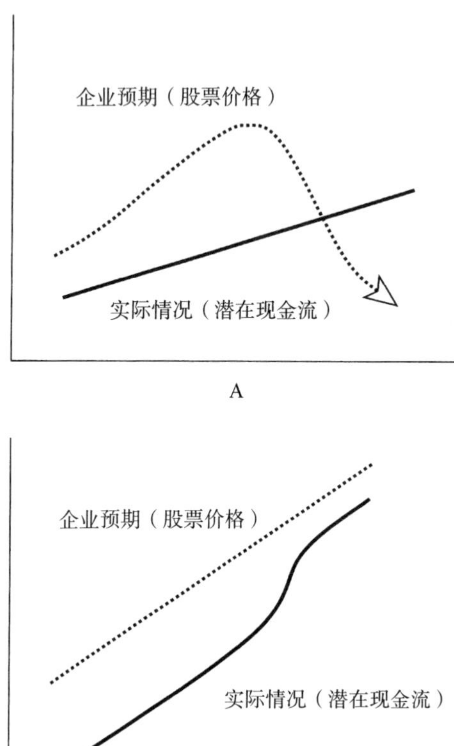

图 3-2　预期和实际情况

当一个企业获得客户认同和投资者认同后，“赢者理念”成为企业文化的一部分。雇员流动率将会随着企业市场潜力的增长而降低。成功人士将会不断地把简历投给市值增长潜力更高的企业。这种趋势将会随着企业的成功而不断得到强化，企业内部的协调性也会迅速提高。这些因素都会大大提高企业的能量、士气、生产效率和竞争表现。

最佳人才会选择能够创造学习机会，同时为自己赚取更多薪金的企业。他们将带来新的创意，为客户和投资者获取更多的利益和利润。

这种结果将会使企业获得更多的客户认同和投资者认同。这种增长将会形成良性循环。不超过 5 年时间，金牌获得者的价值将是银牌选手的数倍。

市场认同的力量有多大

请在表 3-1 所列的每个行业中写上市场领先者和次领先者的公司名称，然后比较一下两个竞争者的市场差距，它们是持平、相近，还是相差甚远？

表 3-1　行业竞争比较表

行业	第 1 名	第 2 名	第 1 名与第 2 名的市值差距
精制咖啡			
网上图书销售			
互联网搜索引擎			
洋娃娃			
企业资源规划软件（ERP）			

盈利模式识别和时机转折

一个以改变认同为目标的投资不会对企业的市值产生影响，除非企业首先选择并实施了某种能改变行业竞争优势基础的盈利模式。

要赢得市场认同，获得竞争的潜力，以最快的速度掌握模式至关重要。

掌握何种模式？

实现市场时机的下一个转折。一种能揭示不同购买行为、不同盈利模式和不同竞争优势的转折，一种开创全新企业价值增长周期的转折。

换句话说，一种新的价值模式。

以强调企业的经营范围和特点为基础的所谓新模式，已经不像过去那样重要了。这是因为市场运行规则已经发生了变化（见图 3–3），创造了新的市场机会和新的认同之争。

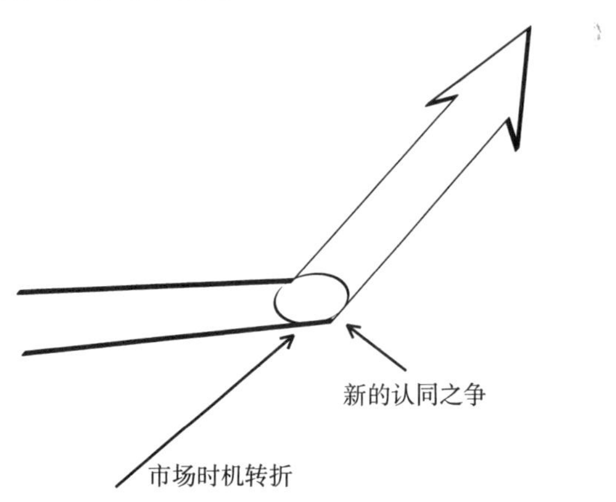

图 3–3　时机转折

赢得认同可以在许多行业实现，如浏览器、数字放送、精制咖啡、电子商务、打印机和蜂窝电话。

把握好时机是非常重要的。比竞争者更快地抓住时机可以使企业捷足先登，占据领先地位，获得进一步发展的基础。在客户、投资者和人才方面，任何一方面领先都会在其他两个领域产生连锁效应。

相反，没有看到市场时机的转折，其代价是非常昂贵的。先知先觉的模式识别可以给企业带来全新的变化，同时为客户和长期投资者带来好处。

考虑一下图 3–4 中的情形，该企业若是提前实现转折，会是怎样的情况？

- 提前一两年？
- 提前 5 年以上？

有些企业能较早地发现转折机会，但它花很多时间行动，由此造成的价值损失是巨大的。

如何更早地发现这种转折契机？以下提供几种方法：

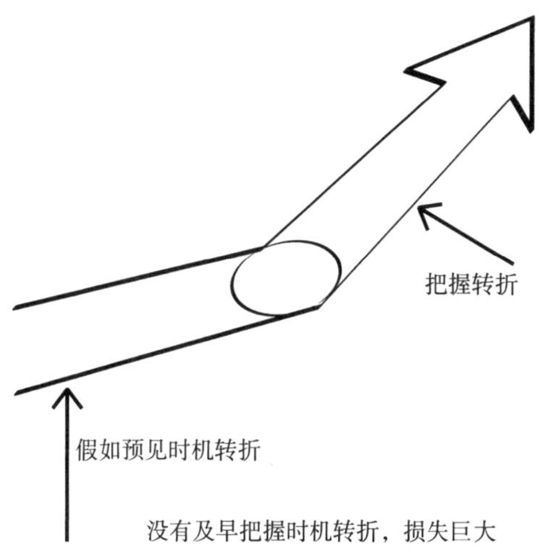

图 3–4　把握时机转折

1. 充满危机感并提高警惕。
2. 与看问题角度不同者交谈。
3. 到街上去寻找变化。
4. 建立一个超越自己和企业管理团队的模式搜索引擎。
5. 比竞争对手更了解模式的概念。

模式的全部意义在于比竞争对手更早地发现时间转折，为赢得客户、投资者、人才认同及认同的强化效应铺设跑道（见图 3–5）。

模式识别可以帮助我们及时掌握时机，及早实现转折，改变企业的状况。善于识别模式的企业能发展一种新的、无价的技能，使企业可以预见下一个转折点，增加在认同竞赛中的胜算。

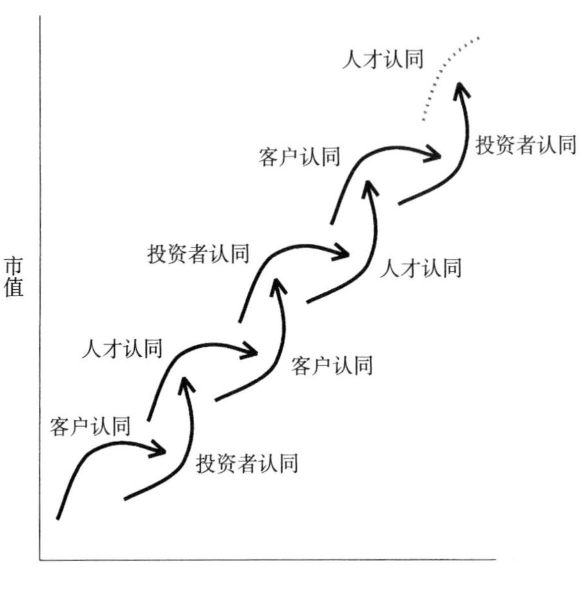

图 3-5 认同的强化效应

投资密度

虽然早期的模式识别和实施是必要的，但仅有这些是不够的。第三类要素为投资密度，涉及现金投入、投资准备、投资方向、保护和拓展早期的认同导向。

企业在获得市场认同时出错，很多时候都错在低估了某些业务领域对投资的需求。对投资需求的低估往往是由心理因素造成的。根据经济附加值（EVA）评价方法，在此期间吸收投资的企业设计会损害股东的利益。增加投资需求也许会使现金流出现负值。为避免这种认知误区，企业必须牢记经济附加值评价是一种滞后的价值评估指标，而不是一种积极性、前瞻性的指标。如果一个公司已经在某种程度上获得了市场认同，而且确信新的经营模式的成功将会大大增加股东价值，那么这个公司应该考虑投资市场认同将会带来的增值潜力。甲骨文公司对其销售团队的投资、星巴克对零售网的投资、思科公司的并购计划以及美国世界通信公司的网络收购，都是这方面的例子。

抢先、快速、大胆地投入，会使你获得巨大胜利，也为你寻找下一个转折点建立一个更高的平台。

模式识别可以使我们拓宽视野和思路，为我们提供线索，告诉我们需要注意和寻找的转折信号。一个良好的开始，也许不过 7~10 个月时间，就会给企业带来巨大的价值，并获取胜利。所以，它很值得你花些时间研究下一部分所涉及的 30 种盈利模式。

· 第二部分 · 30 种模式

随着时间推移，不断变化的战略性市场出现从一种客户偏好转向另一种客户偏好的情况。现有的企业设计变得落伍，必须发明新的企业设计，以便为客户创造新价值。有些高级管理者对这种现象非常清楚，他们重新打造公司的企业形象设计——充分利用价值转移机会。与之相反，另外一些高级管理者错过了价值转移的机会。他们的公司白白地把价值浪费了，因为公司的旧价值对于那些新的、与客户关系更密切的企业设计而言已经丧失殆尽。

经验丰富的竞争者能够察觉不同阶段和不同行业的价值动态。他们能够洞察竞争中的新模式。大部分模式都可以归为几大类，这几大类与这些模式得以体现的关键范畴有关。

第 4 章到第 10 章描述了其中的七大类：巨型模式、价值链模式、客户模式、渠道模式、产品模式、知识模式和组织模式。每一章叙述几个事例并提出一系列问题，其目的在于帮助你把相关的经验应用于自己所处的企业环境中。

阅读这些模式时，你一定不要忘记它们的三个特点：多样性、变体和周期。同时你还要留意那些诊断性的问题，这些问题会帮助你更深刻地理解产生模式的原因，以及懂得怎样才能更好地利用模式。

多样性

某些企业面临战略性改变的局面，我们可以用单独一种模式进行说明。但是大部分企业的情况并非如此简单。相反，大多数企业的情况是多方面的、复杂的，其特点是几种模式在一种经济活动区域内同时发生。

公司往往同时采用三四种不同的利润模式，同样，竞争激烈的环境往往由三四种模式同时作用而形成。

计算机行业是个极好的例子。过去的 10 年间，这一行业经历过以下几种模式的演变：

- 价值链分析
- 中间陷落
- 渠道多样化（例如，增值二次推销、整合、直邮、网上销售、超市连锁销售等）
- 从产品向解决方案的转化
- 渠道压缩（如戴尔电脑）
- 行业标准

每一种模式都代表了计算机行业所呈现出来的复杂的战略图景的一个侧面。每种模式都突出地体现为一个战略问题，并导致一系列具体的选择和行动方案。

同时，对所有模式的发生和发展保持警惕，并随时做出正确的决策相当困难，因此才会出现行业内部大量的失败、失误和灾难事件。

钢铁行业相对而言是一目了然的行业。但是即使在钢铁行业也有几种模式在发挥作用：

- 趋同
- 从产品向解决方案转移
- 价值链分析

也许在战略专家看来，增长较为缓慢的行业的发展前景相对不复杂。但是我们对这一点并没有十足把握。实际上更有可能的是，即使表面上发展“缓慢”或“简单”的行业，也同时受到几种模式的作用而正在发生转型。

每一种模式就像不同焦距的透镜，透过它我们可以洞察错综复杂的现实情况。每一种模式都是一种有组织的观察手段，可以帮助我们更加深刻地了解宏观大局，了解市场的风云变幻。每一种模式都提醒我们对公司面临的战略挑战的不同侧面保持敏锐的头脑，有助于我们把握关键举措，明确更多可选战略，及早做出争取更大盈利的决策。

行业的规模越大，程度越复杂，发挥作用的模式就越多，这一点儿不难理解。拥有万亿美元市场空间的保健行业显然比其分支占 2 000 亿美元的制药行业具有更多模式。计算机行业的市场空间是 5 000 亿美元，它比其分支占 2 000 亿美元的家用电脑行业具有更多模式。

模式的重要性在于，它们激发我们不断扩大视野，可以让我们透过制药行业看到保健行业，透过银行业看到金融业，透过家用电脑行业看到整个计算机行业，并进一步看到通信产业、内容产业等。

这种视角的扩展至关重要，因为完全不受相邻经济领域影响的行业数量越来越少。

这种情况与 20 年前的状况不能相提并论。[①]20 年前，银行家需要具备的知识有 90% 局限于银行业务的范畴，保险人员需要具备的知识有 90% 是关于保险行业本身的，经纪人需要具备的知识有 90% 局限于经纪行业。

现在的情况与以往大相径庭。一般的竞争频率在过去的 20 年增加了 10 倍。表面上看这种情况产生了鱼龙混杂的局面。正是出于这个原因，模式的提出意义重大。我们可以利用模式尽早地透过混乱的表面洞察行业的真实情况。

我们不应该指望采用一种模式来解决大部分问题。有时候，为了全面地描述某行业面临的战略问题，我们可能会用到五六种变化的模式。模式还可以为我们提供看问题的角度、线索，甚至给出问题的答案。它们提示我们采用新的可选择的举措或非常规的办法，从而极大地触发我们的创造性。

是否存在一种有序的方式把模式付诸实践？首先最直接的办法是，以一种与你个人或公司的数据库最契合的模式来描述行业处境的特点。

---

① 作者视角以本书成书时间 1999 年计，全书如此。——编者注

其次，实施一系列辅助措施来帮助你更加有效地分析模式。第 12 章到第 14 章提出了相应的行动步骤。

变体

模式的作用方式并不总是一成不变的。一种模式可能有几个主要变体和不同版本，它们是不同的发展过程和行业内具有远见卓识的竞争者的创造性的体现。

从产品到品牌模式，因客户、产品和供应商的创新而具有数不清的变体。中间商的再生也是如此。嘉信理财公司的附加值与罗森布卢特公司的附加值截然不同。

再举一个例子，从产品金字塔到网络的模式也有许多变体。阿西亚布朗勃法瑞公司（ABB）、维珍集团和美国热电公司利用这一模式的经验也迥然不同。

然而，上述所有情形都保留了模式的核心概念。在网络模式中，其重点在于尽可能扩大员工与客户、投资人和利润责任人的接触面。

中间商再生模式，重点在于开创一个新的增值环节，以便在价值链上为新的中间商打开市场空间。从产品到品牌的模式，是从产品本身转移到围绕产品建立品牌的利润机会。

这些变体很重要，因为它们反映了赢家的战略和创新手段。研究这些变体（它们彼此之间的异同）将极大地丰富你自己积累的经验，对你自己在特定的行业处境下运筹帷幄将会大有裨益。

周期

有些模式像大齿轮一样旋转得非常缓慢。而另外一些模式则像小齿轮一样旋转得很快。分化、重新整合和趋同接近于周期缓慢的循环模式。

而其他模式（像渠道多样化，从产品到品牌，技术转移）的发展则相对快得多。

模式发展的速度不仅由模式本身的性质决定，而且受到客户和行业范围的影响。在航空领域，技术转移模式可能在 10 年间出现。而在计算机行业，3~4 年就会出现一次技术转移。

在阅读第 4 章到第 10 章所介绍的模式时，始终要把周期的长短记在心里。这一模式发展的周期通常是多久？什么时候会在我所处的行业发挥作用？（第 13 章从不同角度，讨论时间在不同行业所起的作用。）

问题

研究第 2 章所讨论的模式问题，针对已经介绍过的每一种模式提出下列问题，将会对你大有帮助：

> 这种模式是如何被触发的？
> 这种模式在多长的时间内开始发挥作用？
> 竞争者有哪些选择，可以采取什么举措？
> 最明智的举措是什么？

第 4 章

巨型模式

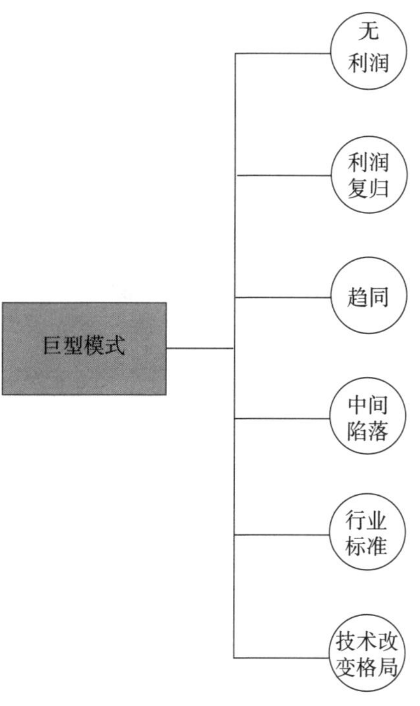

图 4–1　巨型模式

巨型模式与商业活动的主要方面息息相关：价值链、客户、渠道等。

但是有些模式跨越了这样的分类。在许多行业以及大型的、跨行业的经济条块中，我们都可以找到它们。它们因为其巨大影响力和大范围而赢得"巨型"的称谓。它们跨越很长时间，往往达数十年。

这里讨论的经典例子包括，趋同、中间陷落、行业标准的创立和技术转移。

在所有模式中，我们从隐蔽性最高的模式开始，向无利润行业发展。然后我们看看它的对照情形：利润复归模式。这种模式中的战略想象力和企业模式创新把利润重新带回经济上已经毫无价值的无利润区。

无利润

因完全缺乏战略想象力而把利润赶跑了

在无利润模式中，一度盈利的业务变得没有利润。行业中没有利润，没有可以获取的价值（见图 4–2）。在无利润模式中，就连领先者也觉得自己独占鳌头的感觉变得复杂了。是的，领先者是老大。不过，这只意味着他们的损失稍微少一些。

图 4–2　无利润模式

无利润模式不是由一年的不景气造成的。在某行业，“年景”好的时候所获得的利润减去“年景”不好的时候的损失等于零，或者得出负利润，此时无利润模式开始形成。它对整个经济周期进行测量，从高峰到高峰，从低谷到低谷。

两个前提造成无利润模式。第一个前提是行业内同样的商业设计过剩。每位选手用同样的方式参与竞争，这导致了经济和商业活动的恶化。因为每个人的竞争方式都一样，可以进行区别的唯一途径只有价格。每位选手都千方百计地降低价格来增加市场份额。竞争者没有努力进行创新尝试，而是同样以降价作为回应。

第二个前提是出人意料地撤走利润支柱或者支持系统，行业竞争者本来一直依靠它来补偿使用同样商业设计所造成的风险。

这些利润支柱传统上有若干种形式。第一种形式是“所有船只共同沉浮”的支柱。例如，整个房地产业等待利率下降；整个消费者电子行业等待下一个重要产品的宣传；整个零售业等着接下来的潮流成为主流。

第二种形式的利润支柱是希望“成本将不断下降”。金融业希望政策制定者再次允许大规模的合并，这样能够再次实现成本增效。而企业在第三轮的再造中则希望能在不遭到重大削弱的条件下再降低一些成本。

第三种形式的利润支柱是“避免真正的竞争”。竞争者希望再有一年的价格管控，或者再有一年的国外反倾销限制，或者再有一年的政府管制，从而保护行业的盈利状况。

第四种形式的利润支柱是希望有人离开本行业。本着这种态度，即使所有的竞争者以同样的方式参与竞争，即使这种竞争导致了整个行业的损失，“最弱的对手也会很快被淘汰出局”。他们的退出可以在短时间内给整个行业一个喘息的机会。

第五种，也是最后一种形式的利润支柱是“理智的客户”。过去，供应商期望与客户就下面的观点达成一致：“作为提供世界一流水平的产品和服务的回报，所有供应商都应该得到可持续性利润。”

现在，这样的共识已经不再万无一失。沃尔玛的行为没有表现出供应商应该得到这样的利润，大众汽车公司也没有。（这些客户的行为至少没有表现出他们认为供应商应该赢得能够维持其股市价值的利润，或者在某些情况下，能够使它们保持独立的公司地位。）

一旦这些支柱消失，商品化企业设计的正常行为会把利润赶跑。

在20世纪相当长的时期内，这些支柱的力量非常强大，无利润模式鲜有发生。商品化企业设计存在于数不清的行业中，但是无利润结果很少出现。

农业是第一个广泛扩散的无利润区。随着生产方式的改进，只有极少数农民需要满足消费者的需求。许多农民没有向新行业过渡，而是继续种庄稼或者畜养牲口。农业能力的提高没有减少农田的面积。持续的过度供应把所有的行业利润剥夺殆尽。

农业方面价值的下降没有任何神秘因素：面对缓慢增长的需求，农业市场出现了过度供应。但是没有很多人预期这种模式会在其他行业重蹈覆辙。20世纪50年代和60年代，无利润农业活动和无利润铁路客运并列在一起。就像农业问题一样，铁路问题也靠政府补贴得到了缓解。

后来，在20世纪80年代，商业战略的一条经典规律——“每种行业都能赚钱，居领先地位的企业赚钱最多”——崩溃了。无利润模式开始越来越频繁地出现。

航空业是第二个重要例证。在过去的10年、20年、30年周期中，它没有产生任何利润，更别提利润超过资本成本了。1990—1993年，美国航空业的损失比前40年的所有利润都高。取消管制，为市场自发的价格机制扫清了道路，由此把行业的累计盈利降到了零。

无利润模式有时是个悖论：令人难以置信的复杂技术、不时追加投资和完全没有经济回报全都交织在一起。

考虑一下内存芯片的制造。它要用到目前世界上最先进的技术、令人难以置信的严格的质量控制、纤尘不染的工作环境、高度复杂的制造技术，因此芯片制造业的投资需求非常大。这个行业消耗了巨额资金，新工厂的建立需要花费 10 亿~20 亿美元。

但是，这个行业没有利润。每隔五六年供应紧张的时候，盈利的曙光就从云层背后露出一条缝隙。但紧接着云团又合上了，此行业多年以来一直赔钱，看不到结构性盈利的前景。

有时候这种情形没有办法扭转。有时候最好的行动就是一走了之。英特尔公司 1985 年时就做出过这样的决定。

英特尔公司认识并愿意接受处于无利润区这一痛苦的现实。它有最优秀的工程师，它的员工工作非常努力，它成功地超过了日本的公司，并投入大量资金，但结果没有赚到任何利润。实际上，1985 年英特尔公司损失了 2 亿美元。最糟糕的是，英特尔公司没有任何办法可以扭转这种局面，也看不到任何情况好转的迹象。英特尔公司接受了无利润模式的现实，做出了有史以来最艰难的决策——放弃。今天，我们的经济中可能出现无利润区的行业越来越多。它包括规模较大的电子消费产品和个人电脑行业、家庭财产保险、芯片、环境改善和其他越来越多的行业。出现在无利润行业名单上的排队等候的行业是汽车业、多种化学产品、传统银行业和许多领域的公共事业。

现在无利润模式为什么越来越多？从未有过的强大力量正在把利润支柱从越来越多的充斥着商品化企业设计的行业中踢出去：

- 竞争的全球化解除了制造商过去 100 多年来，用以对付无利润情形的一个主要武器——价格控制。如果一个地方只有两三个主要竞争者，它们又来自同一种文化背景（有时候来自同一个小镇），价格控制就相对容易。现在，来自世界各地的 10~15 家供应商竞争同样的客户（有的来自工业化国家，有的来自发展中国家），通过网络和传真，报价随时可以得到，价格控制越来越难以维持。

- 客户越来越挑剔，甚至到了令人难以置信的程度。企业客户的采购职能已经专业化。他们还普遍采用计算机，既实现了国际化，又设计了效率非常高的供应商管理程序。
- 新颖的企业设计常常用“拉拢”盈利客户来对行业领先者发起进攻，这些客户意味着利润。失去了这些客户，行业领先者只剩下无利润的业务。

但是，那些依靠传统利润支持系统的公司可能会发现，市场产生了新的利润支柱让它们依靠。这些新支柱给那些希望避免重新进行企业设计的公司提供了一线希望。

- 最近的经济周期出现了繁荣年份对衰退年份的比值改善，许多人认为这种趋势会继续。
- 受到无利润模式威胁的行业竞争者正在进行“对调”，来缓解竞争的激烈程度。机场中心对调，化学工厂对调，电缆公司地铁区域对调，这些都是在不必重新考虑商业重组基础上拖延无利润模式到来的机制。
- 1997 年亚洲金融风暴使亚洲一些政府支持的新兴竞争者陷入混乱，它们曾一度威胁到了传统市场领先者的盈利。

依靠上面任何一种办法摆脱无利润区似乎都有巨大的诱惑力，但是最终这些办法的风险都很大。它们只会使无利润模式继续存在。这个新的支柱一旦倒塌，就会给公司的前途带来极大的风险。

如何获利

放弃或者创造一种做生意的新方法。

☑ 我的行业有没有进入无利润区的危险？

☑ 我的行业中的所有竞争者是不是都采用同样的企业设计？如果是，到目前为止，行业维持盈利的支柱或者利润支持系统是什么？
☑ 我的行业中，某主要部分或者主要客户是不是处于无利润区？
☑ 这个行业中，我的公司在哪些领域可以赢利？
☑ 客户的变化对重新确定行业的机遇有什么意义？
☑ 为了实现并保持盈利，我必须如何进行下一代企业设计？

利润复归

企业设计创新的反击

过去 10 年里，出现在经济领域的事实上和潜在的无利润区急剧增加。这种增加由经济压力的新水平造成，行业中充斥着雷同的企业设计，它们的传统利润支持系统或者利润支柱，不再能有效地支持行业的参与者（见图 4–3）。

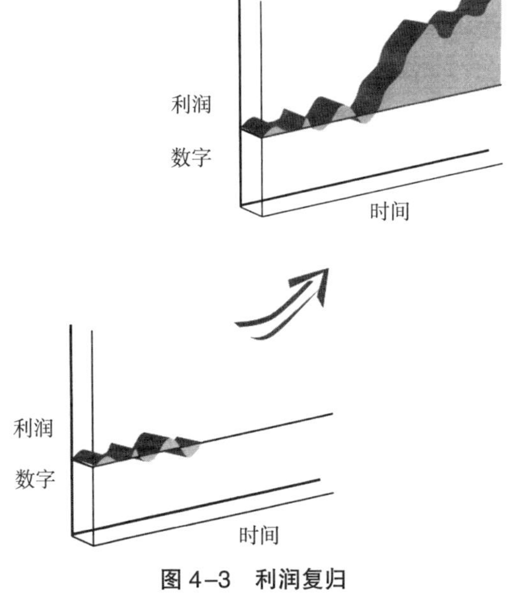

图 4–3 利润复归

利润复归模式的出现概率相比无利润模式要小得多。这种新兴的模式可能在今后10年大量增加，这取决于行业参与者做出的决策，这样就会遏制无利润区的增长。利润复归已经出现在咖啡业、手表制造业、蔬菜分销业和电影业。这些行业的情况都是企业设计革新把企业带回持续盈利的情形。它们的情况很类似，至少先有一位竞争者开始转变行业标准，改变游戏规则，产生行业内以前不曾存在的新价值。

在咖啡零售业中，星巴克把咖啡重新定义，从饮料变成一种体验。然后它围绕这种观念建立了一种企业设计，取消了使咖啡成为没有利润的商品的模式。把咖啡馆作为转折点，星巴克树立了高档产品的品牌，而没有利用60秒的广告做辅助，但在过去，广告是咖啡业的核心。然后星巴克通过餐厅、露天咖啡馆和其他边缘渠道的分销来开拓自己的品牌形象。

20世纪80年代早期，瑞士的钟表制造业跨越了无利润区。那时，钟表制造业破产了。尼古拉斯·哈耶克杰出的产品金字塔企业设计是围绕斯沃琪和其他几家瑞士钟表品牌建立的，他使这个行业重新开始盈利，并且在十几年里创造了两位数的利润增长率。斯沃琪是防火墙品牌和标准建立者，高档品牌是利润区。

杂货分销一直是典型的“1%利润率”的行业，直到后来几位精明的杂货商人看到，在传统的行业模式下客户的选择（便利、质量和多样性）被忽视。他们改变企业设计以有效地迎合客户没有得到满足的要求，这些杂货经销商为客户提供了真正的便利，也为商店老板带来了相当可观的利润。

所有这些情况（咖啡零售业、钟表制造业、杂货分销），传统供应商想当然地把客户一概而论，这是不准确的。传统供应商低估了不同客户群对重要性的截然相反的看法，以及他们之间的重要区别。咖啡零售业不仅有传统的考虑价格的购买者，而且有注重质量的有闲阶层愿意在咖啡馆花上半个小时，还有注重质量但时间紧张的人，愿意再添50美分买一杯咖啡在上班的路上喝。

钟表制造业不仅有奢侈的消费者和“精确时间”的购买者。普通消费者有大量以前钟表从业者从未认真考虑过的千奇百怪的念头，以及有趣、时尚的感觉，他们愿意买 20 只手表而不是 1 只。

在杂货销售业中，市场上不是只有一种一心只图便宜的客户。其他客户看重服务、便利和节省时间。

在所有这些情况下，客户的多样性为本行业提供了除传统盈利模式思维定式之外的无穷的机遇。

利润复归模式的成功关键在于，创造做生意的新方法来满足客户的要求。精明的盈利模式创新者努力寻找这些尚未被开发的领域。一旦找到，他们就马上设计一种盈利模式，它能恰到好处地满足市场需求——这样的设计从成本来看都非常划算。他们创造了做生意的全新方式，反过来又为客户提供了新的便利（和渠道），为供应商提供了新的利润。

利润复归模式继续增长。想一想可口可乐和 20 盎司的塑料桶。对于家用杂货分销而言，可口可乐是赔钱商品；对于杂货商、装瓶商和品牌拥有者而言，可口可乐是最主要的无利润区。为了对付这个数十年来最头疼的问题，可口可乐公司创造了一种做生意的新方法：20 盎司的塑料桶。这项创新有三个要素：一是较大的包装，二是可以再盖上盖子的包装（与罐子不同），三是只在收银台冷饮柜前出售的包装。放在其他地方的架子上的罐装饮料的价格是每盎司 2 美分，在收银台前出售的冰镇塑料桶包装的饮料，每盎司的价格是 5 美分，这样杂货店老板和装瓶商都得到了更多利润。

最后，利润复归模式的一种新潮流将由数字企业设计引发（见第 10 章）。数字企业设计已经为以前商品化的活动，如水泥和卡车运输带来了巨大的利润提升。如果应用得当，数字化企业设计将能够使过去 10 年里出现的几个主要的无利润区重新实现可观的盈利。

企业将来会朝什么方向发展？无利润？利润复归？其决定性因素是企业设计的创新，包括汽车业、航空业、个人电脑业、消费者电子产品业以及许多其他行业。

想一想：设计一种盈利模式，使前面4个领域（汽车、个人电脑等）的经济活动重新实现持续性利润增长。

其他可能实现利润复归的无利润模式还有哪些？在这些领域触发利润复归，需要进行哪种类型的企业设计创新？

如何获利

认真研究客户群。观察他们尚未被开发或者尚未被满足的需求。建立新的企业设计来满足这些需求。

- ☑ 我的市场存在多少种不同的客户需求？
- ☑ 客户群体中尚未被发现或者未被满足的最迫切的需求是什么？
- ☑ 哪些新的企业设计类型可以有效地满足这些需求，而且成本效率高，能够实现盈利？

趋同

边界被推倒了，竞争规则发生变化

竞争的边界正在消失。过去坚固的竞争壁垒在多种行业中正在被推倒，如物资、金融服务、生命科学和零售。

在趋同模式下，以前属于界限分明的不同行业的竞争者开始争夺客户（见图4–4）。

发现自己正处于趋同模式下的公司面临着几项战略性挑战。首先是扩展自己的雷达扫描仪来辨别所有可能和公司争夺客户的竞争对手。这个范围可能比传统定义中狭隘的、紧紧挤在一起的竞争者多出 2~10 倍。

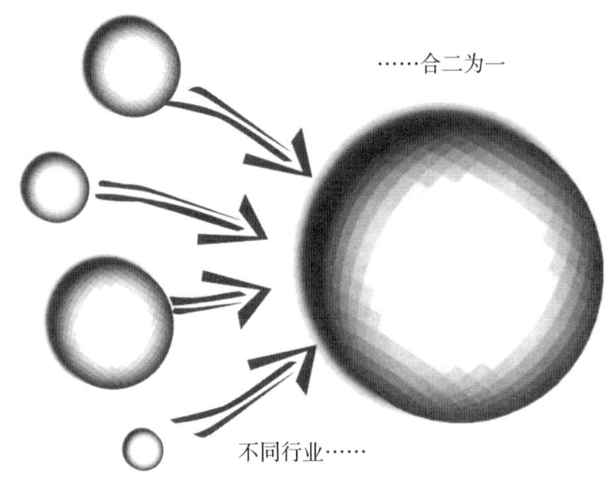

图 4-4　趋同

第二项挑战是开发和利用竞争成功的新模式。第二项挑战的难度非常大，因为在趋同比赛中赢得胜利的方式与在“本土市场”获胜是不同的。大部分公司在企业历史过程中只经历过一两次趋同，所以内部几乎没有可供借鉴的经验。由于人类天性的作用，大部分公司倾向于加入一场趋同的战斗。

美国独立战争提供了趋同对竞争战略所产生的强大影响的例证。英国军队装备完善，习惯于欧洲“本土市场”的战争规则，他们排成整齐的队列，膝盖弯曲，喜欢在大片开阔的草地上展开战斗。美国军队装备没有那么精良，但是因为与印第安人进行过无数战斗而足智多谋，他们站在草地边缘的大树背后，瞄准处于开阔地带的英国军队射击。故事的结局我们都已经知道了。

发现自己正在趋同战斗中处于生死攸关境地的公司，以前没有相关经验，它们怎样才能找到正确的竞争办法？模式可以有所帮助。

模式思维有助于使公司看到，没有一种趋同模式可以像巨石一样巍然屹立。实际上，趋同竞争有三种截然不同的类型，每一种都具有各自的特点和竞争规则。你最好一开始就弄清楚自己面临的是哪种类型的趋同战斗。

这三种类型是：

1. 供应商趋同
2. 产品趋同
3. 辅助产品趋同

供应商趋同

管理变化或者客户希望大批量购买（往往受到希望简化和提高交易效率的驱使），以使供应商能够为客户建立一站式的购物商店，这时供应商趋同就会发生。传统上一直为一站式购物提供某些产品的供应商一拥而上，试图扩大自己的供应品类。其结果导致供应商大量过剩。每个供应商以往都有极强的能力为一站式购物的某些品类提供产品，但是在供给其他产品方面则相对薄弱。

这场供应商趋同的战斗有三个决定成功的要素。首先，正确定义产品和服务范围——根据建立在不同基础上的客户划分。如果你没有正确定义自己提供的产品和服务范围，客户就会把你从接下来的谈判中排除出去。其次，在规模经营的"优势"活动中，辨别并占据一个与其他产品和服务差异化的位置。在客户眼中所有供应商的活动不是同等的。对于客户而言，典型的单一活动很难做得很好（不是所有的供应商都能做得一样好），但它是需要做好的最重要的事情，因为它为客户提供了最大的利益。客户会决定选择这种"优势"活动中的一站式购买。最后，在规模消费的其他方面，供应商不仅要提供产品和服务，而且要提供改进"劣势"活动的产品和服务。

金融服务趋同也是这样一种竞争。客户一度在银行里存款和取款，通过经纪人进行股票交易，从保险公司购买保险。现金存放在银行的储蓄账户上，银行控制着大部分的个人财产。

接着是取消行业规章制度。零售银行发现它们与保险商、经纪人和共同基金展开了竞争。大通银行、芝加哥第一银行和花旗银行发现它们在和嘉信理财、美国富达投资集团、美林证券和英国保诚集团这样的公司争夺客户个人资产。

谁处于最有利的地位，能够赢得这场金融服务趋同的战斗呢？答案令人惊奇，最小的竞争者之一——嘉信理财，它在未来的消费者金融服务领域中占据了最强大的位置。为什么？第一，嘉信理财提供的产品和服务范围非常广泛，包括互联网经纪人、远距离拨号经纪人、优惠经纪人、共同基金管理者、保险商、信用卡发行者和融资服务提供者。客户可以随意选择服务的种类。第二，嘉信理财以擅长“优势”活动闻名——帮助客户管理他们的资产投资，不管是通过自己的系统，还是通过投资咨询师广泛的分支网络（单项的高额净收益，它给金融服务创造了大部分利润。一般来说，它在利润表中占资产规模的 60%~70%）。第三，嘉信理财为规模消费提供改进“劣势”的活动，如融资和保险。第四，它的共同基金项目不仅提供嘉信理财的共同基金，而且免费以“配电盘”的形式，提供 1 400 种其他公司的共同基金。

产品趋同

第二种趋同模式出现了不同的竞争动力，即替代产品趋同。在这个模式中，两种不同产品或技术的功能经过长期的发展达到了一定程度，它们相互重叠并满足同样的客户需求。这不是供应商彼此替代的问题——两个供应商，而是因为客户都需要，每种产品在将来的客户购买选择中的重要性问题。

材料行业提供了一个产品趋同的极好例子。20 世纪 60 年代，钢铁是世界材料领域的领先者，完备的炼钢厂价值高达 600 亿美元。钢铁是人们想要获得大部分高额利润回报的首选材料。在 30 多年中，随着人们思想的不断进步，完备的炼钢厂的价值下降到 120 亿美元。

如果钢铁业是趋同战斗的失败者，那么塑料业（在汽车业中）和铝（在饮料业中）是趋同战斗的赢家。塑料和铝都比钢铁轻得多，客户的一个主要考虑因素是燃料的经济性。钢铁业还能做出其他反应吗？

钢铁业本来可以采用若干竞争性战略，在产品趋同战斗中发挥效力。这些战略包括：影响客户，不管直接还是间接影响，主要看什么是更重要的；在应用思维方面成为专家，为了更好地为客户测量和陈述系统经济学的收益；为产品功能的大幅度提高进行投资；为了保持对客户关系的控制而愿意积极地参与竞争。

整体而言，钢铁业没有采取这些举措。钢铁业如果有更多的危机感、更丰富的想象力和更强的行动力，就很可能极大地减少在趋同中的损失。

钢铁业没有积极地影响汽车原始设备制造商客户的选择标准——它们的首选标准是轻便。钢铁业本来可以通过采用其他辅助设备来改变这个标准，并由此改变整体经济状况。比如，我们知道汽车消费者关心车辆在碰撞时的安全性，尤其是那些经常开车带小孩出行的人。没有人阻止钢铁制造商向消费者宣传钢铁在增强安全性方面的优势，或者创造带有钢铁含量的标志系统来增强客户的意识。没有人阻止钢铁制造商转向医疗保险公司，寻求建立在汽车结构性力量基础上的保险收益（并进行研究以支持这种要求）。相反，多少年来钢铁业想当然地认为钢铁是客户不假思索的选择。

将应用研究与新产品和新程序的开发结合起来，很可能使钢铁业保护汽车的某些部分不被塑料所取代。然而趋同进攻的发动者——塑料业，在应用研究方面不遗余力地投入了大量资金。钢铁业仍然以产品和制造为中心。

除此之外，钢铁业在关键时刻没有为其产品和服务的改善投入足够多的资金。铝业和塑料业开始时并没有占据领先的技术优势，但是它们最后通过不断地投资和高效地改进获得了现在的地位。20 世纪 80 年代，钢铁业拥有最多的流动资金，但是铝业和塑料业改进得最快。最终，铝业和塑料业发展到完全能够从钢铁业中把价值分走。

最后，没有一家居领先地位的钢铁制造商选择创办多种材料公司，以开发多种多样的材料应用产品。至少应该有一位竞争者，如果没有更多的话，通过企业设计在趋同周期开始时能够更好地利用和保持客户关系。

辅助产品趋同

第三种趋同模式是辅助产品趋同。有时候这种趋同只是两种产品的组合。比如，在纤维光学电子产品行业，一家名为“Uniphase”的光纤制造公司从电信部件制造商那里获得了纤维光学产品。Uniphase 把这些部件组装成模块，使 Uniphase 的客户——非常繁忙的电信大厅工作人员不必自己进行组装。

辅助产品趋同本身往往具有高端或低端的特点：生物技术与制药业的趋同、战略咨询与信息系统的趋同、投资银行与全球企业融资的趋同、智能卡芯片与磁条金融卡的趋同。

在这些情况下不存在零和博弈，不需要为供应商或产品找理由。这种趋同模式的关键是创造积极的协同作用。

在辅助产品的趋同竞争中取得成功，包含两个原则。这两个原则都适用于“低端”合作伙伴，因为“低端”合作伙伴往往拥有获取“高端”辅助产品的资源，且最终是它们负责创造价值。第一个原则，尽早行动，在趋同趋势到来之前，寻找一个比自己在非趋同世界中走得更远的合作伙伴。若不能及早行动，随着趋同趋势越来越明显，公司的选择会越来越被动。

第二个原则是让“高端”合作伙伴负责新业务的重要部分。否则，优秀人才永远没有动力在合作关系解除后创新，更不要说使他们继续留在公司里了。

制药领域的例子最为典型，大型化工企业大体上都做得不错，它们与生物技术合伙人建立并维持良好关系。咨询和金融服务业的合作结果不尽如人意，咨询和金融服务业中大部分高端（低端）趋同的努力造成了大量人才流失，而招揽这些人才的代价是很高的。

趋同与企业的发展动力

我们讨论了三种与趋同模式有关的具体的竞争方式。一些重要的组织特点适用于多种趋同情况。

首先，如果你的公司出于文化背景方面的原因只致力于发展一种核心能力，并作为单一的实体运作，那么一定要准备好牺牲两个品种中的一个，以便参与趋同市场的竞争。只有极少数居于主导地位的特立独行的专业公司，在趋同中没有被淘汰。你的公司不太可能属于这一类。

其次，管理趋同模式的时机是趋同刚刚开始的时候。这个时候选择范围最大。你可以放弃、转换、改变自己基本的企业设计，选择另一个客户群，或者在最糟糕的情况下还可以寻找其他投资领域。日复一日，年复一年，你的选择范围会越来越窄，直到有一天，累积起来的“拖延的问题”会把未来逼到一个死角：螺旋式衰退，结果只会是降价出售或者破产。价值崩溃最常见的原因是公司没有认识到趋同模式的全面冲击，直到为时已晚。

再次，一定要非常诚实地看待自己公司一直以来从事的是“高端”还是“低端”活动，在将来的趋同市场上会怎么样。许多传统上一贯领先的企业，在这个问题上很有可能自欺欺人。

最后，考虑通过收购以应对趋同的时候，不要夸大自己公司的实力。

许多公司放弃了应该进行的收购，因为它们不愿意承认自己不具备与新客户沟通的能力，因此其前景将会非常黯淡。它们相信自己的内部预算或股票市场的报告，而不接受趋同已经在从它们的老本行挖走价值的事实。美国电话电报公司（AT&T）被指责向另一家市话运营商Teleport和美国第二大有线电视TCI以过高的价格支付。IBM被指责向莲花Notes平台支付了过高价格。北方电信被指责向网络支付了过高价格。

但是在与趋同相关的合并进行了 6~12 个月以后，再看这些曾遭受诟病的公司的股票价格，当时的那些批评还是否成立？为了得到更多的结果，你也可以把这些公司股票价格的变化与其他在这条道路上停滞不前的公司做比较，后者没有像前者那样对趋同模式的出现做出反应。

趋同所带来的影响可谓喜忧参半，它既提出了挑战，又构成了威胁。很快适应新竞争规则的公司，这些规则与它们过去取得成功的规则截然不同，将从夹缝中胜出，继续存活，直到下一回合更大规模且更加复杂的趋同市场竞争。

如何获利

辨别新的竞争规则。明确自己最好的机会领域。成为领先者。不断改进你向选定的客户群提供的产品和服务，使其他竞争者无法插足。

迫使新的竞争者考虑其他领域的活动。

☑ 你的行业有没有出现趋同模式？

——是什么样的趋同模式？

☑ 你的行业在趋同曲线上居于多高的位置？

☑ 客户对你的行业在满足其需求方面怎样看待？

——随着你不断扩展自己在竞争领域的视野，你有没有看到你的客户被其他公司吸引了？

——你的客户有没有把业务交给别人去做的选择？

——他们今后是否会有这样的选择？

☑ 相邻行业成长壮大的速度是否比你快？它们有没有从你这里拉走客户或者挖走利润？

☑ 你的行业是否以比相邻行业更高的速度发展？

☑ 它们是否想从你这里得到一部分利润？

☑ 你能够利用自己的地位，还是非常容易受到威胁？你用什么竞争优势向趋同市场发起进攻？是你的传统竞争战术，还是专门针对趋同的手段？

☑ 用头脑中的趋同曲线展望今后的5年。你现在可以做出哪些预测？你怎样利用这些知识为公司创造新的盈利渠道？

延伸阅读

趋同曲线

各行业的趋同速度不一样，而且它们不是都处在趋同过程的同一个阶段。趋同曲线图表明各行业所处的阶段状况。

处于曲线底端的公司还完全处于行业的初始阶段，远离曲线上端混沌与不稳定的状况，因此它们安然自得。

随着行业沿着曲线发展，从其他行业冒出来的始料不及的竞争者会来吸引它们的客户。

媒体开始关注发展到曲线顶端的公司。公司也开始意识到处于顶端所带来的问题和新的利润机会。

朝着曲线的最顶端发展，公司会发现自身处于一个完全不同的竞争之中。它虽已成为其所在行业的领头羊，但如今它必须同其他行业的领头羊竞争，把自身带入趋同领域。

通常，在“后趋同”蓝图中，一个激进的新企业设计是成功的关键。

趋同竞争总是激烈和不平衡的。观察一下计算机、电视和通信行业。数字电视每年从企业广告和有线电视订阅中可以获得500亿美元的收入。计算机行业的发展每年从企业预算中获得3 000亿美元的资金。通信业发展的资金投入处于二者之间。

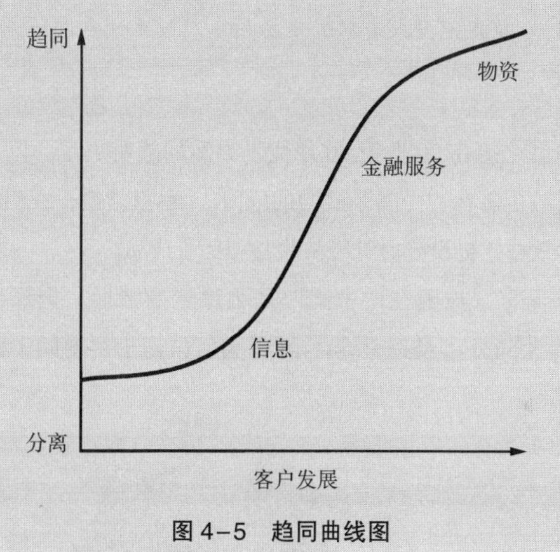

图 4–5　趋同曲线图

中间陷落

产品和信息服务都从平均转移到两极

中间陷落：产品形势

最近几年，大部分企业设计都植根于制造经济。在这些经济因素限制范围内，制造者和流通者为客户提供了三种价值选择：

- 以最低价格提供质量可接受的产品。低成本是通过高效率的工厂、相对较高的市场份额、广泛的产品线、大量的资产投入和追加投资而实现的。
- 以优惠价格提供不同功能的产品。通过产品的实用性、设计和品牌形象来实现独特的客户效用。
- 建立在同样价格或者优惠价格基础上的特定优质产品。公司通过在特定范围或者新兴市场内，适应客户要求和提供最佳价值预期来取胜。

这些取胜之道在20世纪80年代是典型的战略决定。但是即使在当时，这些办法也有在“中间”被困的危险。（也就是说，它们既没有产生较高的成本效益，也没有促进经济收益和优质产品。）

就战略而言，被困在“中间”是很尴尬的情形。全球商业社会越来越复杂，大部分市场都会毫不留情地惩罚处于“中间”的企业（见图4–6）。

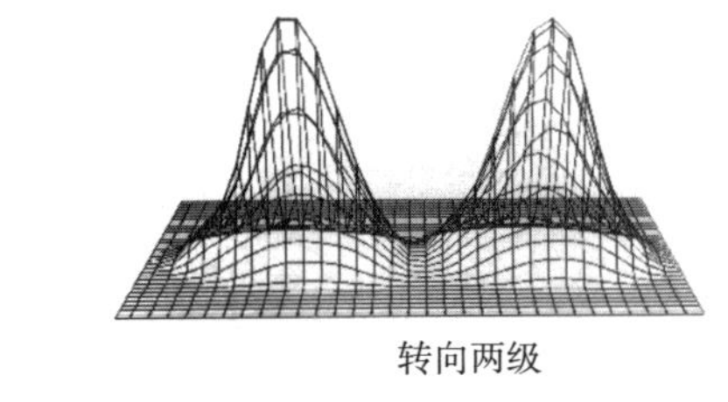

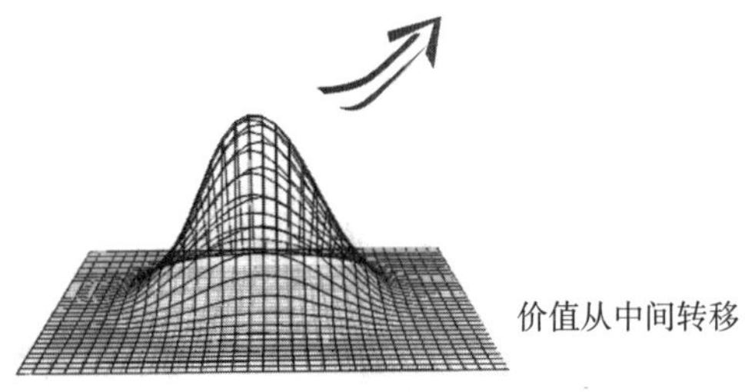

图4–6　中间陷落

比如，想一想过去十多年里发生在零售业的股东价值转移。赢家一共为股东创造了 1 630 亿美元的价值，这些赢家包括低价零售商（因为低成本比值）、超级市场（产品集中与低成本相结合）和高端产品的特殊厂家（以优惠价格与其他产品区别）。失败者是谁？它是百货商店（所有商品面向所有客户，且陷入了高成本、低收益的中间地带）。

中间陷落：信息形势

对于那些喜欢战略连贯性的人来说，好消息是这三种选择仍然在发挥作用，其条件是竞争规则纯粹以产品为中心。

坏消息是越来越少的竞争以产品为中心。微处理器的迅猛发展和信息逐渐成为重要的决策因素，修正了竞争规则，使三种经典的战略手段不像过去那样有价值了。为什么？因为如此精确的经典战略是针对以制造业驱动的经济和客户效用的，它们对信息经济和客户效用丝毫没有发言权。在向客户提供产品的选择中，信息管理的作用正在爆炸性地凸显出来。

我们倾向于把制造业和对材料的物理加工等同起来：金属弯曲、塑料造型、电线连接、芯片收缩、整合和组装。然而在实际中，制造业涉及大量信息的传递——供应环节的信息、工作流程信息、工作基地信息、客户价值取向和选择信息等。

利用电脑技术来追踪和管理这些信息，竞争优势的新层面正在显现。有两种确凿不移的趋势正在形成：

- 产品性能差异正在减少。
- 信息性能差异正在扩大。

在现代信息密集型经济中，我们不得不承认至少有两种主要的获胜前提：

- 高度的客户参与（客户首选信息管理）。
- 高超的问题解决能力（客户程序信息管理）。

因为信息化运行的重要性越来越大，那些认为价值前提只在产品为中心的价格—性能比上面的管理人员处于危险之中。他们很可能不知不觉地被竞争对手抛在了后面，因为竞争对手正在尽可能地利用信息经济来探索新的价值定位。

最容易受到这个威胁冲击的是，那些传统上一直对公司与客户之间信息传递采取中间道路的公司。中间道路被称为产品销售队伍。销售队伍对信息转移的方式类似百货商店对零售业：所有商品针对所有客户，并在高成本、低收益的中间地带运营。

不管公司销售队伍是由技术人员组成的销售代表、抽取佣金的经纪人，还是分销商或者销售代理，任何销售队伍作为信息转移途径的潜在经济价值和实用性都一样：收入较高的个人发挥较低附加价值的信息传递作用。他们解释新产品的性能，比较自己的产品性能和竞争对手的产品性能（一般带有明显的偏向性），告诉人们怎样正确使用自己的产品（也带有偏向），最后接收订单。

现在许多制造商在产品差别对客户不再神秘、对竞争对手也不再重要的市场中参与竞争。在这样的环境下，信息和其经济意义开始以压倒性优势战胜产品性能和其经济意义，销售队伍作为信息传递的渠道成为越来越昂贵的方式。

以产品为中心的企业设计，不管在产品方面怎样无懈可击，都会一方面被低成本和以客户为中心、为客户度身定制的企业设计打败，另一方面也会被以提供高明解决方案为基础的企业设计打败。信息的两极打败了信息的中间地带（见图 4–7）。

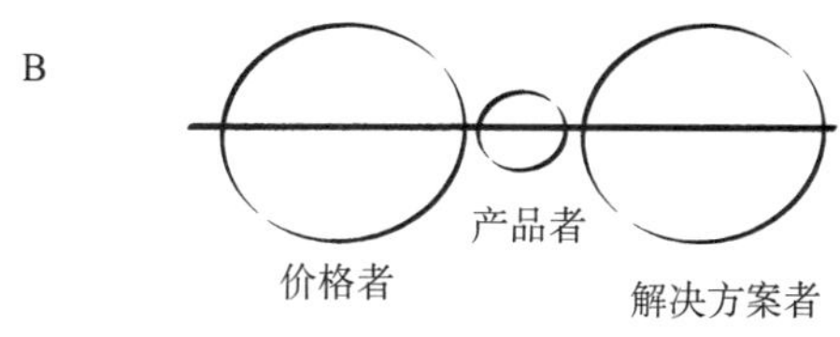

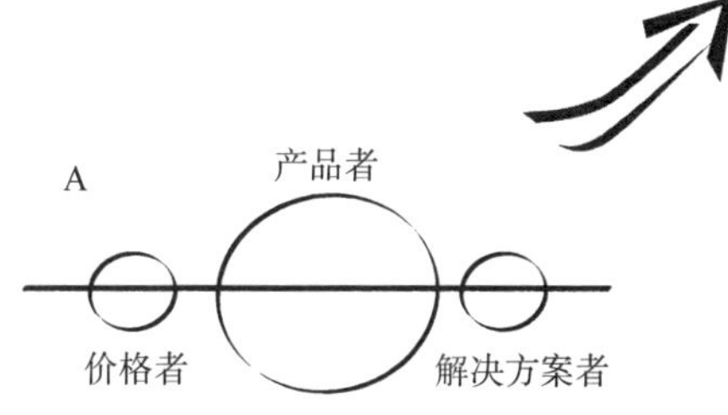

图 4–7　中间陷落是怎样发生的

在计算机领域，OEM（原始设备制造商）的价值转移到了戴尔（低成本、以客户为中心），转移到了解决客户问题的个人电脑制造商（IBM、惠普），以及转移到了解决方案外包商（电子数据系统公司，安达信）。康柏在低成本产品制造方面显然是赢家，现在它通过收购美国数字设备公司（DEC）加入了提供解决方案者的行列。

在商业表格软件领域，价值从拥有最大销售队伍的世界范围的领先者摩尔公司（Moore）转移到华莱士公司（Wallace），后者提供了客户管理形式的设计和低成本高效率定单输入系统。之后又转移到 Jet Forms 公司，它提供电子形成的企业软件和工作流程系统的解决方案。

在工业称重系统中，价值从产品研发领先者转移到提供低成本、间接流通产品的企业，再转移到那些能够提供一站式解决方案的企业（工厂内部有称重系统）。

中间陷落构成的挑战

中间陷落很容易被简单归为流通渠道的问题，因而公司会采用一些简单的战术来应对（比如，用低成本渠道和咨询到的问题解决方案来取代销售代表）。但是，中间陷落要求公司的整个企业设计围绕新的信息价值前提重新组织。它往往要求新的产品设计、新的生产线、新的公司实力（比如，开发并实行问题的解决方案）、新的利润模式、新的信息系统、新的激励机制，也许最重要的还要包括新的公司文化。

中间陷落迫使经历这种陷落的公司进行文化和战略上的改变，因为传统上从一种企业设计中得来的利润现在被分成了三种：

表 4–1 利润类型

商业设计类型	传统利润组成	中间陷落
产品为中心	100%	?
问题解决方案	0	?
低成本，广泛的客户群	0	?

因此，遭受中间陷落、以产品为主的公司不得不面对两个棘手的问题：

- 我们有哪些追求价值的方向？这意味着多少不同的商业设计？
- 我们在中间陷落的市场分布中和新市场中所占的市场份额该有哪些？

实施挑战

如果公司试图在三个价值领域都获得价值，它必须创造和管理三种互不相关的文化。如果公司选择在一个价值领域展开活动，它在这个领域占据的位置需要比它以前在整个市场中占据的位置更突出。

文化挑战可能更加令人望而生畏，这是因为机构的历史难以割舍，以及很难招聘到合适的创新人才。公司文化在数十年来一直为自己的优质产品感到自豪，公司内部大量的产品工程师觉得很难把信息为主的成功因素看作重要的替代因素。在劳动力市场上，中间陷落正在造成不平衡的全球性人才需求，这些人才应该既能够管理项目，又能够解决问题。长期以来，以产品为主的公司发现自己很难吸收和留住高级智囊人才。

戴尔公司懂得怎样大力支持一种文化，探索和利用不止一个价值领域。戴尔公司在中间陷落的情形下只占据其中一个价值领域：低成本，以客户为中心。然而，戴尔公司也向普华国际会计公司、安达信会计师事务所和毕马威这样的合作伙伴出售电脑，这些机构正努力研制虚拟的IT解决办法，以与IBM等计算解决方案分庭抗礼。结果戴尔公司从两个价值领域都得到了经济收益，却只需要管理一种公司文化。

我下一步该怎么办

不管你的公司采取哪种方法，造成中间陷落的价值转移——产品位置的商品化和信息分化越来越重要——都会持续下去。在产品加信息的环境中，从产品为主的三种经典战略中选择一种已经行不通了。这就好像在泰坦尼克号上挑选家具一样，管理面临的任务不是改善产品为主的战略，而是选择产品和信息的非中间地带，创造新的企业设计，以在竞争中成功地获得未来的行业价值。

如何获利

要第一个到达最高点。

☑ 你的行业是否已经出现中间陷落，还是很快就会出现？是在哪个方面出现，产品水平、信息水平还是两个方面都会出现？

☑ 哪种成功可能性更大：低成本还是问题的解决方案？

☑ 你能两者兼顾吗？实现双重转移需要哪些不同的组织？

行业标准

客户塑造兼容；一些人提供兼容就能创造高价值

最近几年，标准之争可能比其他任何话题更有可能成为商业活动的报道热点。它们是商业世界的肥皂剧：谁和谁“结了婚”；谁对自己的伴侣不忠，找到了更好的替代者；谁为分裂联合提起诉讼（见图 4–8）。

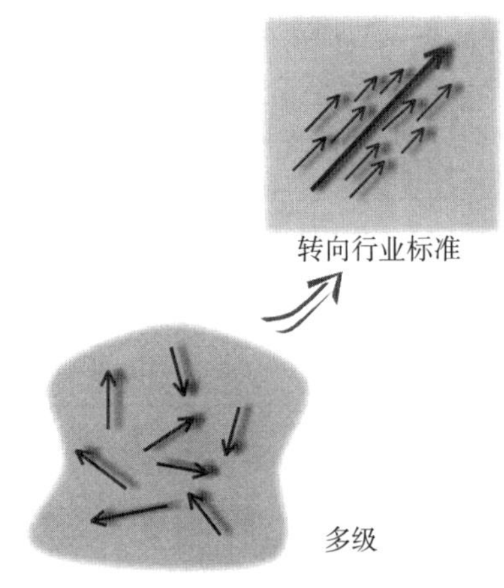

图 4–8　行业标准

标准在商业活动中的角色已经改变。标准以前被用来阻止市场的新进入者（欧洲的电源插座、日本的苹果标准等）。现在，它们成为对客户越来越有用的工具：

- 为客户保证质量（食品和药品管理委员会的许可、ISO 9000 质量体系认证、确保质量的参考产品）。

• 为了改进性能水平（冰箱的能耗水平、绝缘保温水平、电脑的处理速度、音响的声音效果）。

• 使客户可以交换使用不同供应商的产品（VHS 摄像机、IBM 复制品）。

• 为客户提供中介，以促进与用途相关的生产力和沟通能力（微软视窗、美国在线的社区用户）。

在一个“公平”的世界中，刻苦工作、严格遵守标准的供应商一定可以得到回报。实际上，大部分标准都倾向于造成相反的情况——它们倾向于使采纳这些标准的供应商变得商品化。质量标准使客户不必付出额外的代价就能够确保质量（品牌过去是客户确保质量的方式，为了得到这个保证它们支付更高的价格）。性能标准使客户能够在产品之间进行有效的性能比较，哪种产品值得购买变得越来越透明。互换标准确保客户能够随时更换供应商，而且不必担心引起功能中断。

简而言之，标准倾向于理清客户在价格—性能比等式中对性能方面的思考和信息，从而使客户可以自由地集中考虑价格。过去 20 年里，标准的普遍崛起是客户权力越来越大的证明，这也是供应商盈利的普遍威胁。

标准模式进入一个行业，对希望实现价值增长最大化的公司非常关键。这些公司拥有或者部分拥有行业标准，而不仅生产符合标准的产品。

结果，当这种模式出现时，公司需要具备一种新技能来实现利润最大化。这种技能就是建立最优化联盟。一家公司不能只有几个合作伙伴，因为少数几家公司根本不可能创立标准，它们也不能有很多合作伙伴，因为那样进展太慢，会有太多利益冲突，而且它们不得不寻求很多方法分配获胜后的收益。

在行业标准模式中，制造商可以用两个办法创造利润：一是以微小利润卖出产品，利用独特的功能技术获得市场份额；二是试图在价值链的某部分创造一种价值标准，制造商在这个部分占据竞争优势。20年前，后一种选择还不像现在这样被频繁采用。在很多行业，开放的系统软件和互换标准的出现使这两个办法成为可能。

两个例子说明行业标准模式给管理人员提供了选择。尼乐克是一家医疗诊断公司，它在20世纪90年代中期开始打开脉搏血氧仪的市场（脉搏血氧仪是一种仪器，它通过微小的电极刺激病人指尖，以便无痛地测量血氧水平）。当没有使用脉搏血氧仪的医院被认为治疗失效时，很显然整个医疗业都会采用尼乐克脉搏血氧仪作为参考标准。

可以预料，尼乐克的下一步行动就是扩大生产来满足蓬勃发展的需求。除了这个举措，尼乐克还采取了打破整个医疗器械行业规则的行动。尼乐克把它的数据授权给数十家竞争者，于是这些数据成了脉搏血氧仪事实上的控制性标准。

尼乐克脉搏血氧仪已然占领超过一半的市场份额——它在知识产权方面的地位使它享有名誉上的优势。拥有事实上的标准在相当大的程度上增加了它的价值来源。股票市场对尼乐克的热情（不管当前的股票地位如何）又有助于市值的增加和新的战略选择，如果尼乐克不拥有事实上的标准控制权，这些优势根本不可能出现。

最著名的反例是苹果电脑。在20世纪80年代的大部分时间和90年代早期，苹果拥有一个图形使用界面，它比微软先进得多。苹果电脑选择进一步开发它的界面来销售更多的电脑，并且定价更高。它没有建立竞争者之间的联合，以便可以使自己的界面成为标准。结果1 000亿美元的股东价值从苹果公司转移到微软公司，因为微软公司全力以赴地使自己的图形界面成为行业事实上的标准。

这两个故事不是要说明追求标准控制者的地位总是对的。有时候，最大的价值举措是利用独特的功能来争取市场份额或者提高价格。但是大部分公司现在才领悟到标准相关战略，这些标准早已经是计算机和消费电子产品战略性思考的一部分了。

仔细想一想你是否能够创造一种围绕下列内容的标准联合：

- 只有你的产品才能够做到的行业参考指标。
- 经供应商提供的产品成为能够整合的产品知识资本。
- 你的标准能帮助促进不同用户的生产力和沟通（这时候你的标准开始成为最有实力的标准，成为一种客户语言）。

如果相信标准战略是一种可行的选择，你可以用财务模式估算一个标准所拥有的价值（知识产权的收益，但是产品销售有潜在的低收益），并与你的盈利预测相比较（见图 4–9）。考虑一下股票分析家会怎样看待你的新标准的意义。记住，当公司在较低资产基础上产生大量现金流的时候，股票价格就会上涨，长期维持这些流动资金相对来说不成问题。拥有事实上的标准可能改变所有因素，使它们对自己都有利。

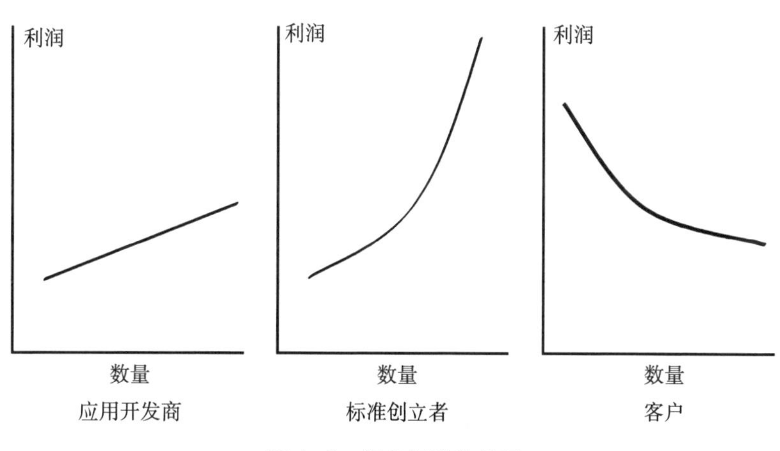

图 4–9　行业标准的结果

最后，创造性地考虑一下怎样建立标准联盟。你是否需要让其他地方或者相邻行业的供应商参与进来，以便触发它们对你的专利资产的兴趣？或者让传统竞争者对你的专利资产更感兴趣？如果你希望建立一个标准，为了使之成为品牌资产，你是否需要和最终客户进行交流。比如，英特尔的广告语，“内置英特尔”？

需要注意，如果客户因为多极化、不相容的供应商而心存不满，客户的挫折感达到一定程度时，简便就成为唯一首选。如果你不采取针对标准的行动，别人就会采取。

当公司把自己的技术发展成事实上的标准时，奇迹开始发生。客户喜欢兼容的经济便利性。过去的投资保证了未来的价值。并且竞争者开始围绕拥有行业标准的公司制订自己的商业计划。考虑一下你的管理团队怎样增加事实上的标准模式和相关的联合技巧，使它们成为将来战略性举措的丰富资源。

如何获利

创造标准，或者尽快与新兴的标准联合，或者努力创造下一个标准。

☑ 行业上的标准在我的行业会产生效用吗?

☑ 它对我的业务会有什么影响?

☑ 如果我可以预测这个标准，为了维护自己的地位，我可以采取哪些不同的措施?

——作为客户会如何?

——作为竞争者会如何?

——作为应用开发商会如何?

☑ 我能成为自己行业标准的创建者吗?

技术改变格局

象棋棋盘移动，权力转手他人

几乎每天都有技术发明。每年有成千上万个技术发明。它们改进了产品功能，降低了成本，加快了周转，并为生产者和客户带来一系列其他技术方面的便利（见图 4–10）。

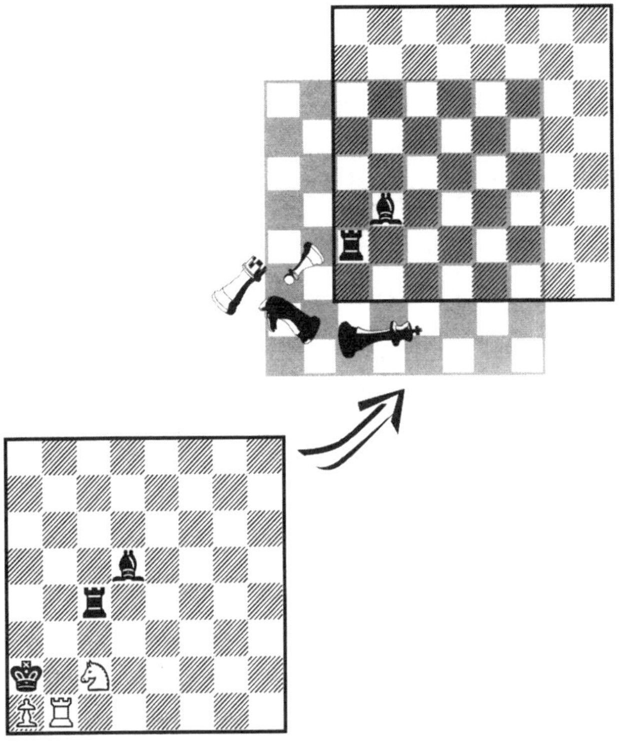

图 4–10　技术改变格局

只有很少的新技术产生特殊结果。引入这些技术经常出人意料地改变整个战略格局。它们的效果不在于业绩改善，而是涉及竞争领域实力的重新分配。有些公司发现自己被取而代之或者完全从竞争中被排挤出局。另外一些公司发现所有的基本关系，无论是竞争对手、客户还是供应商，都被扭转、重塑和重新定义。

这种技术改变格局模式是技术发展把游戏的所有参加者从已经习惯的位置上转移出来的结果。这种模式的强大力量有几个典型的例子，如电视机、摄像机、汽车和个人电脑的出现。

电视机被放到客厅里，使成千上万的人不用花钱就可以在晚上坐在家里观看戏剧、娱乐节目和新闻。它从根本上改变了人们消磨时间的方式。而且电视在许多行业中还造成其他价值和战略控制发生剧烈转移。

产品本身变成淘金热在技术上的对等物。每个人都想要一台电视机，生产电视机就可以“赚大钱”。许多公司开始蜂拥而上生产电视机，然后它们开始彼此打架。竞争的激烈程度引发了大量促销活动，但是这种局面都成了过眼云烟。20 世纪 70 年代，十几家制造电视机的新公司倒闭了，只有几家主要生产商（日立、索尼和其他几家公司）存活下来，在一度凭技术展开激烈竞争的前沿阵地重新建立起秩序。电视刚刚兴起时，有数千家制造商。到 20 世纪 70 年代中期，整个行业被几家公司控制着。电视也引起其他行业的重大变化。20 世纪 50 年代，消费品行业的权力被牢牢地掌控在像宝德、西尔斯这样的公司手中。它们和其他类似的公司拥有时代的权力公式：广泛流通和家喻户晓的品牌。在电视之前，其他消费品公司［如宝洁、家乐士（Kellogg）、飞利浦等］被迫转而求助于报纸和全国性杂志，以及广告牌和广播来树立自己全国性品牌形象。但是因为给自己的产品做广告的全国性渠道很少，所以它们低成本、高效率树立品牌忠诚度的能力受到限制。

电视改变了这种情况。它是一种非常高效、冲击力很强、几乎无所不在的媒体，很快就成为有史以来树立强大品牌最有效的途径。

消费品生产者没有浪费一点儿时间。电视是个微型广告牌，是通往每个家庭的陆地窗口。与成千上万的人进行沟通的成本非常低廉。其结果就是，价值转移到以电视为基础的品牌公司，就像宝洁、家乐士、飞利浦等公司一样。电视帮助一些公司获得了巨大的成功，如汰渍清洁剂、家乐士麦片和万宝路香烟。它们成为价值数亿美元的品牌，为很多公司发展壮大成为拥有数亿资产规模的大型企业注入了活力。

电视还有其他影响。一旦人们清楚地认识到电视真正赚钱的是广告，娱乐世界的中心就从好莱坞转移到了纽约，三家主要电视网和广告商把它们的总部设在纽约。如果你想检查一下电视产业的“心跳”，听诊器应该放在麦迪逊大道，而不是“浮华城”（Tinseltown）[①]。

第二个重大的技术改变格局模式由摄像机的发明引发。摄像机的发明和广泛使用削弱了主要电视网对黄金时间的占领，使权力又从纽约转回好莱坞。日本的技术，尤其是松下的VHS（家用录像系统）为好莱坞提供了无懈可击的价值获取机制。这就好像一条河的流向被重新改变。电影制造业基本属于无利润行业，摄像机租赁和销售使得电影业获得了高额收益。好莱坞能够继续在摄影棚里制造电影，因为电影通过录像带租赁和销售将赢得巨额收益。

摄像机开辟了广阔的零售空间。20 世纪 80 年代还没有摄像机商店。到 90 年代，摄像机商店几乎随处可见。在 10 年的时间内，它们创造了超过 100 亿美元的年收入，其中相当大的一部分又回到了好莱坞。80 年代美国的主要电视网没有因为摄像机而遭受损失。但是到 90 年代，许多家庭每周都会把一些黄金时间花在看盒式录像带而不是看电视节目上。

电子产品零售商也有了一个新的重要利润来源。它们销售摄像机，这是每个人都想要的新产品，它们出售盈利丰厚的服务和维修合同，从而进一步扩大了自己的利润。

带来这种风向的电子产品公司怎么样？它们的故事代表了典型的企业设计失误。电子产品公司创造了每个人都想要的产品，为生产投入了资金，但是没能设计一种可以获取价值的机制。它们陷入消费电子产品模式的观念中不能自拔。它们的产品价格急剧下跌，制造商无法获得利润。好莱坞计算着自己源源不断的录像带收入。电子产品商店在销售利润丰厚的服务合同。就连摄像机商店也在赚钱。但是电子产品公司发现

① 浮华城，好莱坞的贬称、谐称。——编者注

自己提供了下金蛋的鹅，却没有得到任何好处。它们投入了资本，承担了风险，但其他人得到了利润。

电视和摄像机改变了商业格局。但是，也许20世纪最大规模的技术转移是由汽车引发的。

煤、运输公司和铁路在汽车出现之前统治着运输业。但是在20世纪前10年，通往运输新王国的钥匙已经牢牢掌握在汽车制造商亨利·福特和石油生产商洛克菲勒手中。

这些行业的建立者具有远见卓识和坚强的意志。他们被不同的敌人打败过。洛克菲勒碰到了政府反垄断的巨型炸弹，福特碰到了他最难对付的竞争者艾尔弗雷德·斯隆，他们各自发挥了举足轻重的作用。福特和洛克菲勒继续积累财富，繁荣发展，而在此之前的技术（煤和马车运输）退到了幕后。

内燃机为福特和洛克菲勒创造了财富。当时知名的公司还有西尔斯–罗巴克公司。西尔斯的总裁伍兹最大的消遣是阅读美国统计摘要，他能够敏锐地识别模式。他养成了一种观察基本价值转移方向的能力，比大部分同行都要睿智。20世纪早些时候，转移是从农村到城市，西尔斯没有错过。后来，因为汽车的出现，转移变为从城市到郊区，西尔斯也没有错过。公司购买城市郊区的房地产，在那里建设自己的商场（带有停车场）。当客户从市中心迁移到郊区边缘地段时，西尔斯财源滚滚。山姆·沃尔顿40年后也采用了这个办法。他在城市周边建立了沃尔玛商店，然后看着人口压力把城市居民从市区推向郊区，沃尔玛商店的价值直线上升。山姆·沃尔顿勤勉地向西尔斯学习，就像比尔·盖茨向IBM学习一样。

电视把权力转向电视网和它们的品牌合作伙伴。摄像机使好莱坞和摄像机连锁店发现了新的利润源泉。汽车把权力转向洛克菲勒、福特，然后是斯隆和伍兹。个人电脑的发展如何？个人电脑（1975—1995年）的重要性就像1900—1920年的汽车一样。汽车创造了洛克菲勒和福特式或斯隆和伍兹式的财富；个人电脑对于格鲁夫和乔布斯或盖茨和戴尔来说也一样。

1975 年，个人电脑的世界无机器、无利润。1995 年，个人电脑市场代表 1 亿美元的机器和 2 000 亿美元的利润。

权力从IBM转移到数字设备公司又转移到英特尔、微软和低成本经销商（戴尔、康柏和捷威）。新的宏大格局建立起来（主要由企业的信息技术预算投资支持），由此为互联网持续增强的实力创造了前提。

汽车、摄像机和个人电脑的故事还在发生。目前的技术改变格局模式正在互联网中发展。权力的重新分配将会与当初这种模式出现时一样强大，甚至更加强大。

如何获利

到权力未来会集中的地方。

☑ 你的行业有没有将会重新分配实力的其他技术转移模式？

☑ 谁将受益最多？谁将受到最严重的损害？

☑ 你的公司能做什么？

——利用这种转移？

——尽量减少对组织的负面影响？

第5章

价值链模式

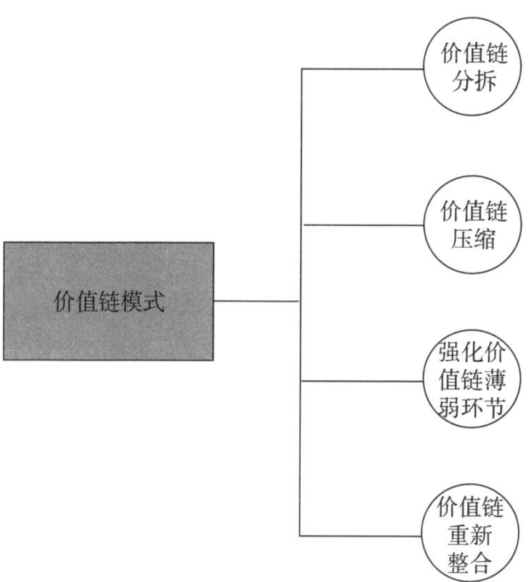

图5-1　价值链模式

过去，产业价值链相当稳定。今天，这些价值链开始压缩、断开和重新整合。

同时，利润和生产力比以前更频繁、迅速地沿着产业价值链移动。

这种变化已不仅仅存在于产业价值链本身。以前界限分明的产业开始重叠、竞争、趋同（见第 4 章中的趋同部分），而有些产业价值链则正在消失。

在这种背景下，企业在产业价值链变迁中开始使用新的、非传统的标准。而这些产业价值链变迁源于提高资本收益率，获得战略控制能力、创新设计，以及强化客户关系。

从一个公司的产业价值链角度，研究利润与价值是如何转移的，以及研究公司的相关经济环境，已经成为战略思想的重要来源。

在此，我们试图用四种模式来解释上面所说的价值链变迁。

价值链分拆

集中战胜一体化

在过去几十年中，纵向一体化的盈利模式在众多主要产业中居主导地位。在这些产业中，纵向一体化的公司控制着行业的生产能力和战略局面。钢铁、化工、汽车、航空、计算机、纺织、塑料、航天、银行、消费品、印刷、石油和天然气、纸浆都由纵向一体化的公司所控制。

过去，成功背后一定是“一体化的寡头”。新的竞争者因为寡头一体化的能力而被拒之门外，消费者的能力因为寡头的定价而被左右。

随后，变化开始了。新的竞争者以价值链专家的身份出现了（见图 5–2）。英特尔于 1968 年成立，纽克（Nucor）于 1970 年成立，微软于 1975 年成立，创造性艺术家代理行（CAA）于 1975 年成立。

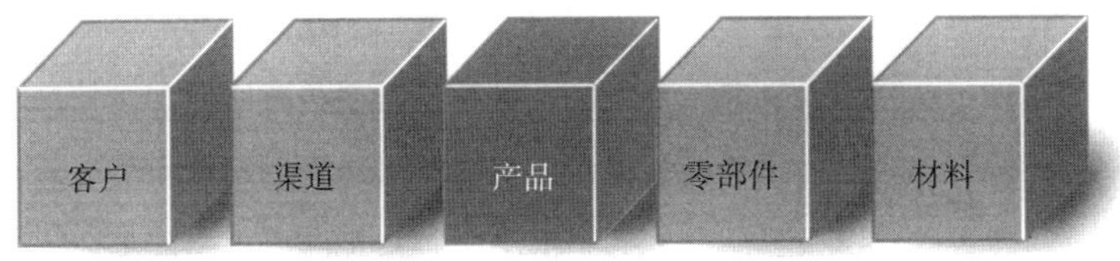

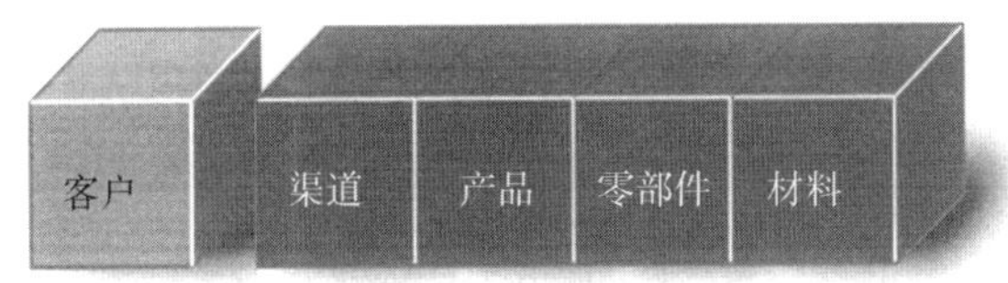

图 5–2　价值链分拆

但是，没有人注意到这些变化。那时，谁会预料到它们对产业价值链的最终影响呢？

迈向“分拆”的第一步是外包的迅速出现。各个公司开始意识到它们可以做到在产业价值链中的三四个环节有高度竞争力，而不可能在 20 个环节都有竞争力。那些试图做好许多事情的公司往往会做得很糟糕，甚至不能做到向客户提供所需的商品或服务，而这些客户是这些公司在越来越激烈、越来越快速的竞争中生存的前提。

当一些小公司开始探索专业化生产的好处时，外包的客观条件得到加强。这使得强有力的竞争者能够充分利用外包所带来的巨大优势。

十几年来，耐克在美国的运动鞋行业一直处于领先地位。耐克的成功要归于大力营销和新颖的设计，但是它成功的背后还有一些其他因素起作用。耐克支持外包战略，以至几乎所有的制造都是在公司外部完成的。对那些关系到耐克的特性和品牌形象的关键技术，公司严格地加以控制和收集。它的财务和智力资本则通过外包而被解放出来，以用来完成更重要的事情。耐克仍然是运动鞋的制造商，但是生产过程的许多步骤都依靠外部合作者完成。

一旦认识到整个产业价值链中战略控制点的所在，公司就应该定位在那个位置，而将其他部分以签约方式外包给其他公司。耐克意识到了设计与营销的重要性，便将其制造部分外包给成本更为低廉的厂家。相反，如果耐克将关键的部分或具有战略控制性的部分外包，那么它将错过 20 世纪 90 年代巨大的增长机会。

外包只是分拆的一种方式。在许多情况下，不断变化的市场环境不但导致了价值链某一个环节的断裂，而且促成了价值链的完全断裂。在完全断裂的情况下，公司应该放弃价值链中一个或者多个环节。

在 20 世纪 80 年代早期，IBM的一体化模式使它成为无可争议的领导者。与此同时，微软与英特尔则在价值链的某些部分开始进行专业化。微软、英特尔的这种战略——全力建立起自己所在领域的绝对领导地位，导致计算机价值链的完全断裂。这种分拆模式促成了 6 000 亿美元的价值。

在分拆模式中，价值从一体化公司手中转移到只控制着价值链一两个环节的专业化公司手中。

市场环境的变化是这种模式的催化剂。在多数情况下，不断变化的客户偏好，新客户群的出现，政府管制的放松，以及不断更新的技术，都可以是这种模式的诱因。它们为产业结构调整和企业模式创新制造了机会。

政府管制的放松改变了行业的战略蓝图，并促成电信行业的分拆模式。不久之前，美国电话电报公司控制着所有的居民电话服务。美国电话电报公司制造电话设备和装置，经营网络，从事短途与长途服务。但是，政府管制的放松使许多公司能够提供短途与长途服务。而且，各公司都分别提供接线、局部环线和国家骨干网。

技术的快速创新进一步加速了电信行业的分拆进程。现在，一些公司专注于软件或硬件制造，另外一些公司甚至专门从事研发不同的传输标准，如综合业务数字网（ISDN）、非对称数字用户线路（ADSL）等。

奎斯特电信是美国电信行业高度专业化的典型例子。作为电信行业价值链中长途服务业务的正在崛起的领导者，奎斯特电信的核心战略很简单：做电信传输公司的传输公司。奎斯特电信已经建立起全国范围的骨干网络。它向一些地方电信服务提供商（如通用电话和电气公司、联邦西部电信公司）销售网络容量，而这些地方服务公司又向终端客户提供服务。这一战略为奎斯特电信带来了巨大利润。奎斯特电信于 1988 年建立，到 1998 年年中，其价值已经达到 80 亿美元。

政府管制的放松已经对其他行业产生了同样的影响。新的、富有创意的企业设计现在能够在原来无法触及的市场中竞争。这一竞争使价值链的各个环节都暴露出来，这造成了一体化模式处于不利地位。

分拆模式也可以由其他战略市场环境变动引发。企业设计创新和新技术有时会共同作用，为那些专注于价值链某部分的公司创造出巨大价值。纽克是一家正在崛起的钢铁企业，它决定放弃原来那种由于从事焦炭和钢铁生产而带来的资产密集型的企业模式。它的企业设计基于很多“迷你型”钢铁厂，这些钢铁厂从外部市场购买原材料（如废钢铁）。纽克的模式导致价值链的局部断裂，而这一过程带来了可观的利润区。在这种模式下，纽克更加贴近客户，更能对客户需求做出快速反应，而且所需资源更少，成本更低。

今天，分拆模式正在许多产业中产生，那些精心设计的、财务状况良好的公司，正在利用开放的系统、高速成长的价值链环节、技术变化以及其他能够带来竞争力的机会，致力于更小的、更能盈利的价值链环节。这些正在变化的条件可能导致那些以前被一体化模式所垄断的产业出现分拆趋势，这些产业包括化工业、塑料业、铝业等。

如何获利

专注于断裂后新的价值链的某环节，并实现对其控制。

☑ 你所在的产业是高度一体化的吗？

☑ 最初是哪些特定的原因导致了一体化？

☑ 那些原因仍旧存在吗？

☑ 如果那些原因不存在，那么促成分拆模式的诱因是否存在？

☑ 你所在的产业中，价值链的哪一个阶段最具有价值？你的公司如何才能成为那些阶段的领导者？利用哪种利润模式才能从不断变化中得益？新的战略控制来自哪种因素？

延伸阅读

奎斯特电信公司：下一代通信传输公司

具有光速的通信业与具有机车速度的铁路有何联系？它们都能够将城市联结起来。奎斯特电信公司在1988年由南太平洋铁路公司的前所有者创立，这位企业家拥有整个美国西部的铁路网络。

奎斯特电信公司利用这种优势在美国西部铺设了光缆。1997年，这家公司上市，并筹资3.2亿美元。现在奎斯特电信公司正在耗资14亿美元铺设最为先进的光缆，以传输高速数据和声音。为了降低铺设成本，奎斯特电信公司在其光缆沿线为GTE（美国世界通信公司）和Frontier（独立通信服务提供商）铺设了光缆，这一战略为奎斯特电信公司赢得了10亿美元的收入。一旦这些线路竣工，奎斯特电信公司的网络将连起美国 115 个城市，拥有美国 75%的长途业务量。奎斯特电信公司已经成为信息时代的光速载体。

奎斯特电信公司的成功正是利用了正在改变通信行业的分拆模式。通过专门致力于向地区性贝尔通信运营公司（RBOC）、地区性通信传输公司（CLEC）、互联网供应商及长途电话供应商销售光纤网络容量，奎斯特电信公司将自己定位在利润区域。奎斯特电信公司销售的服务恰巧迎合了当时以声音传输建立的传统网络须提升功能，以满足数据传输服务的时代需求。数据传输正在以 20 倍于声音传输量的速度增长。各地的光缆容量都供不应求。20 世纪 80 年代，光缆使用率只有 30%，到 1998 年其使用率达到了 90%。

数据容量需求增长与带宽不足之间所形成的不平衡，为奎斯特电信公司创造巨大价值扫清了道路。奎斯特电信公司拥有全美第四大光缆网络，并且正在成为几乎所有需要批量光缆容量的地方通信、长途业务和网络服务供应商的首选企业。由于拥有更加先进的技术，奎斯特电信公司在传输的可靠性和安全性方面比其他竞争者更具优势。这一优势进一步强化了它作为高速数据传输者的地位。所有这些都使奎斯特电信公司从传统的地区性贝尔通信运营公司和电信商那里夺取了盈利机会和战略优势。

奎斯特电信公司利用它的基础地位创造了新的利润来源。1997 年，奎斯特电信公司赢得了一个政府合同。该合同使奎斯特电信公司成为“互联网 2 号”——用于联结 130 个大学的第二代数据网的骨干网。由于这一高速数据网的资金充裕，其利用率快速增长，奎斯特电信公司的光缆网络变得更加重要，而且更加有利可图。

奎斯特电信公司创造的价值要比传统的通信公司多得多。

1998 年，其价值与销售收入之比为 9 ：7，其市值接近 80 亿美元。由于奎斯特电信公司对电信产业价值链中比较长的部分拥有战略控制地位，所以它在将来也会获得丰厚的利润。如果市场对数据传输容量的需求继续快速增长，奎斯特电信公司将会因其高度专业化的企业模式设计，进一步从分拆模式中获益。

但是，如果奎斯特电信公司想要继续保持其原有的价值创造和利润增长的势头，那么它必须能够继续预测将来改变电信行业的模式，而且它必须就以下问题进行思考：

• 对于奎斯特电信公司而言，无线网络和服务供应商是否比有线网络更具威胁性?

• 是否存在这样的可能性——具有创造性的公司又重新将价值链进行整合，并向客户提供一体化的数据、声音和解决方案?

分拆：第二阶段

为了更好地理解那些分拆的产业或企业，并使更深层次的经济利益和客户情况更为明显，我们将采用更加微观的视角来考察整条价值链，而不是以宏观的角度。由于分拆模式创造出了新的利润区，这就使产业价值链的各个阶段更易被仔细审视。如果每一个阶段都成为一个独立的竞争市场，那么每一个阶段的经济活动将可以通过其特定的情况加以评估。

正如电子显微镜能够使科学家观察某种元素十分细微的部分一样，从微观经济视角看，也会让管理者发现产业价值链每个阶段的特性。企业家就是依靠这样一种工具来寻找机会的。

在这种更为微观的考察过程中，有一点是非常明确的：价值与机会并非均匀地分布在价值链的各个阶段。你将会发现进一步分拆的机会，以及促使其他模式生成的诱因。价值链的一部分可能进一步断裂为更加细小的部分。

半导体行业是一个很好的例证。英特尔在芯片上的专业化启动了该产业价值链的分拆进程，从而使芯片制造活动更易被观察。随着芯片制造的复杂化，更加专业化的公司又进一步将分拆进程深化。

“非芯片制造公司”英特尔开始致力于设计与销售，同时将制造环节外包。今天，一些知识型半导体公司已经彻底将芯片价值链分拆。这些半导体公司并不制造、运输和销售芯片，它们只从事芯片设计，而由下游的公司从事生产与销售。

这种微观视角无论对于处于将要分拆的产业（如美国的公用事业）中的公司而言，还是处于已经分拆的产业（如个人电脑产业）中的公司而言，都十分有价值。

这种考察的关键在于发现那些由于客户偏好、技术、政府管制等变化而导致的利润增长区域。

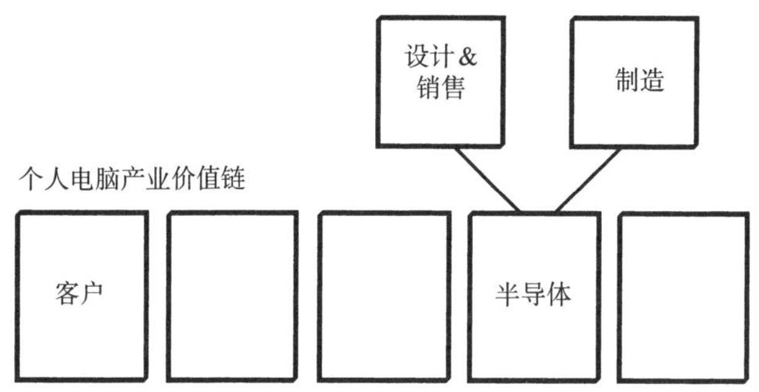

图 5–3　分拆：第二阶段

价值链压缩

跳出“钳子”攻势

一个世纪前，有一个军事指挥官做了一个噩梦，他发现敌人占据了周围所有的小山，他的士兵被围困在中间的洼地中。他们没有成功的希望，更无逃避之所。很显然，没有任何一个指挥官愿意使自己的士兵陷入如此境地（见图 5–4）。

图 5–4　价值链压缩

发生这种情况是由于失败方的指挥官欠缺预测能力。在不断变化的价值链环境中，企业也会面临类似的困境，当其上下游的供应商和客户的力量不断增强时，他们会对公司和与其相同的竞争者造成很大挤压。这种挤压力如果来势凶猛，企业将不会有利润增长的机会。价值链的完整也许不能创造足够多的收入以弥补成本。

为什么会出现这种压缩？为什么企业在毫无准备的情况下变成了受害者？有三个变化加速了这个模式：

- 相对匮乏（例如，人才）。
- “钳子”两端的业绩快速提高。

- 钳子攻势能力加强，使上下游参与者更加强大（例如，汽车供应商）。

这些变化会在 10 年或 20 年内发生，但那些失败者往往忙于其他的事务，直到最后的几年才看到威胁。

一个很重要的价值链压缩案例是广播电视业。今天强大的网络商，如美国全国广播公司、哥伦比亚广播公司、美国广播公司和福克斯广播公司都是这种模式的“中间参与者”。思考一下那些“钳子攻势”的两端：一端是网络商不得不面对的地方电视台，地方电视台有强大的地方特许权，并获得了由网络商所创造的大部分价值；另一端是那些内容制作者，比如美国NFL（橄榄球联盟）、好莱坞电影制作中心和独立节目制片人。它们都需要由网络商提供不断增长的费用，因为只有依靠有出色技能的运动员或表演者，它们才能制造轰动效应以实现广告收入的最大化。在NFL电视播放权的拍卖中，对《宋飞正传》演员的最后一轮合同谈判和为《急诊室的故事》所支付的价格，都表现了网络商对内容提供商的无能为力。广告收入不断地流向网络商，结果就出现了这样一种情形，过去强大的主要网络商沦落到永久的低利润区或无利润区。

汽车行业和专业运动同样提供了类似的案例。在汽车行业中，供应商和汽车销售巨头在传统汽车制造的两端，变得越来越强势。在体育运动中，特许权拥有者，被夹在那些有天价工资要求的职业运动员、供应商、体育馆以及第三方提供商之间。在每一个案例中，利润都流向那些控制着钳子攻势的公司手中，而那些被挤在中间的公司，发现自己被围困在有限的利润区内或快速下降的利润区内。

另一种钳子攻势模式已经出现在计算机产业中。钳子攻势模式两侧是微软公司和英特尔公司，被夹在中间的是传统的计算机制造商。在 1987 年以后的 10 年中，钳子两端的公司开始掌握权力，将原始设备制造商夹在中间。1997 年整个计算机产业的市值为 4 000 亿美元，而微软公司和英特尔公司的价值就占了其中的 70%。

企业要想避免价值链出现钳子攻势，有四种选择：

第一，在模式变革时，它们可以进入价值链相邻的环节。第二，它们可以采取措施鼓励新加入者进入价值链中的相邻环节，使其“削弱价值链上下游的参与者”（英特尔通过创造附带装配线，使新的低成本供应商可以很容易进入原始设备制造商市场，从而大大削弱价值链上下游的企业）。第三，制订新的商业计划，开发价值链环节之外的机会。第四，勇敢面对并改变这种局面，运用更好的商业运作和产品创新使企业摆脱危险，有时这个方案是最有说服力的，但很少成功。

如何获利

比你的上下游企业（供应商和客户）更快地提高业绩。通过鼓励新加入者，限制它们扩张实力。

如果你是一个庞大电视网络公司的副总裁，你没有涉足新产业，互联网在不断地发展成熟，宽带视听进入美国的千家万户。观众打开高清电视机，随时可以通过500个频道选择自己喜欢的节目，收视费和广告费从你的手中溜走了。各种各样的节目不断地出现在你的竞争对手、内容原创者和媒体明星所制作的网页和独特的有线电视台上，你的阵地正在受到不断壮大的观众和节目提供商的挤压。

- ☑ 你将采取何种行动保持你的网络，以防止广告收入下降？
- ☑ 如何转换你的企业设计，使不断恶化的局面变为巨大的机遇？

强化价值链的薄弱环节

变革那些阻碍你创造价值的业绩较差的上下游企业

20世纪60年代，麦当劳想要通过持久的高质量树立它的品牌，而食品工业的供应条件远远不能满足它的要求。麦当劳想建造自己所预想的完美法式土豆片王国，但由于美国农场主的原因，土豆的加工过程影响了食物的品质。对于麦当劳来说这是价值链的薄弱环节。麦当劳想提供给客户的价值，由于供应商不可靠的表现未能实现。蛋卷、松糕、肉卷和奶制品的菜单筹备者也遇到了同样的麻烦（见图 5–5）。

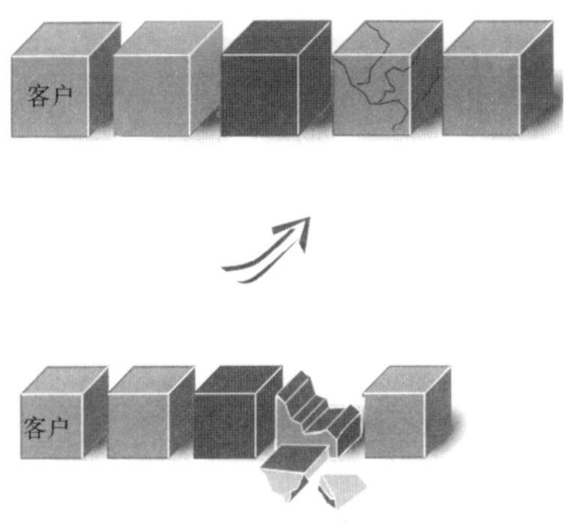

图 5–5　强化价值链的薄弱环节

有时价值链上下游企业的欠佳表现，会限制一个企业提高对客户的增值和创造本身价值增长的能力，这种延续的功能紊乱能够导致一个新的模式：强化价值链上的薄弱环节。当这个模式出现时，明智的价值链上下游企业就会采取行动，提高整个体系的表现和质量。

在过去的几十年中，许多的价值链出现了薄弱环节。在最极端的案例中，薄弱环节可以导致的激进结果是：强有力的上下游企业将会控制薄弱环节。在比较极端的案例中，结果往往是采取强化行动：价值链较强的上下游企业强化薄弱环节，以应对竞争压力。

土豆产业由于缺乏储存标准和分散供应能力，致使麦当劳的规划受阻，但麦当劳通过与强有力公司的合作来强化薄弱环节。麦当劳花费了很多年教导它的供应商适应它的系统和了解它的优先需求。其中包括许多技能：供应商的统一、培训、咨询和系统标准化。

在决定进入俄罗斯市场时，麦当劳以更加引人注目的方式采取相同的行动。在进入俄罗斯市场的前 10 年，三层楼高的莫斯科麦当劳餐厅已经开始烹饪能体现其质量和一致性的俄罗斯牛肉和土豆。

在以上两个案例中，麦当劳采取了独特的方式，以强化价值链的薄弱环节，使低效率转变为竞争优势。

这种行动的独特方式如同“锁定”一样重要。如果经过多年的投入，麦当劳新的供应商能够自由独立地提供巨无霸和温迪原料（目前均没有），那么麦当劳就多了一个新的价值链竞争者，而不是具有新的竞争优势。

20 世纪 60 年代，丰田公司开发了自己独特的丰田生产体系，从而使其陷入价值链的薄弱环节。但丰田公司意识到如果不大幅提高供应商的水平，仅靠制造汽车是永远无法实现自己的梦想的。虽然经过多年努力，丰田才使这套体系获得成功，但是丰田公司使汽车行业出现了一批训练有素，而且拥有快速应变力的供应商。

公司强化薄弱环节，并不意味着它要购买（拥有）薄弱环节。10 年前沃尔玛同样面临薄弱环节的困扰，但它通过建立战略合作伙伴关系解决了这个问题。

对于沃尔玛来讲，仅有供应商的低价格是远远不够的。要想为客户提供所需的价值，它必须建立和供应商合作的新目标：目标联盟、合作和信息共享。

1987 年，沃尔玛首次尝试和最大的供应商宝洁公司合作。经过数年的合作，宝洁能够制造沃尔玛所需的产品，其结果是双赢的。沃尔玛实现了库存减少、高出货率，以及由宝洁提供的灵活的产品规划。

这种关系同时也使宝洁发生了巨大变化。宝洁实现了高存货周转率、低退货率，降低了破损率，形成了现代化的生产和分销体系。

这条经验为消费品和零售行业尝试联合、形成竞争优势，提供了范例。想与沃尔玛合作的公司不得不通过实施改进的先进系统、电子数据互换和即时运送等方式来改变经营模式。对于沃尔玛来说，这将修复薄弱环节，随之而来的是强有力而且高效率的供应商。

薄弱环节可以很快地从价值链环节传递到其他环节。20 世纪 80 年代中期，在计算机价值链上的强者是IBM，薄弱环节是英特尔，IBM决定投资英特尔（它购买了英特尔 19%的股票），并向其提供广泛的技术支持。

为了自己的利益，IBM需要强有力的低成本的芯片制造商来实现自己的战略和财务目标（IBM后来出售了在英特尔的所有股份，那笔交易在今天价值 300 亿美元，或者是IBM 30%的市值）。

经过几年的发展，价值链的薄弱环节向前转移——远离英特尔而直逼IBM和其他原始设备制造商。原始设备制造商不能很快地提高它们的水平而创造出英特尔的企业设计所需要的增长率。英特尔通过扩大其业务范围，制造芯片组和母板。通过采取此行动，英特尔减少了其进入价值链上原始设备制造商的障碍，而且吸引了新的和更有野心的参与者加入其经营业务。

若薄弱环节保持破毁状态，这会继发功能紊乱，增加变革的障碍，并对上下游企业造成威胁，但它会为新加入者带来机遇。汽车行业就是一个典型例证。在薄弱环节上，汽车经销商不能持续提供客户服务和令人满意的购车机会，这将给制造商带来麻烦，但为诸如卡麦（CarMax）和AutoNation（一家汽车销售商）等新加入者提供了良机。那些新加入者通过努力代替了传统的经销商，一举成为主要汽车销售渠道。

如何获利

以独特的方式强化薄弱环节，使其与你的企业设计一致，从而获得成功。

想一想你的现状：

☑ 你是否打算创造被价值链的薄弱环节削减的价值？你的薄弱环节是客户、经销商，或者两者皆是？

☑ 你怎样处理这些薄弱环节？采取怎样的行动能够实现价值最大化，并使风险最小化？

☑ 你是否能够很有力地强化价值链，为你的公司营造前所未有的有利位置？

价值链重新整合

重新整合价值链，捕捉系统中的盈利点

在很长的一段时间内，经济、技术、客户、投资水平和竞争行为增加的一些细小的变化，能引起价值链在盈利方面的巨大变化。一个由10~15个关键步骤组成的价值链的变化，能够产生2%~20%的边际收益（见图5–6）。

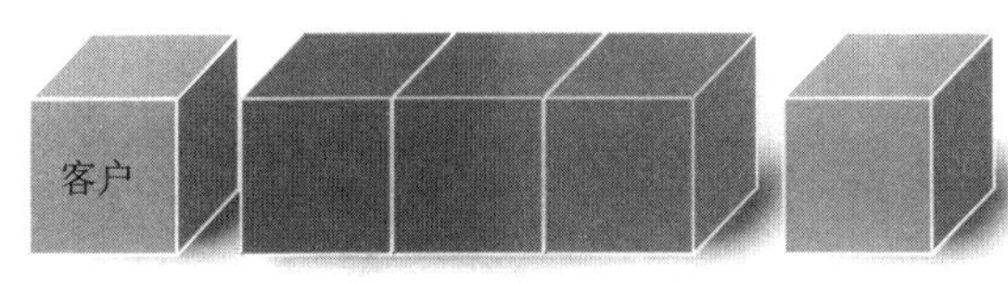

图5–6　价值链重新整合

当利润变量增加时，链条不同部分的相对重要性发生变化，一些客户群的表现在驱动整个体系的变化中发挥着越来越重要的作用。关键客户群的优先关注的事成为其他参与者未来成功的关键因素。对价值创造者的主要挑战就是在发现利润和力量源转移的时候，用经济的显微镜来透视价值链的每一个环节。

当价值转移到价值链的上下游，企业要面临扩展原有的经营模式范围的挑战，来参与那些过去被认为是上游或下游企业的经营活动。

医药行业力量的均衡和客户关系的加强，引发了价值链重新整合的模式。

默克集团是认识到这种新出现的模式，并且利用此机会的第一家医药制造商。默克的总裁罗伊 · 韦格罗斯发现了价值链新的脆弱点和机遇，并对此做出了决策，这在当时的整个医药行业引起了轰动。默克兼并了服务于雇主和组织采购者的医疗保健管理公司Medco公司。默克的企业设计由此实现了由药品开发/制造商到更为广阔的价值链管理者的转变。

这对于默克来说是一个关键的决策。公司认识到即使在其传统的经营设计内，公司依然能够创造丰厚的利润，但医疗保健管理在当时正改变着医疗行业的发展。行业的变化使得主导权从制造商手中转移到逐渐庞大的组织采购者手中。制药商和医院正在让权给保健组织（HMO）和保健管理代理机构，而这将给药品采购的现状带来重大转变。并且，保健组织不断地与医疗福利管理公司谈判大规模服务合同，对其客户的处方药进行外部采购。默克认识到客户的这种变化，决定兼并Medco公司作为实现其力量平衡战略的一部分。向下游环节进军是这个伟大战略的一部分，这样能够最大可能地接触客户，不管客户是医生、机构采购者、药剂师、医院、合作组织，还是保健组织。

20 世纪 80 年代，德国医疗器械分销公司费森尤斯集团同样面临重新整合模式。医疗设备和医药产品的环境在变化，企业竞争的新领域就在分销。90 年代初，大多数的医疗器械零售商决定放弃将费森尤斯集团作为它们的分销商，迫使这个公司不得不退一步，从更广阔的视野来思考价值链。

作为有力的回应，费森尤斯集团加强自己拥有专利的、独特的透析产品线，并决定向下游产业推动，它开始向透析中心提供管理服务。今天，公司已经开发了自己的透析器械、药物产品及技术，并向医院、透析中心和家庭分销这些技术和产品，同时它像其他机构一样拥有自己的透析中心。德国医药保健市场管理不断加强，迫使费森尤斯集团探索其他潜在的市场机会，来进行高收益的企业设计。现在，它已经在全球20多个国家经营医疗设备。

这项转变使费森尤斯集团沿着价值链向下延伸。它已经创建了一个产品和服务组织，该组织将在全球建立医院透析中心，装配费森尤斯集团的设备，培训当地职员，并用自己的人员管理医疗设施。在成功地发现整合价值链上毫无联系的各部分的方法之后，费森尤斯集团现在把这套模式应用到了经营之中。

另一个有力的整合专家就是盖璞。1969年，盖璞是专营蓝色牛仔裤的小店，在过去的30年中，盖璞创建了骄人的业绩，成为休闲服装批发商中的领先者。现在它拥有2 000多家零售店，销售款式多样、质量可靠的服装。它的市场细分为四类：盖璞中间带、盖璞儿童、香蕉共和国和Old Navy（美国最大的服装零售品牌）。

盖璞过去10年快速的发展，得益于它建立了强有力的品牌，其战略的关键因素是对价值链的成功整合。盖璞以传统的批发商作为基础，从供应商和外部制造商那里采购服装，使其经营垂直一体化（即使它仍然将产品外包）。现在它每年设计自己的服装，它内部的设计小组成员奔波于整个欧洲，收集各种流行款式，并将其提供给盖璞的客户。

法国豪华奢侈品制造商LVMH也采取扩展行动进入价值链的上下游环节。作为奢侈品的设计者和制造商，LVMH总能通过其独特的品牌产品而备受青睐。然而由于没有与客户建立直接关系并发挥作用，它总是无法确定它的产品如何被消费者接受，并很好地定位，以对付其他竞争对手。

LVMH 预测到从产品生产到批发商这一重要的转移，并转移到价值链下游以整合价值链。第一步，它加快建立独特的零售商店，通过开设有橱窗展示很多品牌的时尚店铺来更多地掌控和客户的关系，例如路易威登、克丽斯汀·迪奥（CD）、纪梵希、拉客鲁瓦（Lacroix）、凯卓（Kenzo）、思琳（Celine）、罗意威（Loewe）、娇兰、钟雷德（Fred）等。接着它收购了大量顶级商店，这大大增强了其在分销领域的地位。除出售 LVMH 产品之外，这些专卖店同时为那些 LVMH 的关键消费者提供了其他高档消费品。在过去的 5 年中，LVMH 获得了模式整合的优势，并实现了销售额每年 20% 的增长速度。

在软饮料（不含酒精的饮料）这个复杂的行业中，整合模式已经显露端倪。20 世纪 70 年代，软饮料行业的价值链由容器制造商（罐和瓶）、饮料制造商［可乐、百事、七喜、王冠、佩珀先生、怡泉（吉百利史威士）］和装瓶商等组成。有时，这些众多参与者的利润紧密地联系在一起，但是他们之间经常出现争执和矛盾，因而造成整个价值链功能紊乱和效率低下。

20 世纪 80 年代，可口可乐公司的总裁罗伯托·戈伊苏埃塔改变了公司的企业设计，重新进入并控制了整个价值链。戈伊苏埃塔没有采取传统的整合方法，因为可口可乐公司并没有占有所有资产，实际上，他也不打算这样做。但他确实想使整个系统实现效用最大化、价格最大化、最低可能的资产集中度和成本最低化。

可口可乐公司现在依然采取这种模式。在过去的 10 年中，它已经由过去经营 20% 的价值链（果汁和广告）发展到经营 80% 的价值链（从原料到分销）。

整合模式不断地出现在其他行业，尤其是资产密集的制造业，制造商不断遇到这样的情形，即如果它们想从投资中得到可观的回报，对价值链进行部分整合就显得尤为必要。当价值从价值链的一个环节转移到另一个环节，参与者就不得不进行整合以获得战略控制。这种模式同样出现在变化多样的家具和炼油业。

20 世纪 90 年代初期，家具生产商Ethan Alien快速地拓展其零售业务。如今，它拥有 66 家专营店（占其收入的 32%）。Ethan Alien实现了比同行业发展水平快 1 倍的增长速度，它的股票价值每年（1993—1997 年）增长 35%。

Tosco是一家炼油厂，它发现在炼油行业中利润向价值链下游转移，并采取行动成功地抓住了机遇。在 1993 年的一系列兼并案中，该公司加强了其零售业务，并在基础加油站系统中发展便利商店（行业的高利润区）。整合模式使它的股价在 1993—1997 年，每年实现了 58% 的增长。

从整合模式中赢利不是轻而易举的。优尼科提供了与Tosco相反的案例。与Tosco相比，优尼科并未取得成功。这两个公司都试图采取整合模式，Tosco执行得比较成功，源于其将注意力着眼于高利润区，而优尼科缺乏战略执行能力。最终Tosco成功了，而优尼科将零售资产和品牌出售给了Tosco。

一件有意思的事情是，整合模式在计算机产业方兴未艾，而这个产业刚刚经历了 20 年的分拆，微软和英特尔引发了分拆模式并从中受益。它们现在都坚持不懈地朝着反方向努力，朝着价值链的整合方向前行。

通过结构实验室，英特尔实施了一系列的创新举措，以重新定位并扩大其在整个体系中的地位。微软则是向价值链下游延伸，越来越接近最终用户（客户）。微软以往的客户是那些采用微软的软件作为生产程序的公司，以及那些与微软操作系统相匹配的编写程序的企业。现在，微软已经转入内容和交易服务，并不断地加强与最终用户的联系。

如何获利

对影响盈利性、客户信息或战略控制的价值链环节重新整合。除非必需，否则不要兼并，可以采取签订合同、建立合作和占用小部分股权等方式。

☑ 什么条件和动因促使重新整合？重新整合能为我的行业提供哪些机会？

☑ 我是否需要重新整合来创造或限制利润增长？

☑ 价值链中哪个环节是潜在利润增长和战略控制的最高点？

☑ 通过部分重新整合创造更有价值的商业计划，我必须采取哪些行动？

☑ 在采取这些行动时，我如何降低风险？

延伸阅读

重新整合客户

过去，价值链重新整合实际上走了一条相反之路。当一个企业规模扩大，制造与采购分析往往显示“制造”比“采购”更有利可图，所以出现重新整合。供应商或者被兼并，或者被排挤：利润上升，资产密集度随之加强。

如今，公司在做战略重组考虑时，采取与以往截然相反的举措。它们现在转向价值链中所有面向客户的方式，因为未来企业所面临的战略瓶颈不在产品供应方面，而是日益强烈地渴望了解那些有利可图的客户和利润丰厚的客户的购买意愿和信息。

许多有说服力的原因使你将客户整合放在你的企业设计之

中。试着思考有关这个模式的一些案例：

• 可口可乐公司利用其客户提高它在价值链中的业绩，并且抓住自动售货机这一获得高利润的机会。

• 汽车经销商集团AutoNation前向整合，探索汽车零售的新概念。销售汽车同时是销售给客户高利润的融资贷款、保险和维修服务的最好机会。

德国费森尤斯集团通过增加病人护理的外包门诊，配合其静脉注射药物生产线，实现了直接向病人提供服务。前向整合进入服务业同样也使费森尤斯集团重新发现公司的高利润产品。

• Ethan Alien从家具制造商转变为家具零售商，从而能够加强客户的即时购买。

我们必须将其他的两个驱动因素列出来，互联网和电子商务。有哪些原因使公司将最终用户更紧密地整合到业务当中呢？这个问题值得深思，而不是以反对的理由“我以前没有参与价值链的那一部分”来拒绝。未来谁抓住了客户关系，谁就有可能发现客户所需要的产品，但你如果只有产品，对是否能触及你所想服务的最有利可图的目标客户的问题就仍不会明晰。

更关键的是，对那些已经被竞争对手整合进企业设计的客户，你仍然无法确定能把他们争取过来。

大价值链的断裂

那些仔细阅读价值链模式的读者将会注意到许多盈利模式正在中断，处于分拆前列的公司将会放弃价值链的末端。那些进行整合的开拓者（先锋）都在向前增加价值链的环节。而新兴企业被夹在专注于价值链末端和专注于价值链前端的企业中间。到底发生了什么事情?

我们目睹了在新的断层上的经济活动的分类：管理无形资产对应着管理有形资产。现在，大多数公司管理着两类资产。未来，大多数公司将会专注于其中一类资产。无形资产归集和有形资产归集是在价值链活动结果归集后公司能选择的两种方式，这被定义为"大价值链的断裂"。

许多公司为了按照投资者的意愿思考和执行，开始注重资本收益率。这些公司既拥有庞大知识性的无形资产，又拥有钢筋水泥建造的有形资产。当每一个公司分析价值链每一步骤的资本收益率时，它们会得出同样的结论：以知识为基础的无形资产的资本收益率将远远超过有形资产的资本收益率。公司的现有股票价格是有形资产与无形资产的平均数。

那些致力于股东价值的公司的情况更为突出。它们将资本集中的非核心的经营业务，通过外包的方式进行分拆。除此之外，它们认识到客户信息和日益增长的以新知识为基础的无形资产的重要性，并重新整合这些资产以获得资源。

其结果是一个公司的价值链范畴成为无形资产的归集，并由下列活动组成：产品研究和开发、产品设计、产品相关软件、实验工厂、客户行为/预测数据、品牌管理、客户购买数据或产品/服务数据。

那些在知识经济时代没有取得领先地位的公司被迫维持原有价值链。今天，仅有个别公司可以专注于自己想要选择的资产。这对价值链将是破坏性的。

"今天依然存在"是关键句。大价值的断裂可能为那些只从事生产的新兴少数公司创造了机会。它们期待更好的未来，想象上市的大型集团在国际商业领域发挥重大作用的那一天。

你的公司将会处在断裂的哪一端？它是否会因为竞争对手集中于无形资产管理的创新而选择或被迫靠边站？

第 6 章

客户模式

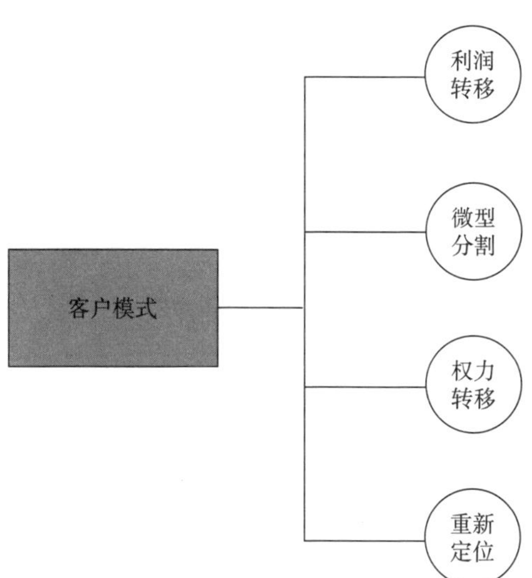

图 6-1　客户模式

客户是价值的最终裁决者。每天他们都用自己的时间、口头评论、金钱和忠诚，为最能满足其不断变化需求的企业设计投上一票。他们经常改变的决定既创造价值也毁灭价值。客户决定利润。

受客户支配的利润转移模式逐渐被人们清楚地认识。各行业中，客户群行为都以重复的方式发生变化。这些变化诱发了无数模式，并将继续转变企业战略格局，由此造成的机会（或损失）也开始重复发生。客户在供应商—客户方程式中享有更大的权力，他们知道（有时是下意识地知道）明天哪些东西会更有价值。

对客户行为的复杂性一无所知是今天商业界面临的最大的战略风险。事实确实如此，客户首选的改变、客户偏好或者财富的多样性以及客户对某类产品或者服务功能障碍的“经验”，可能是每个行业中最重要的新模式的触发因素。最终，客户模式有可能成为所有模式中最强大和最基本的模式。本章所描述的客户模式是整个客户模式中的一个小分支，未来的3~5年里它们将成为客户模式中的典型。

利润转移

所有客户都有利可图；现在，大部分客户都没有赢利

几十年前，赢利没有太多神秘感。卖方提供一种产品，客户进行购买。如果卖方向客户出售时价格高于成本，这笔交易就有利可图。

在当今市场环境下，这种传统观念是非常危险的。在很多种类的市场中，不是所有的客户都可以受益。把向客户出售的产品的定价和成本进行深入细致的研究，你可能会发现公司在许多客户账目上都是赔钱的。在这种情况下，公司如果把这些客户推向竞争对手，其经营状况可能会有所好转（见图6–2）。

从“所有客户都有利可图”到“许多客户没有赢利可能”的转变，由不断下降的毛利润和不断增加的、多样化的客户服务成本造成。如果

它们不遗余力地做好以下三件事情，供应商就会得到回报：(1) 衡量每一个客户目前和潜在的价值；(2) 选择有前途的客户；(3) 选择在这些客户身上投入的资金成本。

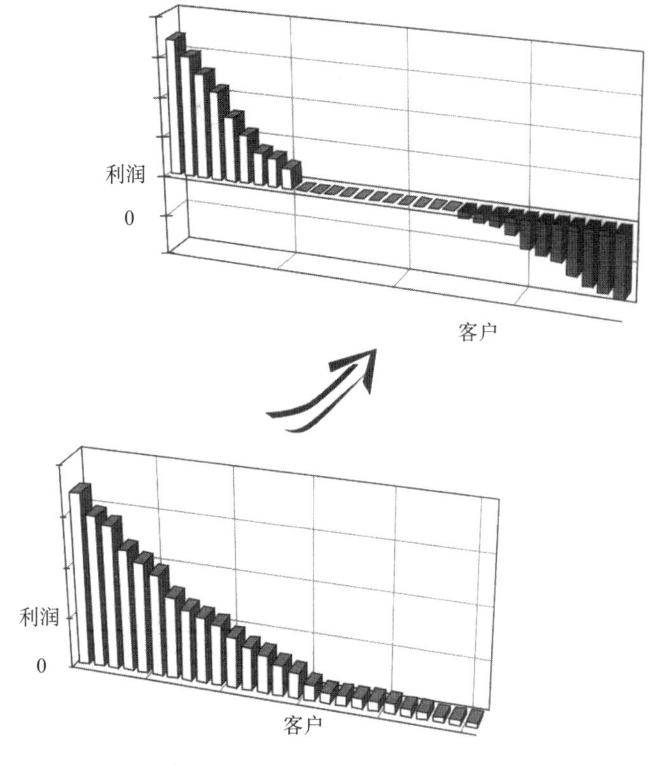

图 6–2　利润转移

在共同基金中，不断变化的客户结构与客户财力影响了利润转移模式。过去，市场由实力雄厚的投资者主宰，几乎所有公司对资产管理公司而言都有利可图，因为它们的终生价值非常可观。今天，市场不断扩大，吸纳了多种多样的新客户。尤其是属于中产阶级中的个人投资者，在 20 世纪 90 年代后期的牛市期间大量涌入资本市场（见本章重新定位一节）。

很多新客户吸引了大量的注意力和服务，他们的投资相对较小，将来的存款也不会显著增加。而且，因为他们的资产规模比更加富裕的客户小得多，所以这些新客户不能负担足够多的管理费用（建立在资产投资比例的基础上），这导致为他们服务没有利润。其结果是许多共同基金公司的利润收益继续下降，虽然它们管理的资产规模在增加。

当利润转移模式出现时，客户盈利的算术值会出现戏剧性的变化。对于瑞典的电器设备公司坎西尔来说，150%的公司利润由40%的客户创造，另外20%的客户持平，最后40%的客户造成相当于公司50%的盈利损失。

在银行业，这一数字尤其惊人。在有些银行中，30%的客户创造130%的利润，另外30%的客户持平，而最后40%的客户造成相当于银行运营利润30%的损失。

几家银行已经看到这种利润转移，正在努力使它对自己有利。它们尽快采取了试探性措施，放弃了无利可图的客户，这些客户可能是它们在追求市场份额的行动中为扩大客户数量而争取过来的。早期，有的银行使用软件系统来选择和分析客户数据，实际上，它们是对客户账目进行盈利分析。这种方法把先进的技术和信息管理系统、市场营销连成一体。在一体化系统产生的数据基础上，银行开发出多种产品和服务，向没有利润的客户收取从储蓄账户到支票签发的服务费。这对没有利润的客户造成两个结果：(1）当他们的存款降到一定的平衡点之下，银行就会收费；(2）他们被巧妙地鼓励把自己的银行业务转到其他地方处理。对特定的账目，没有盈利不值一提。为激发客户增加其盈利能力，银行提供多种项目服务，这些项目的特点是产生更多的账务平衡（比如，降低服务费和更多次的自动取款机免费交易）。

利润转移模式迅速扩散，渐渐渗透到各行各业，如化学品、消费品业、电信业、造纸业、公共服务和汽车业。然而，这种模式的发现过程往往非常缓慢，也很不容易被识别。比如，一家印刷公司惊讶地得知它有60%的客户是无利可图的。印刷公司为什么会感到惊讶？因为利润转移模式不是突然发生的。不断转移的客户行为和更加多样的客户群（或者变化的行业经济）逐渐改变了盈利条件。对于印刷商来说，过去，有客户就能创造盈利，这种观念一直占主导地位，直到有人意识到情况并非如此后，才发现形势已经大变。

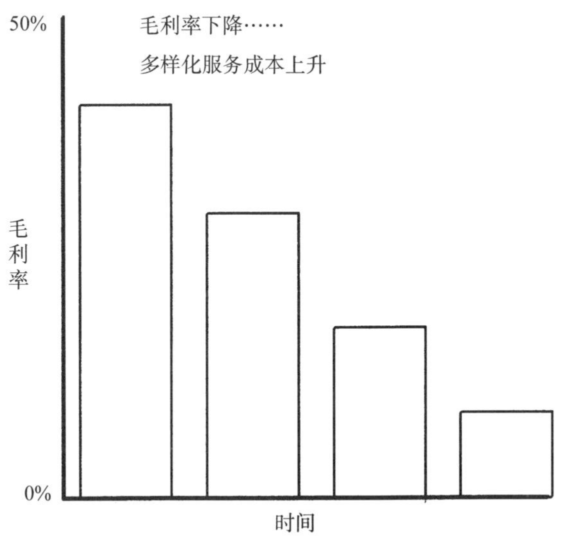

图 6–3　利润转移是怎样出现的

毛利润的稳步下降是这种模式的特点。这种情况就像潮水退落后，水面下的鱼群才会显露出来。整个行业利润的下降，暴露出那些没有利润的客户。以前公司有足够多的利润来为所有客户支付服务成本。现在，维护大量客户所产生的成本比他们提供的收入要高得多。

不加管理的客户行为可能造成服务成本增加。当客户能够得到其他的服务而不必额外付费时，他们都会要求此项服务。于是账上的利润就一点一点地消失了。

客户盈利是一个相对概念。当公司的实力还不强时，即使“不良”客户也会受到重视，因为客户的累积数量有助于支付固定成本，尤其从短期来看。然而从长远来看，基本问题并没有得到解决：要么把“不良”

客户用更加有利可图的客户取代，要么减少产品种类，要么减少服务种类，此外还可以两者同时进行。

许多公司一直无法摆脱短视行为。它们被长久地困在痛苦的第二十二条军规里：短期决策（保留不赢利的客户）导致财务状况长期没有起色（利润被公司对大量不赢利账目的补贴侵蚀了）。

扭转陷入这种不赢利的下行螺旋的关键在于不断细分客户群，以及分析每个客户真正的盈利能力。客户盈利体系能够扭转这种下行螺旋，并利用利润转移模式获得收益。通过开发针对单个客户盈利能力精确的动态分析模型，公司可以挑选并发展那些能够产生巨大的长远价值的战略客户。这也是管理无利润客户的一个工具。随着环境的改变、定价的调整和投资的重新分配，公司管理盈利能力的水平会逐步提高。模式转型也会越来越顺利。在毛利润上，不赢利的客户被转移，公司股票的季度收入得到提高。

每6个月到12个月把你的客户按照盈利多少进行排序（根据发展阶段、将来的利润增长潜力等进行调整），并采取行动把排名最后的10位客户变得可以赢利（改变条件和情况、不同的定价体系、不同的服务水平）。如果他们变得可以赢利，那当然很好；如果不行，继续改变条件直到他们觉得你的条件不如竞争对手优越为止，否则，你还得用利润高的客户来补贴没有利润的客户——这个结果对两类客户都不公平。

如何获利

花些时间和精力建立客户盈利系统。每季度进行更新。相应地改变定价制度、服务水平和投资水平。

☑ 什么因素（行为、人口构成、经济、生产线特点）决定客户盈利能力，并触发本行业的利润转移？

- ☑ 我的组织是否懂得本行业的客户盈利模式?
- ☑ 我的组织采取什么战略才能保持并发展利润最高的客户关系?
- ☑ 我们怎样才能通过改变条件和情况、投资水平或者这些关系的其他层面，把收支相抵或不赢利的账目转变成盈利账目?如果我们没能做到这一点，那么怎么把目前不赢利的客户转移给竞争对手?
- ☑ 以我们对本行业客户盈利模式的新理解，怎样才能接着争取到可以赢利的客户群?

微型分割

从相同到不同，再到独一无二

随着行业的成熟，客户差异不断增多，客户也变得越来越复杂，这些正改变着市场的基本性质。行业发展早期，大部分客户得到了标准产品的良好服务。当这些客户对产品越来越熟悉，并把它们应用于不同的需求时，他们的需求开始朝不同的方向分化。供应商于是对产品进行改进，以更好地服务于不同的客户群体（见图 6–4）。

分割得当的结果之一是企业发现更大的市场。客户愿意为充分满足他们需求的某种产品或服务支付更高的价格。在这种新的条件下，分割更适当的公司能够更好地满足客户的需求，因而它们会是赢家。

现在我们看到一种新的客户模式正在出现——微型分割。供应商辨别出更多不同客户群的偏好和需求特点，客户从得到分割服务发展到得到微型分割服务——这种分割甚至可以细分到每位客户获得定制服务。这个机会由客户群日益发展的多样性和技术创新引发，它支持目标高度明确的市场营销，提供方案改进、沟通协调和售后服务。

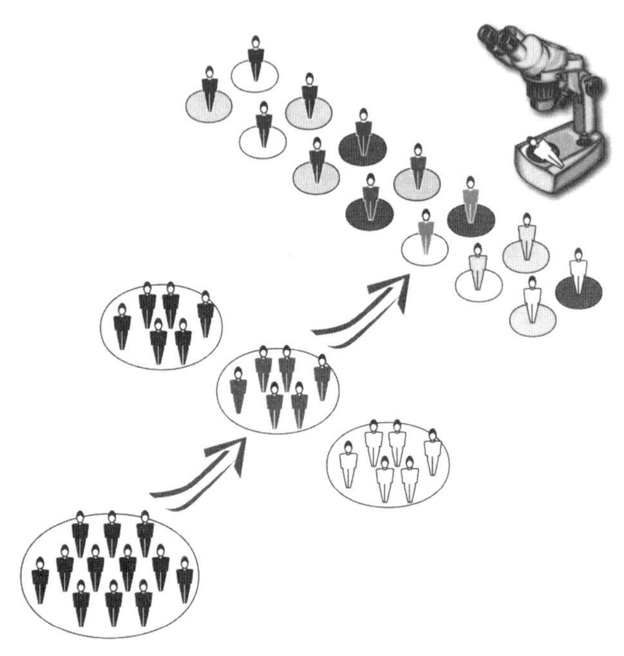

图 6–4 微型分割

保险业提供了微型分割模式的例子。过去，保险业的大公司依靠一种大包大揽式的服务。随着时代的发展，客户需求发生变化，变得越来越专业化。这种日益发展的多样性往往造成客户首选与现有产品和服务之间的不匹配，现有的产品和服务专门针对“一般”客户。最终，有的保险公司意识到，通过分割保险购买者，它们可以开发特定的险种，并从特定的客户群那里创造和获取更多价值。保险公司可以根据年龄、性别、收入水平或者其他变量收取不同的保险费。

随着时代的进步，客户分割发展到微型分割。现在，公司在服务和管理特定的客户类型方面更加精确。USAA是最早预测到客户类型多样化的保险公司之一，并因此充分利用微型分割模式。它没有向所有客户不加区别地献上香草花，而只是按照微型分割模式提供高度专门化的服务。通过使产品和服务与客户需求紧密相连，USAA 获得了收益，降低了成本，吸引了忠实的客户，实现了显著的利润增长。

具有微型分割模式意识使管理人员能够预测、寻找并利用正在出现的微型分割。通过把资源和创新集中在本行业利润最高的微型分割方面，供应商能够为公司创造可观的价值增长。

微型分割模式一个最有力的例证是李维斯。1994 年，公司首次实施定制牛仔裤项目，以帮助那些深受传统牛仔裤购买过程困扰的女性（她们需要试穿 15~20 条牛仔裤，才能发现 1 条适合自己的）。公司发现，女性客户愿意为一条合适的牛仔裤花额外的费用，并等待几个星期。到 1997 年，牛仔裤定制业务占到李维斯专卖店里女式牛仔裤销售额的 25%。

1998 年，李维斯把定制牛仔裤的业务进一步扩大，新业务建立在定制牛仔裤的基础之上，同时包括定制男式牛仔裤。在销售经理的帮助下，客户选择颜色、样式甚至名称。这些个性化的选择连同客户的腰围、臀围及裤子长短，一起被输入与李维斯工厂里的缝纫机相连的网络终端。当两三个星期后牛仔裤到达销售中心时，裤子上面附有说明各项特征的条形码。客户如果要再做一条同样尺寸的牛仔裤，只要扫描一下这个条形码就可以了。

李维斯的项目为许多客户增加了选择机会。专卖店里有大约 130 条成裤，它们符合所有既定的腰围和裤长要求。当有了定制业务后，这个数字增加到 430 种，之后进一步增加到 750 种。其他所有的零售商都注意到了李维斯的项目，并等着看它是否具有长期的可行性。我们可以想象，将来商店里不再出售成衣（从制造商那里订购的批量生产的衣服），商店只作为“着装咨询员”，展示最新的服装款式和潮流。

微型分割模式要想取得成功，必须具备三类重要的市场条件。首先，客户的差异性必须增加。其次，客户必须更加成熟。当客户期望更完善的功能或者对产品和服务需求的个性化提高时，他们会要求更多的产品和服务，以及更多选择。当具备这两个条件的时候，第三个市场条件是，系统结构引发的技术变革将使公司能够有效地为更多的分割部门提供服务。

当技术非常便利的时候，公司就可以随时利用第三个市场条件。互联网和先进的数据库技术，尤其是情报机构的定位技术，为所有公司提供了强大的潜在机会。

挑战来自洞察前两个条件，在于辨认正在出现的微型分割及其需求。类似的机会变得越来越明显，随之将会出现微型分割模式的迅速扩散，准备好迎接挑战的公司将发现一个新的主要利润增长源。

如何获利

把木板刨得尽量光滑。辨认利润最大的“薄片”，为它们提供精心准备的选择。

然后在它们周围竖起栅栏，这样你的竞争对手会发现它们是昂贵的禁区，自己无法插足。

☑ 我的行业有没有出现微型分割模式，客户的需求和偏好是否仍然整齐划一？

☑ 这种模式开始出现的早期迹象有哪些？

☑ 如果这种模式正在出现或者将要出现，我的组织是否具备这样的思维和技术来利用它？

权力转移

优势会来回交替

客户与供应商之间总是存在一种紧张关系。权力在买方与卖方之间的分配影响每一次谈判和每一笔交易，并对利润和价值的分配有着深远的影响。客户强大的时候，他们获得的价值表现为产品低价和高性能，只留下很小的价值可以显示供应商的努力。反之，当供应商强大的时候，客户几乎没有选择的余地，他们不得不支付额外的费用，为供应商创造高额利润（见图 6–5）。

图 6–5　权力转移

权力的显著失衡会迅速地在价值链上传递。为可口可乐公司和百事可乐公司供应塑料瓶的装瓶商，能够成功地影响向它们提供原材料的塑料制造商。装瓶商几乎能够精确地算出塑料制造商的经济情况。这些信息使它们能够对塑料制造商施加价格压力，限制塑料制造商的收益。

很多因素都能够触发权力转移模式：客户的巩固；专业采购群体的形成，使客户对采购过程具有大量专业知识；对供应商成本与业绩情况的充分掌握；供应商提供的产品或者过去用来服务于客户的企业模式单一，没有区别等。

20 世纪 90 年代的制药业体现了一种权力转移模式。一方面，制药公司在 70 年代和 80 年代拥有很大权力。它们出售独一无二的专利产品，这些产品很少有替代品。另一方面，客户（个人、保险商和购买医疗福利的公司）是一个无组织、松散型群体。而且，真正的“采购”决定来自一个更加分散的客户基础：医生。制药公司赢得高额的利润，因为它们掌握着整个系统中大部分的权力。

20 世纪 90 年代卫生组织的形成和壮大开始改变权力的分配状况。很快，客户基础开始集中。越来越多先前分散的客户群体开始在卫生组织的保护伞下联合起来，制药公司不再与单个医生打交道。现在制药公司必须与更少的、更广泛和更强大的组织协商：保健组织、采购集团或者其他形式的卫生组织。在这个过程中，制药公司开始失去定价自由，它曾经为制药公司带来巨额利润。大额采购者要求更多折扣。

卫生组织的兴起转变了权力结构，制药公司被迫做出回应。作为整体，这个行业对权力转移的反应良好。因为客户群体出现新的集中，许多公司重新思考了它们直接进入市场的组织结构。这些公司试图用高投资赢得市场的优先地位，在某些情况下，它们会采取更加激进的举措。默克公司收购了制药管理公司Medco Containment Systems，这反映出默克公司认识到需要在价值链上占据更加有利的供应商地位（其他制药公司也采取了类似的做法，但是效果没有默克公司那么好）。

此外，制药公司全力以赴地致力于加快创新速度。它们不仅在内部研发方面投入大量资金，而且加强了授权活动，从第三方收购新的药品。它们还开始联合，一方面是为了改善发展和流通的经济环境，另一方面为了与新联合起来的客户权利抗衡。这样做的结果如何？制药业的主要公司生产出了更有效的产品，并拥有更加强大的渠道。新的盈利产品迅速发展，不仅抵消而且超过了由客户越来越强的讨价还价的能力所引起的利润侵蚀。

快速发展的消费品行业体现了正在发生的权力转移，就像两个玩跷跷板的孩子一样。一开始，一个人占上风，然后是另一个人，再然后又是第一个人，周而复始。在第二次世界大战后的经济形势下，制造商占上风。之后，需求比供应的增长更迅速，零售商分化了，客户对品牌非常重视。

但是涉及许多行业的制造商，从服饰到家居用品再到玩具，都经历了权力转移的过程，即从制造商本身快速转移到像沃尔玛、玩具反斗城和家得宝这样的超市的过程。在过去 10~15 年里，利用领先的销售渠道地位，这些超市给供应商施加压力，并强迫它们降低价格。在这个过程中，它们把供应商的利润减少了一半。这些超市还迫使供应商按照销售的需求而不是优化制造经济，来进行产品改进和生产计划。

在过去 10 年里，权力持续地从供应商转移到客户。如果不加控制，这种转移会使卖方无利可图，并扭曲供应商—客户关系的基本性质。

位居领先地位的制造商试图通过全球化、减少制造成本和广告成本，以及利用分类管理的工具来改善它们对零售商的价值。为了避免零售商带来的压力，有的制造商开始进行品牌零售，而另外一些制造商则通过宣传资料和互联网向消费者进行直销。最成功的企业使自己的利润稳步增长，并在某种程度上重新占据优势。

权力天平两端的斗争每天都在各个行业中上演。企业设计的每一点变化、经济的每一种变动、信息流动的每一项调整，都可以使权力的天平倾斜，使利润和价值的流向发生逆转。能够预测并迅速对这种权力转移做出反应的公司，获胜的机会更大，因为它们会经常面临对维护自己盈利地位的挑战。

如何获利

使权力等式重新获得平衡。你如果做不到，就重新定义客户。

☑ 什么样的市场条件决定并改变我所处行业中的权力关系？

☑ 我所处行业中的哪些变化能够触发权力不成比例地从客户向供应商（或者相反方向）转移？

☑ 我的组织与客户之间的权力分配如何？

☑ 过去三年里这种分配有哪些改变？今后三年又将出现什么样的转移？

☑ 如果权力转移不利于我的公司，我可以重新使等式取得平衡的最好的选择是什么？

——创新？

——从产品转向解决方案？

——了解客户系统经济？

——重新定义客户？

延伸阅读

使权力等式重新取得平衡

如果关键客户占“上风”，公司该怎么办？许多公司用产品创新战略来应对，希望通过研发所引发的革命性观念可以使它们重新获得失去的权力。

不幸的是，这种办法往往行不通。一种产品能够使已经倾斜的行业权力等式重新获得平衡是非常罕见的。

相反，越来越多的公司通过更加基础的办法纠正了客户权力等式的失衡。如果产品创新不足以使你的公司摆脱困境，那么你可以考虑以下企业设计：

• 超过客户的密集度。如果关键客户更加集中，那么你可以以更集中的办法来应对。有时短期解决方案往往掩盖了战略上的缺陷（和正在出现的无利润区），这种集中有时可以增强供应商的权力。制药公司面对美国庞大的管理完备的卫生组织和欧洲更多政府的采购者，正努力确保这些客户离不开它们所提供的各种产品。

强化权力导向往往造成企业在细分市场的领先地位。在反托拉斯法允许的范围内，化学制品公司、航空公司和电缆公司正在对薄弱环节和不协调之处做调整，以加强它们在早已重点关注的细分市场上的领先地位，比如化学制品、机场航空港和大都市细分市场。

• 改变所提供的产品和服务，改变客户。当通用电气塑料制品公司发现其主要客户中的采购部门无论如何都不买它的账的时候，它制订了“第二条计划”。通用电气启动了解决方案工程小组，来实现整个系统在塑料、照明和电动系统方面的成本节约。在有了更加广泛的新的价值前提下，杰克·韦尔奇继续总裁之间的销售电话。采购部门不再是唯一的决策者。

• 跳过中间客户。公司可以利用强大的品牌威力、直接的渠道沟通和创新战略绕开它们的中间客户，最大限度地弱化目前的中间客户反应。

一方面，李维斯为管理强大的零售连锁店日夜操劳，它的战略是客户牛仔裤定制项目。另一方面，零售商也不愿意放弃李维斯——消费者希望找到这个品牌。更重要的是，李维斯定制牛仔裤项目的主要目的是拉动店面里的牛仔裤销售。李维斯跳得更高而没有引起零售商的报复。时间证明它做得很成功。

6个主要国际化音乐公司也开始采取直接销售的方法，但是每家公司都害怕因为当了出头鸟而遭到惩罚。于是它们采用了自己的跳跃式战略——所有公司同时尝试直接销售。数量大意味着安全。淘儿唱片和维珍大卖场没办法阻止这种同时开始的行动。

• 成为客户。所有行动中最激进的行动是收购最大的客户（或者收购若干家企业，并对它们进行整合）。为了创造价值，公司要在权力开始转移到客户之前采取这一措施，而不要等到转移已经发生。默克公司在适当的时间收购了药品分销商Medco，从而适应了日益上升的客户权力而不是陷在其中苦苦挣扎。

重新定位

你希望自己的客户是什么样子？

有时候，从战略死胡同中脱身的唯一办法是从根本上重新定位客户。你的公司可能面临着权力不可逆转地向买方转移，或者你的公司已经进入利润增长的平稳期，或者你的行业在客户基础方面可能已经饱和。你不能很好地服务于现在的客户，是因为其他潜在的客户正被挡在路上。如果存在这些战略性市场条件，重新定位客户模式往往会被触发。预测和利用它能够为持续性价值增加创造新的机会（见图6–6）。

班–奥卢夫森是欧洲一家消费电子产品制造商和零售商，20世纪80年代它在利润增长方面碰壁。它的传统客户是知识渊博的高保真音响爱好者。他们懂得自己音响系统的所有零部件，欣赏班–奥卢夫森产品高超的工艺和精致的外观。它提供的服务也与客户的首选完全配套，但是班–奥卢夫森不能逃脱整个消费电子产品行业的不景气——利润率很低（甚至没有）。

为了应对消费电子产品每况愈下的经济环境，班–奥卢夫森有若干种战略选择：（1）采纳低成本模式以便与其他批量生产的电子公司竞争；（2）尝试建立产品金字塔来保护自己的高档产品（见第 8 章中的从产品到产品金字塔一节）；（3）重新定位客户，对公司企业设计进行重大变革。最终，班–奥卢夫森选择了第三种战略。

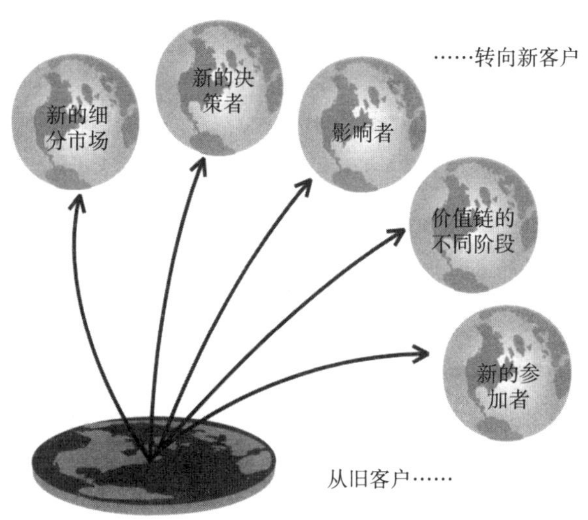

图 6–6　重新定位

重新定位客户造成班–奥卢夫森企业设计的重要改变。20 世纪 90 年代，通过从不同的角度观察市场并选择与以前不相同的客户群，它看到了市场极大的潜力——这个新的客户群传统上一直为供应商创造健康的利润和高度稳定的持续盈利。这个客户群也是奢侈消费的追求者。为了获得这个客户群的青睐，工艺和产品的精致仍然非常重要。但是新的推动因素，尤其在重新定位的客户群中，是精美雅致。

班–奥卢夫森没有强调技术质量和一流的工艺设计，而把产品作为身份象征进行营销。这个举措与其重新定义的客户群所看重的方面正好吻合。强品牌意识的消费者愿意花更多的钱购买奢侈品。旧的盈利模式针对的是那些认为音响是高精密技术设备的客户群；新的模式强调的是班–奥卢夫森的产品外观，以及其音响无声地传达出的其拥有者的身份和地位信息。

重新定位客户使公司获得很多益处。现在班–奥卢夫森在从音响到摄像机、电话、扬声器和微型录音设备上获得了相当可观的利润。它抓住了主要新兴市场的重要部分，即使班–奥卢夫森产品的成本比竞争对手高出四五倍。对重新定位模式的利用为班–奥卢夫森的股票持有者创造了价值。它的股票市值与销售的比值从 1989 年的 0.2 上升到了 1997 年的 1.5（大部分消费电子产品公司在 0.5 左右徘徊）。班–奥卢夫森的战略显示了重新定位客户的威力。决策者应该经常提出这样的问题：什么样的客户最重要？什么样的客户最有价值？什么样的客户最不值得维系？什么样的客户可以带来各种各样的新商机？

就像其他许多再创新的公司一样，班–奥卢夫森在提出关于选择哪些客户的问题时非常具有创造性。对新的分割部分提出这些问题非常重要，并且还要把这些问题应用到更加广泛的领域。重新定位模式可以通过若干层面来实现。

不同的细分市场

班–奥卢夫森选择新的客户后发现利润增加了。有时候，补救的办法还要更加简单：看一看目前的客户构成，想一想细分的潜在可能性。过去十多年，职业运动队开始细分客户，因为它们的客户构成越来越多样化。企业长期以来一直在购买运动会的入场券，但是，体育产业几乎没有对公司客户和普通球迷加以区分。实际上，大部分职业运动队主要关注的是在“普通球迷”心目中的形象。

企业客户多年来受到忽视，它们购买入场券出于不同的需求和动机。它们希望有一个舒适的休闲娱乐环境。比赛只是一部分——它在休闲娱乐的过程中有时候是不值一提的。当公司开始对购买舒适的座位和包厢表现出强烈需求时，对于体育企业来说，探索这种细分市场的机会变得越来越明显。现在，公司客户成了一部分利润很高的客户群，它们为运动场和球队拥有者创造的价值比非公司入场券持有者高出许多倍。对公司客户给予新的重视所带来的收益机会已经变得令人难以抗拒，在许多城市里，整个运动场都进行了重新整修，以适应这个老行业的新盈利渠道的要求。

价值链的新参与者

传统客户可能在系统中不是最重要的客户。杜邦从Stainmaster那里寻找有利的机会，Stainmaster是一种可以提高地毯质量的产品。杜邦意识到价值链中最关键的联结在末梢，即与客户的联系，于是它开发了针对最终用户的项目。最终用户磁铁一样的吸引力影响了地毯制造商的决策，这些最终用户是杜邦产品的直接购买者。

通过说服最终用户，使他们相信Stainmaster能够生产更加漂亮的产品，杜邦创造了系统末端的需求。它没有费尽心机地使Stainmaster在价值链上进行转换，相反，公司认识到通过客户向实际生产最终产品的制造商施加需求压力的威力。

与此类似，英特尔因为其对价值链的高瞻远瞩而重新定义了它的客户。英特尔本来可以继续把原型设备制造商作为它的主要客户，但是它没有把自己局限在对客户传统的认识上。相反，它通过重新定位和创造新的客户而改善了自己的地位。英特尔的第一步是开始制造芯片和主板。它生产的不是简单的芯片，而是电脑系统的核心部分。通过高质量保证和可靠性，公司能够鼓励新的制造商参与竞争。

然而，重新定位没有在这里止步。英特尔正确地预测到它最重要的客户是最终用户，而不是个人电脑制造商。于是，它改变了市场营销和品牌战略来迎合消费者，而不是直接客户的需求。“内置英特尔”（Intel Inside）是对更加广大的市场发出的信号，意在吸引电脑最终用户的注意力，英特尔的定位已远远不是电脑组装的车间和工厂。英特尔的信号直接走进了人们的家庭和办公室，其对象是花钱买电脑的最终用户。

可口可乐公司的前任总裁罗伯托·戈伊苏埃塔为公司的发展采取了最具有远见的举措，他把装瓶商重新定位为系统中的关键客户。这对一家长期以来一直将大量时间和资金投入服务消费者的公司来说，是非常激进的改变。戈伊苏埃塔的贡献是按照装瓶商决定利润的观念行事，因为它们控制着产品最终会被怎样投放于市场，以及在生产和零售中公司需要多少投资——这是行业的高盈利带。可口可乐公司把重点转移到价值链上的另一群更加重要的客户，从而为自己创造了数亿美元的价值。

影响者

最重要的客户往往没有介入产品的经济价值链。相反，他们是权威的来源，是咨询者，是成功的关键。最明显的影响者是为市场所提供的产品和服务进行评论和排名的人。评论者，无论是评一本书还是评一部电影，抑或是像电脑这样的技术市场，都被看作利润的守门员。沃尔特·莫斯伯格是《华尔街日报》的专栏作家，他评论并向用户推荐技术产品，由此成为整个市场最重要的客户之一。技术公司把发展和保持与主要评论者的关系作为首要任务。

重新定位模式的最好例证之一是得克萨斯州仪器公司的计算机业务。得克萨斯州仪器公司重新定位了客户，把教师作为系统中的关键因素。得克萨斯州仪器公司发展了一系列与教师进行沟通的项目，倾听他们的想法和意见，根据他们的建议做出反馈。这种视角的改变帮助得克萨斯州仪器公司遥遥领先，并占据这一领域的主导地位。教师向学生和其他购买团体推荐该公司的产品，这成为得克萨斯州仪器公司在市场上取得辉煌成功的主要原因。

拜耳是德国的化学制品公司，它创造性地把注意力集中在树立自己的品牌拜高上面，把它作为与世界范围的领先品牌庄臣公司的雷达在欧洲进行市场份额争夺的强大武器。拜耳没有把注意力完全集中在消费者身上，它还向欧洲城市公寓管理员推销自己的产品。因为大楼里安装有应对紧急情况的产品，拜耳为拜高树立了高效处理故障的产品声誉。

新的决策者

在目标客户条件下，重新定位决策者可以成为引发新利润的关键。在工业环境中，这可能意味着从采购向高级管理的转移。通用电气以这种方式重新定位了客户，因为它能解决高级管理人员最棘手的问题，从而获得了高额利润。这也可能意味着从采购向产品用户的转移。美国参数技术公司通过致力于解决用户的困扰，而不是争相满足采购方的具体要求，迅速突破计算机辅助设计/计算机辅助生产市场。

新的参加者

有时候，重新定位的机会来自新客户群体的出现。

大部分行业都有稳定的客户群体，但他们的首选需求会随着时间的推移逐渐发生转移。始终把客户作为主要关注对象的公司能够调整它们的企业设计，以适应这些客户首选需求的变化。然而，在某些行业，按照目前客户的要求行事还不够，价值的剧烈转移可能由全新客户的介入引发。

这些新客户群体的出现有很多原因：取消管制、成本和价格的激烈变化、技术创新、客户选择和要求的迅速变化。新客户群体往往与传统市场中的客户有截然不同的选择和要求。比如，20 世纪 80 年代早期，以前大量以储蓄为着眼点的客户开始承担风险，进行投资。新客户的大量涌入为投资带来了无穷的机会，投资公司可以吸引他们的注意力，通过为他们提供高效的服务以培育忠实的客户和良好的口碑。

IBM计算机的新客户使公司重新定位传统的主流信息主管客户。这些新的最终用户彻底地推动了分散化的个人电脑革命。

在重新定位模式中从旧的客户群转向新的客户群，是在任何战略条件下都应该定期寻找的机会。即使是对这种转移可能性的探讨，也会形成公司里新的对话方式。

如何获利

发掘现有客户群体以外的新客户。从更广阔的领域中探寻最重要、利润最丰厚的客户。围绕这些问题展开你的企业设计。

- ☑ 你碰到了哪些与班–奥卢夫森公司类似的机会？通过重新定位客户群体，你能创造多大的价值？
- ☑ 在你的公司的竞争对手中，有多少企业在重新定位它们的客户，或者更进一步，重新定位它们的对手？
- ☑ 你的公司是否因为其他行业的公司重新定位自己的客户，把你的盈利客户纳入它们的服务对象，从而使你的公司面临新的竞争？

第 7 章

渠道模式

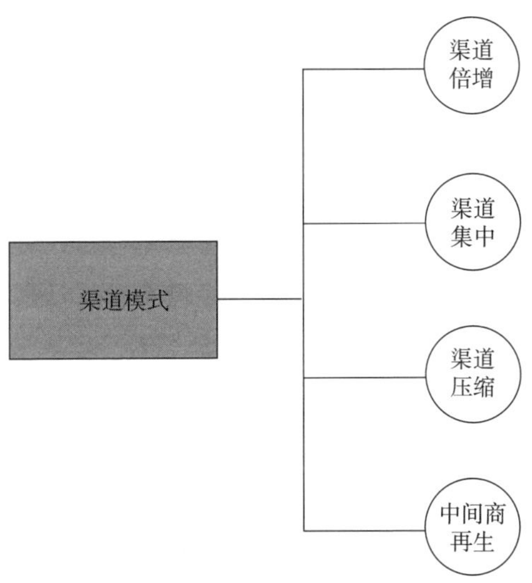

图 7–1　渠道模式

随着影响力和权力向下游转移，更加偏向消费者，分销渠道的经销商变得愈加重要。分销商直接与消费者打交道，从而使它们能够接触到客户偏好变化的最新信息。

一方面，新进入者创造了许多新的专业化分销渠道；另一方面，传统的分销商也在不断拓展它们的渠道，以便更好地为客户服务。因此可供选择的分销渠道与日俱增。其结果是出现了大量将产品提供给客户的新渠道。

但是这一趋势给中间商带来的不是一边倒的结果。那些通过专业化（渠道倍增）或规模化（渠道集中）的方式提供增值服务的中间商，不断成长壮大并获利。而那些增值服务相对下降的中间商则发现自己处于不断增大的压力之下。在许多行业中，传统渠道正经受着渠道压缩（分销流程减少）的挑战，这会最终导致其消亡——无中间商。

渠道压缩过程促使供应商和客户直接接触，与此同时，新的有创造力的经营者发现了其中未被满足的需求。他们开发出新的增值服务，并凭此介入供应商和客户之间，建立起渠道复兴（中间商再生）模式。他们的新方法既为卖方和买方带来了利益，也为他们自己创造了新的利润增长机会。

分销商经历了它们权力的上升、下降和再上升的过程。这一领域的不安定特性将延续至下一个五年。它将加快传统渠道模式终结的速度，刺激全新渠道模式的诞生。

渠道倍增

从少到多

10年前你在何处买咖啡？你的脑海中是否出现了浓缩玛奇朵、美式咖啡、冰咖啡等这些你常选的咖啡品种？过去人们习惯在杂货店购买包装咖啡或在餐馆里买一杯标准咖啡饮料。今天，在任何一个大城市和许多小城镇，你不用走出一个街区就可以买到一杯高品位的咖啡：一磅咖啡豆和一个小蒸馏咖啡机就可以使你享受到纯正的欧洲咖啡。正规的“杯咖啡”可以在各种各样的地方，如售货亭、咖啡店、咖啡车、星巴克和餐馆中买到（见图 7–2）。

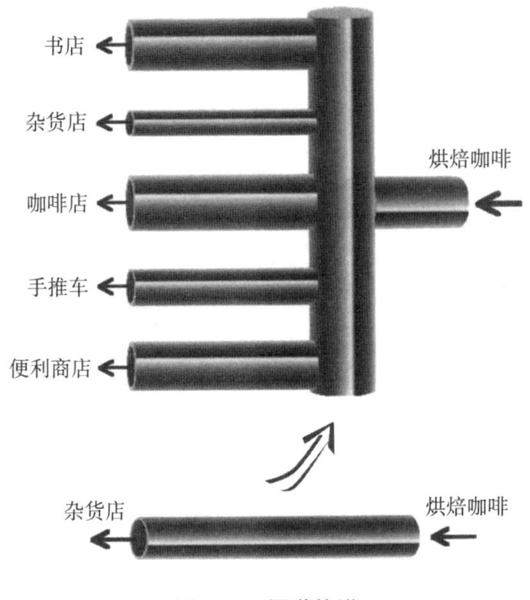

图 7–2　渠道倍增

10 年前为了买到最新的恐怖小说、最佳畅销书或工具书，你需要去购物商城才能买到。但是今天你既可以通过读书俱乐部、机场书店、超市、报摊、礼品店买到图书，也可以通过电话、邮件或互联网来订购图书。售书渠道显著增加。

销售领域过去只有少数的几个主要通道：直销队伍、行业分销商、百货店、批量经销商、杂货店。今天，渠道不断增加。但渠道倍增的产生并非偶然或巧合。许多市场条件可能会促使渠道倍增模式产生。

首要的市场条件是消费者类型倍增。过去，消费者可能会满足于通过一两种渠道购买物品。现在，消费者却希望用不同的方式购买。他们寻找更多的可供选择的购买方式。他们的需求和偏好更加多样化。

曾经接受普通功能产品的消费者在订购特定服务或产品时变得十分挑剔。他们有自己想要的产品和购买方式，他们有自己非常特殊的需求。他们需求和偏好的变化由其对现有渠道的不满意表现出来，从而为销售领域创造新的渠道提供了机会。

重大的技术变革是另一个导致变化的因素。现在，完善的声讯系统或家庭购物频道广告能够取代成百上千名销售代表。互联网的迅速发展为国内外的交易和分销创造了一个崭新的渠道。消费者可以在互联网上购买图书、飞机票、服装、汽车、计算机，以及其他体积更大的物品。

渠道功能不全所带来的经济结果变差也激发了渠道倍增模式。当一个渠道难以与客户所需要的购买方式相匹配时，就会导致效率降低，成本上升，最终造成利润下降。而与客户购买方式十分相近的渠道则会提高其资产效率和收益。比如，戴尔公司、亚马逊公司，它们都设计了一个最适合客户需要和偏好的销售模式。

零售行业充分展示了这些市场条件和渠道倍增模式。习惯上，消费者经常每天花几个小时去采购。但当消费者越来越珍惜他们的时间时，这种采购方式就成为一种奢侈。首先做出回应的是购物商城的迅速崛起。消费者去购物商城一趟，就可以买到近期家里所需的大部分物品。购物商城使得专卖店数量倍增，比如，盖璞、Structure（服装品牌）、Bath & Body Works（沐浴类产品品牌）、香蕉共和国和维多利亚的秘密。

今天的消费者因为各种原因可以不必外出购物。他们可以拿起电话，拨打一个800的号码，或者填写一份邮寄订单和传真，或者给商家发送一封邮件，或者在电脑屏幕上点击图标，就可以买到想要的商品，L.L.Bean（美国著名户外用品品牌）、J.Crew（艾迪堡）和其他零售商在目录邮购领域蓬勃发展。美国邮政已经开始通过目录邮购销售仿古品和各种休闲服装。在竞争的驱动下，多数邮购商开始开发互联网业务。消费者现在已经有多种渠道可供选择，而不是只可以选择单一的、传统的、垄断的渠道。

许多制造商对渠道倍增深感不安。因为渠道倍增破坏了制造商已经建立的市场渠道系统，破坏了现有良好的渠道关系。一些公司对采用新的对客户更加有利的渠道十分犹豫，生怕激怒了它们传统的合作伙伴。无论情况是真实的还是想象出来的，这种不同渠道的冲突使它们止步不前。

它们的担心不是多余的。没有人会像传统批发商那样敏感，尤其是批发商增值较低时。回避问题虽然会在短期内减少制造商的麻烦，但是从长期来看，这将削弱双方的竞争能力。

另一些制造商对渠道倍增则有不同的看法。它们的观点十分简单：渠道越多，销售越多。这些制造商知道在交易过程中会产生一些冲突和紧张，但是任何交易都是如此。为应对冲突，它们采取了双轨制：（1）开发新的流程，解决现有渠道的问题；（2）积极抓住开拓新渠道的机会。

如何获利

你如果是制造商，就应尽早采用新的渠道，并成为它们的首选。

你如果是传统渠道商，开发购买方式的新渠道业务设计，以适应现有和潜在客户所期望的购买方式需求。

☑ 在你的行业中，渠道倍增模式对分销的权力、利润和价值有什么影响？

☑ 通过在你的业务中开展渠道倍增，你能在早期获得什么样的战略控制优势？

☑ 互联网分销渠道给你的业务带来了什么样的机会或威胁？哪个竞争对手正在利用这一机会（或降低威胁）？

渠道集中

从多到少

许多行业的渠道是由数量庞大的传统的小规模零售点组成的，因为它们靠近客户，可以提供个性化的服务，从而满足多数客户的购买要求（见图 7–3）。

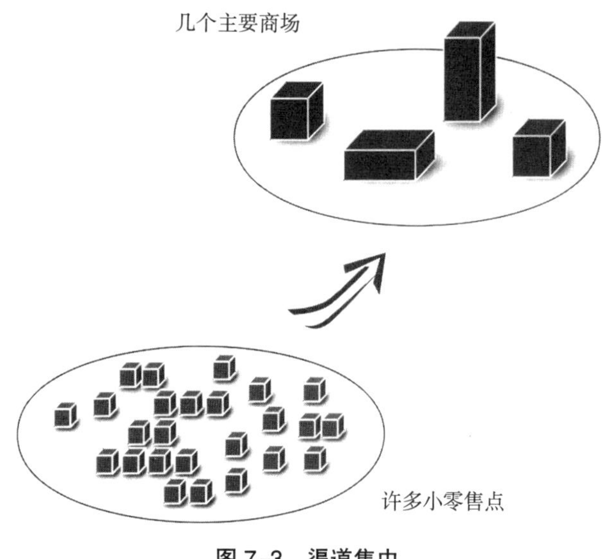

图 7–3　渠道集中

小零售店的人工和管理成本高，导致客户为有限的产品和服务支付更高的价格。客户常常为买到所需要的东西不得不多逛几家零售店。分散的系统和功能不齐全导致效率低下、费时费事，这是渠道集中模式产生的根本原因。

在经典的渠道集中模式中，每当新进入者给分散、高成本的市场带来经济规模效益时，价值就会发生转变。创新者将零散的服务组合成更大规模的集合。他们将 50 个销售网点转化为 5 个销售网点。在这种变化中有一种利弊权衡，消费者不太在意销售网点的减少，因为他们能够用更少的钱买更多的东西，并得到更好的服务。

集中模式能够从根本上改变零售业态。家乐福是一家法国公司，1963 年在巴黎郊区创办了它的第一家超市。30 年中，家乐福发展成为一个年销售额为 290 亿美元、市值约 200 亿美元的国际连锁超市集团。它成功的关键是为客户提供了卓越的效率。在家乐福之前，法国拥有高度分散的零售网点系统。每个城镇的街区有自己的肉店、面包店和其他各种各样的专卖店。它们被视为不可分割的国家特征的一部分，但是它们对于客户和供应商来说是一个十分低效率的商业组织形式。客户需要花费数小时采购，而分销商需要付出相当高的成本将货物运送到成百上千家零售店。这一系统的多重失调和低效率（浪费时间、价格高、品种有限），激发了渠道集中模式。家乐福利用了这一机会，并从中创造了巨大的股东价值。

家乐福发现了能将各种各样的商店集中在一个超级市场内的诀窍，从而为客户和供应商创造了巨大的价值环境。面包、肉、奶酪、汽车轮胎和儿童服装，消费者去一趟就能在一个商场内买齐所需要的商品，供应商享受到了集中供货的好处，超级市场找到了更有效地为客户和供应商服务的方式。

集中模式不局限于超级市场或大型市场这种类型。很多公司通过收购小型公司进行集中整合，以创建大型市场领导者的地位，而不是把杂货店（小型企业）赶出市场。虽然集中模式的形式各异，但其所带来的好处（利益）是相同的：规模经济效益和客户服务改善。

有时，消费者不接受超级市场形式，你能想象殡仪馆超市吗？但是国际服务公司仍然能够在美国整合殡仪行业，国际服务公司是全世界该行业内最大的上市公司，以及殡仪、墓地的经营者，过去 15 年，通过收购和大肆扩张，现在它在 18 个国家管理着 3 900 个墓地和火葬场。

国际服务公司保留了它所收购的许多小型墓地，而将地区间的后勤管理进行了整合。运营效率成为国际服务公司取得成功的关键。通过对改善运营的极大关注，国际服务公司自1980年以来获得了15%的经营收益，其收益远高于行业内的平均值。改善资源运用、降低运营成本和提高收入获取能力，使得国际服务公司的市值与销售之比增长了6倍，从0.8上升到4.8。

国际服务公司通过快速收购不断在国际市场上扩张。凭借资源共享、成本最小化和消除行业价格大幅变动的历史性问题，国际服务公司寻求效率的提升和价值的增长。

Republic Industries是一家总部设在佛罗里达州的汽车零售商，它通过汽车超市—经销商双重整合战略获得了集中整合的利益。该公司自1996年起在全国开办了25家全国大型汽车超市，它还投资95亿美元收购了268家代理商。它将代理商整合成代理集团，建立起自己在区域市场上的主导地位。例如，在南佛罗里达地区，Republic Industries收购了32家代理商，并开设了3个全国大型汽车超市。通过整合区域市场7%的份额，该公司可以更有效地获取产品资源，减少场地费用，减少20%的零部件库存，降低新车库存周转到45天。虽然该公司的市值自1996年以来一直起伏不定，它在价值增长上却仍然获得超过60亿美元的价值。

美国废品服务公司受益于团体废品行业集中模式。从1994年开始，美国废品服务公司开始在无危害废品领域收购小公司。在32个州拥有123个场地的美国废品公司，目前是第三大废品收购商。通过削减管理费用、收集路线合理化和创造其他运营效益，美国废品服务公司成为一个低成本服务商。它的市值也从1990年的2 500万美元增长到112亿美元。

巨无霸影视公司在录像商店领域采用集中模式。巴诺书店在书店业也是如此。每一个例子都显示出获胜公司发现了变革的战略性市场条件——消费者对目前的产品服务（以及低价格、多种选择的期望）不满意，现有的业务模式已经过时，以及预测到渠道集中模式的利润和价值增长潜力。

集中模式给客户带来了更好的选择、更多的采购便利和更好的服务。小规模经销商处境不佳，大规模经营主导了行业并产生了巨大的利润。

这一模式将持续到下一次系统模式的转变（例如，按需选购录像节目或在线销售）。

如何获利

在程序上占据领先地位。思考下一代模式应该是什么。

☑ 在你的行业中是否出现了渠道集中？为什么？

☑ 这一模式会持续多久？

☑ 什么因素会导致下一代模式产生？

延伸阅读

从产品渠道到客户情景渠道

过去，零售商传统上是围绕它们所销售的产品来组织和命名的，例如杂货店、干洗店、音乐店、银行。

在过去 20 年间，新出现的零售模式给以产品为中心的服务在选择、速度和低价格方面增加了许多新的好处。它的结果是戏剧性的，现在的零售渠道常以其模式为人所知：便利店、超级市场、百货商场、品类杀手等。

在这个零售模式创新的世界中，消费者选择去哪家商店购买产品，通常不是基于对产品的评价。消费者选择更适合他们购物偏好的商店，如商品种类多、离家近、价格低、不用讨价还价等。1986—1996 年，在美国零售商所创造的 1 630 亿美元新的股东价值中，有 1 440 亿是由创新渠道模式产生的。

在零售渠道中一个新的模式正在产生，并将为时间紧迫的客户提供下一个更好的交易，为其早期探索者创造新一轮的价值增值。这一模式被称为客户情景渠道模式，它基于对消费者当前重要购买场合和行为的理解，即消费者希望将每天或每周的采购活动集中在一起完成。这些活动集中在一个场所，客户情景渠道创造了一种模式，这种模式反映了消费者在购物情景中的活动组合和顺序安排。这种模式虽然还未成熟，但是也不乏一些先例。

• 我们怎样定义这样的渠道——在某场所提供杂货、家用简装商品、儿童服装、录像带租赁、照片冲洗、干洗、药店、自助取款和汽油？“杂货店”和“超市”这样的名称均不能涵盖这些渠道的全部内容。这样的模式正由法国的家乐福和英国的塞恩斯伯里这样的主要零售商经营。其客户情景渠道的名称可能是“每周家务事管理”。

• 如何解释机场零售店？它们越来越像高端冲动型购买商城，并正在以三四倍于传统零售店的速度增长。在客户情景理念中，机场零售店也可以被称为“高收入阶层冲动消费商店”。

• 西尔斯是世界最大的零售商之一。它是如何考虑启动新的零售模式的？通过进行客户情景调查，西尔斯发现客户在装修房子时的采购行为具有系统性和协调性，采购家庭装修用品的行为是一种典型的采购情景。这种情景需要创立一种新型销售渠道，即在附近的商店为特定的装修进行系列采购。西尔斯现在开设的一些销售网点就是专为这类客户设计的。每个网点包含了和传统网点不同的产品、咨询和服务。这些组合是客户从过去以产品为中心的渠道中所难以得到的。

客户情景渠道战略也可以被简称为面向客户的流程重组。公司利用市场调查找出客户喜欢集中采购的流程是什么样的，然后为客户建立满足其需求的集中采购布局。

> 客户情景渠道通过辨别身份和场合特征的交叉点，显示出了细分市场的价值。企业不是依据市场上消费者的数量来分析，而是依据所购买商品的数量，并把购买数量按照客户类型及购买情景进行客户细分。这种细分方式将会导致新一轮的渠道创新。

渠道压缩/无中间商

多余环节消失

多环节分销系统（批发商、分销商、零售商）是传统商业链条中的一种普遍现象。系统的功能就是将大批货物化整为零，然后将其分销给消费者。

这种系统功能的实现是有代价的：周期长、成本高和对变化的环境反应较迟钝。而两种力量正在对传统的多环节分销系统施加压力：（1）消费者对更低价格和更大便利的追求；（2）制造商对更高分销效率的追求。

现存的商业架构越来越无法满足客户对低价、便利、高效的优先需求，渠道压缩模式开始在许多行业中出现。其结果是传统的分销渠道被压缩或中间商消失，以便能提高效率，更加接近消费者，消费者和供应商之间建立起直接关系（见图 7–4）。

花萼–花冠公司（Calyx & Corolla），一家旧金山花卉邮购公司，就预见到了这一模式，并利用其开拓新的市场，获得了利润。

花卉行业的传统分销系统涉及多个环节：从花农到地区批发商，再到批发商（通过它，货物被卖给花店、药店和超市）。在许多大城市，批发商和零售商在花卉交易所进行交易。分销链上的每一个环节都要给花加价以获取利润。当花束到达消费者餐桌上时，每个人要支付比花农销售价高 7 倍以上的费用。除此之外，由于分销流程常常要占用 7~10 天的时间，所以消费者买到的花已经不新鲜了。当鲜花抵达零售店时，那些花的花边常常有点泛黄。这就造成消费者对商品的质次价高十分不满。他们期望更好的品质。

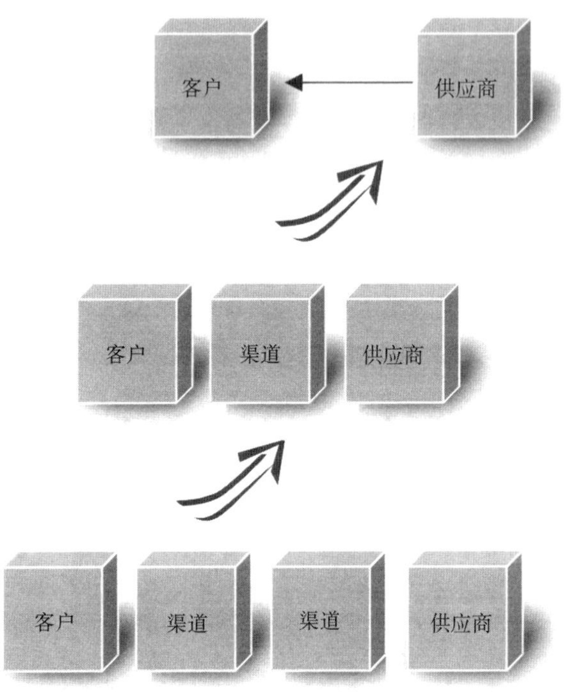

图 7-4　渠道压缩／无中间商

花萼－花冠公司的创始人路丝·奥维德斯发现了传统分销网络不协调的地方。她确定了花萼－花冠公司的宗旨是做花农和消费者的桥梁。为实现这一目标，公司需要与供应商和客户建立合作关系。花萼－花冠公司说服了 30 家主要花农安装电脑，并将这些电脑与公司自己的网络连接，这样公司可以每天发送两次订单给花农。由此，公司和花农之间建立起紧密的联系。公司则为花农提供零售材料，如盒子、卡片、花盆和标签。公司给花农进行培训，以提高他们对客户订购包装花束的反应速度（而不是等待传统分销商对不同花卉的订购需求），从而进一步缩短了订购周期。

花萼－花冠公司与花农一起努力寻找能够保持花朵湿润、新鲜和外形的包装材料。作为回报，花农不断地向花萼－花冠公司提供可靠的花卉信息。这样在花卉品种短缺时，花萼–花冠公司可以寻找其他替代供应商，而在供应充足时又可以提供特价产品。

花萼–花冠公司同时与联邦快递建立了联盟关系。与联邦快递的跟踪和快递网络的连接帮助花萼–花冠公司能够准时、快捷地递送鲜花。而联邦快递的可靠性和快速反应能力反过来又使花萼–花冠公司能够通过样本、电话和互联网销售产品。通过压缩分销系统，花萼–花冠公司能够将鲜花直接在花农采摘后的两天内送到消费者手中。消费者可以享受到在家中订购鲜花的便利。渠道压缩的方法十分有效，并帮助花萼 & 花冠公司成为一个在拥有 100 亿美元规模的花卉园艺零售业中的领先企业。

渠道压缩减少了分销系统中的环节，把消费者的不满和系统的低效率转化为客户满意和精简的供货体系。例如，花萼–花冠公司将供货环节从 7 个减少到 3 个。压缩模式的极端形式无中间商。增值低的分销商消失了，供应商和客户之间的直接联系为双方带来了巨大的收益：成本下降，资产减少，双方信息交流质量大大改善。

互联网（对买卖双方而言）将加速渠道压缩/无中间商模式的发展。思科近一半的销售量就是直接通过互联网实现的。

其他有进取心的企业正在奋起直追。未来，卖方将会加速推进关键分销渠道的电子化进程。

随着供应商和客户越来越不愿意增加交易成本，以及支付分销商的中介费，渠道压缩/无中间商模式中的价值转移将会加速。为获取最好的信息和最低的价格，消费者将渴望转向新的渠道或与供应商建立直接关系。

如何获利

买家和制造商应尽早建立直接联系。

如果你仍然属于“旧渠道”，在被与价值链相连的企业挤出市场前，你必须创造新的增值点，否则就退出。

假如你正在经营一家旅行社，消费者向你支付与旅行相关的交易费用：

- ☑ 谁是你最具威胁的竞争者？
- ☑ 你的行业里是否存在渠道压缩者？他们是谁？和他们相比你的优势和劣势分别是什么？
- ☑ 随着他们的成长，你是否能肯定自己未来会赢利？

中间商再生

在分销系统中创造新的增值服务环节

渠道压缩/无中间商模式削弱了传统的中间商，在供应商和其客户之间架设了直接沟通的桥梁。直接联系给公司带来了成本降低的好处，而消费者则享受到了更低价格的产品和服务。

中间商再生模式也随之产生，它虽然规模不大，但在不断扩大。再生模式使“被赶走”的分销商或新进入者以新的角色重新进入分销渠道。它产生的原因在于供需双方的直接联系虽然提高了效率和反应速度，但往往局限于交易环节。多数情况下，直销渠道一般不提供面对面的销售增值服务，或一些消费者所看重的其他类型的增值服务。随之而来的是消费者对新的无中间商模式不满情绪的逐渐增多。许多公司发现了这些关键差距和未被满足的需求，从而以提供增值服务的中间商角色重新进入了流通渠道（见图 7–5）。

这些新中间商主要专注于做以下两类事情中的一类：（1）提供给客户那些直接供需联系所不能提供的新的、重要的增值服务；（2）向客户提供更有效的交易方式。无论哪种类型，其结果是产生了一个建立在给客户带来增值服务基础上的新的分销渠道。

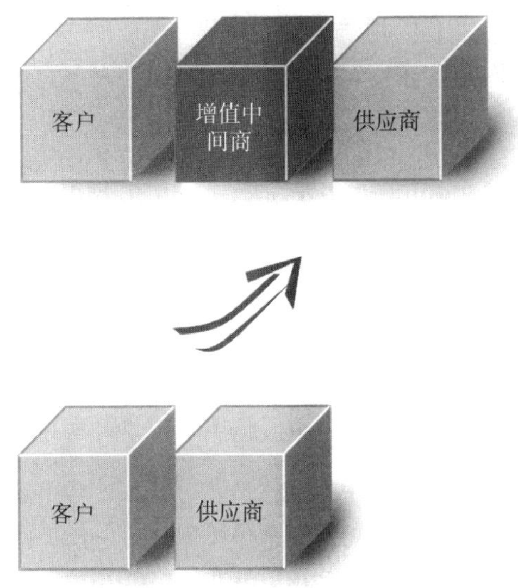

图 7–5　中间商再生

罗森布卢特国际公司是一家有上百年历史的旅行社，它在 10 年前就预测到了这种模式，并寻找各种方法为客户提供增值服务。首席执行官哈尔·罗森布卢特改变了公司的业务模式："我们不再处于旅游行业，我们处于信息行业。"罗森布卢特国际公司创建了自己的预订系统，并与许多家航空公司进行信息合作，从而取代了原来利用各家航空公司预订系统的方式——每一家都对自己的航线有偏向。利用自己的新系统，罗森布卢特国际公司能够保证它的客户以最低的价格乘坐飞机。此外，罗森布卢特国际公司还与客户建立了战略伙伴关系，允许这些公司直接与其预订系统相连。罗森布卢特公司的核心产品——德克达，可以保证 1 000 家公司客户在其系统上查询各家航空公司的航班信息，使这些公司可以据此建立各自公司的旅行成本模型。

罗森布卢特国际公司的客户可以根据飞机票价的信息、推荐的航空公司和特价票，设计自己的旅行管理系统。作为附加的增值服务，罗森布卢特国际公司的旅行监测系统将不断地跟踪客户的行程，在有价格更低的机票时根据实际情况重新为客户选择机票。利用德克达，罗森布卢特国际公司的客户能够得到比直接购买折扣机票的价格低10%~20%的优惠。

罗森布卢特国际公司为客户提供新的增值服务是一个典型的中间商再生的范例。通过创造出全新的服务，公司摆脱了在线订票对传统旅行社所造成的威胁。罗森布卢特国际公司的业务模式创造了远胜于交易流程的能力。它为公司客户提供了一套完整的旅行管理系统，从而降低了客户的旅行费用，增加了出行便利。没有罗森布卢特国际公司，客户也能够利用在线系统预订旅馆或机票，但罗森布卢特国际公司总是能够帮助客户享受到最低价格。

这一模式转型的成功是和罗森布卢特国际公司很早就认识到渠道压缩模式会到来，并在其原有业务仍然有收益的情况下积极推进变革，建立新的业务模式的努力紧密相连的。

技术正在为中间商再生创造新的机会。价格在线是一家以互联网为基础的服务公司。它在旅行者和旅行社之间建立了一个新的中间渠道。价格在线通过帮助旅行者获得更低的价格，同时帮助旅行社提高其业务的利用率来获得增值。

旅行者向价格在线提供信息，包括他们想去何处，希望在什么地方逗留，以及他们愿意支付的价格等。价格在线则将其系统与航空公司、连锁酒店和汽车租赁公司相连。一旦有所需的飞机座位、房间和汽车，这些服务供应商会接受非常低的价格，以避免座位、房间和汽车空置。

价格在线在流程中创造了新的中间商渠道，为交易双方提供了新的价值。

中间商再生也开始在工业分销和零售业中出现。格雷格（一家产品维修和保养的分销商）发现，现在的低成本分销模式已经远远不能满足需求。为此，它在为中小型买家搜寻更低成本产品的同时，开始为大型买家创建一种新的增值服务。

当新的服务提供商为客户提供更有效的交易方式时，中间商再生的另一种形式出现了。这些情况产生的条件是行业权力较为分散，效率低下，资源配置失调情况严重。大量卖家以各种方式与大量买家进行沟通，每一个人都投入了很大的成本。卖家越多，买家就不得不收集更多的卖家信息，以挑选出所需的卖家，并寻找与大量不同层次的卖家接触的方式。而在卖家方面，他们不得不面对大量分散的用户，这导致营销成本增加、分销渠道门槛过高和复杂的物流管理问题。

在这种类型的中间商再生模式中，根本性变化是从一个支离破碎的状态转化为高度组织起来的交换站。交换站将买家聚集在一起，然后迫使卖家接受。运用这种模式，目光远大的经营者有机会进入买卖双方中间的低效率真空地带。交换站模式可以大幅度提高买卖双方的交易效率，被经营者称为高增值中间商。正因如此，交换站模式能够在行业中获利，并实现战略控制力。

这类模式的早期例子是一家于 1975 年成立的创造性艺术家代理行。创造性艺术家代理行是一家好莱坞人才代理商，在制片厂、明星、作家及导演中间扮演了中间人的角色。

创造性艺术家代理行独特的经营方法是设计了成套交易模式。创造性艺术家代理行发现将明星、作家和导演组成一个班子的价值，远高于为一个明星在一部影片中获得表演合同的价值。班子中的每个人讨价还价的能力会增加，因为成套交易模式为制片厂带来了更大的价值，同时提高了其成员明星在影片中表演的可能性。

传统投资经纪人效率低下，造成金融服务行业出现了中间商再生模式。以前，个体投资者一般与基金经纪人或公司直接联系。如果投资者要购买 6 个不同基金的股份，他需要分别开设 6 个不同的账户，从而产生了处理 6 份报表的成本。如果客户的目标是单一账户报表，那么他会与能够提供多种选择的经纪人打交道。

查尔斯·施瓦布发现了客户对迅速增加的复杂投资流程的不满，并开发出解决此问题的中间商模式。通过创建一站式服务，施瓦布为客户提供了一种新的增值选择。他在数以百计的资产管理公司和成千上万的客户之间扮演了交换站的角色——一个电话号码、一个账户和数以千计的基金选择。施瓦布简化了投资流程，同时创造了巨大的价值。（参见《发现利润区》第 8 章所讨论的施瓦布配电盘式企业设计。）

MLP是一家欧洲金融服务公司，它也开发出了中间商再生模式。MLP开始是一家专注于大学生和潜在高收入的年轻专业人士的金融服务公司。MLP判断这些年轻人只有很少或没有投资理财经验。MLP的增值点是为这些客户安排各种服务商提供的保险和金融服务。MLP在潜在高收入者和各种金融服务公司之间扮演了交换站的角色。随着这些客户年龄和资产的增长，MLP会在他们如何投资的决策中起到关键作用（见图 7–6）。

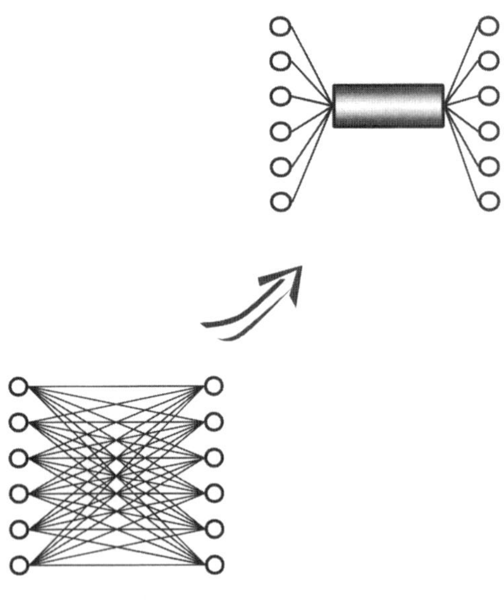

图 7–6　创造交换站平台

1980 年成立的公司NECX也在半导体的买卖双方之间创造了交换站的模式。作为买卖双方的联系中心，NECX促进交易，降低了买卖双方的成本和争吵。

亿贝（eBay）为古玩、设备和一般商品类别提供了一种交换站式的服务。卖家无须在报纸上做广告，然后与各种各样的买家讨价还价。卖家只需在亿贝上登记，便可以进行电子拍卖。亿贝为客户提供了更好的价格实现途径、更大的便利和更低的销售成本。亿贝的口号是“我们帮助人们完成地球上任何东西的交易”。在亿贝网上登记的拍卖商品数量已超过了 100 万。亿贝已经盈利，成为互联网股票中少数获利的成员之一。这使得亿贝在其股票初次发行三个月内就达到了市值 70 亿美元。

互联网的产生为中间商再生带来了巨大的商机，但是这些机会不是没有风险的。电话购车公司在其推行的起步阶段就获得了成功。这得益于其和微软的合作伙伴关系。但在第二阶段，当微软决定自己进入该业务领域时，对于电话购车公司来说，微软的伙伴关系从支持变为威胁。

电话购车公司在 1995 年成立伊始就立志要成为汽车买卖双方的中间人。它成长迅速，在 21 个月中处理了 387 000 份购买/租赁申请。到 1996 年年底，电话购车公司已经与 1 715 家经销商建立了业务联系。经销商向电话购车公司付费（如同基金经纪人加入施瓦布配电盘服务一样）。经销商虽不情愿，但它们也认识到自己必须成为其中的一员。它们不敢冒不加入所带来的风险。

尽管（或因为）电话购车获得了成功，微软于 1997 年和它终止了业务关系。微软决定建立自己的汽车业务点作为汽车买家和销售商之间的纽带。这一事件成为微软试图向其他中间商业务进军的信号。

向配电盘模式转变的潜在价值引起了数种激烈的竞争。在每种竞争情况下，前两名竞争者都会激烈地争夺行业老大的地位。

- 施瓦布配电盘模式与富达。
- 电话购车公司与微软的汽车点。
- 旅行城与微软的亿客行。

随着互联网为买卖双方提供了越来越多的机会，竞争日益激烈。越来越多的公司寻找能产生高价值的配电盘模式来提供电子商务和交易。

如何获利

作为买方和卖方，应尽早采用新渠道。新渠道会替你省钱。

新渠道应加大增值量，加快投资速度，缩小第二位进入者可能的生存空间。

☑ 想想与你打交道的中间商：

——它们是提供交易流程还是增加价值？

——你希望从它们那里得到什么样的增值服务？

☑ 新的增值服务由谁来提供的可能性较大？

——现有中间商？

——新的进入者？

☑ 是否有交换站式中间商提高你的行业效率或行业经济性的空间？

☑ 谁最适宜创建和管理交换站？

第 8 章

产品模式

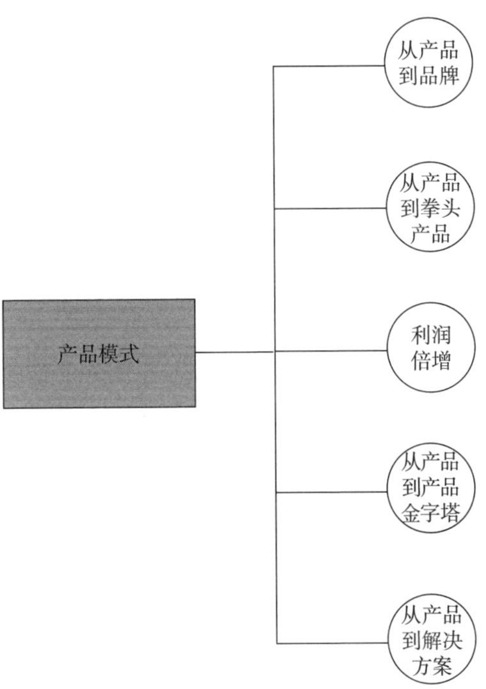

图 8-1　产品模式

20世纪80年代中期以前，产品是公司赢利的中心。直接决定公司盈利能力的是产品，因为产品所提供的功能是重要的或是独特的。例如60年代的电视机，70年代的汽车和钢铁，80年代的软件和医药，产品是制造商竞争力和利润的源泉。

然而近期，利润和价值已经开始沿着多个方向，通过许多不同的模式偏离产品本身。这些模式的共同点是原先附着于产品的价值已经迁移到新的稀缺资源上，如品牌、拳头产品和解决方案。

但是支配这些新的稀缺资源的原理是不相同的。一个战略家在从产品到品牌的模式转换上获利的方法不同于其从产品到产品金字塔或从产品到解决方案的模式转换上获利的方法。每个模式都有不同的成功逻辑，每个模式都需要依据其自身的意义加以理解。

从产品到品牌

从有形到无形

产品和功能曾经是一个公司实施差异化的关键。如果这个公司提供给消费者独有的产品和服务，这个公司就会盈利。然而今天的消费者面对着无数不再按功能区分的产品。许多产品在质量或价格上也不再有明显的差异。广告越多，每个产品展示的空间就越小。时间总是很仓促，人们想找到一个能够满足他们购买目标的产品，并且想立刻找到它。

在这个产品激增的时代，一件奇特的事情发生了，消费者有太多的选择。选择，尤其无差别的选择越多，购买者的困惑就越大。太多的选择和无差别，给购买者带来了难以置信的挫折感，加之其他一些因素，由此触发了品牌模式（见图8–2）。

品牌提供了一个答案：品牌提供了差异和消费者满意度的承诺。在许多种类的产品中，客户较少注意产品，而较多注意在这个产品上已建立起的品牌。围绕一个产品创造出的第二个经济现实，与客户建立了实质性联系，它将这个产品的意义传递给客户，将信任引入买卖双方的关系中。

可口可乐饮料是可口可乐公司标志性的品牌。依云矿泉水是达能公司的注册商标。斯沃琪手表是斯沃琪集团旗下的品牌。英特尔芯片是英特尔公司的品牌

图 8-2　从产品到品牌

由于品牌替代了产品，购买决策的时间从几天或几个小时缩短到了几秒钟。因为品牌提供给客户一个可想象的质量保证，利润和价值已经开始从各个产品转移到它们的品牌上。精明的制造商和零售商意识到了这一点，并采取相应的对策进行管理。它们已经在销售一个形象、一个信念和一个承诺，而不是一个产品。销售不只是交易，它成为一种关系的一部分。

最终，品牌被建立起来了。这在传统营销理论中显得非比寻常。思考下列产品：依云矿泉水、星巴克咖啡、Stainmaster 地毯、NutraSweet（一种人工甜味剂）、斯沃琪手表、珀杜鸡。它们都是商品，却不再是商品。

为创造某基本功能（水、咖啡豆、地毯、甜味剂、钟表、鸡肉）而工作的企业家、公司或管理团队建立了一整套感知、信赖和反应机制，从而使客户偏离典型的商品化购买行为。

以家禽业为例，到20世纪70年代，家禽业已成为高度竞争的产业。对于大型加工商而言，价格意味着一切。即使每磅25美分的差价，也会使它们更换供应商。这种思维直接传递给消费者，鸡肉成了像1蒲式耳[①]小麦那样的商品。

但对于弗兰克·珀杜而言，事情并非如此。他意识到如果想在家禽业创造利润，就必须把鸡开发成某种特殊的东西。他的选择是创造一个专注于质量和特殊性的品牌。首先他重组了作业流程，以使他能够按照承诺交货。然后他做电视广告，强调他的珀杜鸡无须冷藏而且是金黄色的，这些特征使客户感到优异的质量。

他的广告语"让一位硬汉吃一只嫩鸡"，打动了那些对食品质量极为敏感的家庭主妇。每磅珀杜鸡能够多卖10美分，这是从未听说过的溢价，而且在以后的16年里溢价几乎没有变化，但是珀杜在公司质量和服务上已建立起了远远超出他的竞争者的声誉。

价值模式从产品转换到品牌，并不是说从实体的资产转换到无形的东西上。恰恰相反，真实的品牌具有外延，其外延的每一点都如同建立其上的产品一样是可被感知的。例如，1994年，你可能会把两台个人电脑并排放置在一起，一台标签上写着康柏，另一台标签上写着IBM。它们具有同样的处理器，同样的内存，同样的性能，然而康柏要贵200美元。

在20世纪90年代初，从位于美国加利福尼亚州弗利蒙市的通用汽车和丰田合资的工厂NUMMI的装配线上开下了两辆汽车，它们是由同一个工人用同样的工艺制造的，在制造的各个方面都是相同的。

唯一的差别是品牌名，一个是通用汽车，另一个是丰田。丰田牌汽

---

① 1蒲式耳=27.216千克。——编者注

车要贵 400 美元，而且卖得很快。当尼古拉斯·哈耶克试销斯沃琪牌手表时，他发现，如果面对完全一样的手表，与“香港制造”的手表相比，消费者愿意为“瑞士制造”的手表多付 20 美元。

品牌能够决定偏好和价格。在最近的一项测试中，将一部新动画电影放映给两位观众看，他们看到的完全是同一部影片，一位观众被告知了影片真实的制片厂，另一位被告知这是迪士尼的作品（实际上不是）。结果，后者比前者更喜欢这部影片。

同样的产品，同样的观众，不同的品牌。

由于公司努力为客户创造新价值，努力使它们的产品与竞争者的不同，努力为投资者创造新价值，从产品转向品牌模式的事例正在众多的产业里发生。在每一种情形下，产品之间缺乏差异直接引发了用品牌产品抓住消费者心理、巩固战略地位的机会。

通过努力培育高档产品生产商的形象，轩尼诗、路易威登不断发掘出客户对品牌和高档商品日益增长的需求。路易威登因其高端行李箱而闻名于世，轩尼诗因其烈酒而出名。像克里斯汀·迪奥和纪梵希这样的高档服装品牌也是LVMH（法国酩悦·轩尼诗—路易威登集团）品牌家族中的成员。与关注个性设计的许多公司不同，LVMH 只关注建立和扩充品牌。在发现一个非常好的品牌并把它推向国际以后，为了改善这个品牌的表现，LVMH 会毫不迟疑地更换设计师和管理人员。

通过咄咄逼人的品牌并购、开发和扩张攻势，LVMH 已经成功地在高端客户和长期投资者心目中获得了领先的市场认同地位。LVMH 依靠其品牌创造出了世界上知名和昂贵的产品集合。它的一系列品牌在客户心目中创造了华贵、高品质和时尚的形象。

其他那些认识到利润从产品转移到品牌的企业正在努力赶上这种趋势。随着公司用品牌利润取代产品利润，公司在更多行业里都能看到这种模式。

表面上看，品牌模式显而易见。实际情况却不是这样的。尽管价值偏离了产品，但无数的品牌机会还没有被开发出来。许多公司害怕做这种品牌投资，还有一些公司相信它们已经拥有一个高知名度的品牌。然而知名度只是一个方面，更重要的是品牌能够带来一个有意义的溢价能力。有知名度的品牌很多，但能带来溢价的品牌寥寥无几。

即使在品牌创立时，加速推出品牌的例子也极其罕见。利用从产品到品牌模式的转换，其最大障碍在于没有真正理解客户，因此公司不能创立一个有意义的、能够打动消费者的品牌。

如何获利

既然认识到客户需要有价值的品牌，你就要硬着头皮创立品牌。

☑ 在你所在的行业里，哪些客户偏好的变化或不相适应的特性会引发从产品到品牌模式的转换？

☑ 在金融服务业、电信业、出版业、零售业、计算机业和你所在的行业里，有哪些真正至关重要的品牌？

☑ 创立一个好品牌能为你的公司带来什么利益？

☑ 你的品牌认知度高吗？溢价有多大？

延伸阅读

品牌加速

亚马逊是世界上最大的网上书店。亚马逊因为与它的“砖块加水泥”的对手鲍德斯书店和巴诺书店的竞争而广为人知，尽管亚马逊的收入只是它们的1/10。像亚马逊这样的公司是怎样快速创立品牌的？它比竞争对手花了更多的资金吗？它利用了新的品牌加速模式吗？

市场上，互联网引发了三种剧变：新技术的出现、网络和客户群、新的购买行为模式。它们已经剧烈地改变了品牌建立过程中的竞争态势。这些条件的改变使 10 年前无法塑造的品牌，现在变得可行了。

亚马逊预测到了互联网创造品牌的威力，并积极地利用品牌加速战略。从一开始，亚马逊就有意识地促使品牌加速。亚马逊拨出收入的一部分给合作者，它们将亚马逊网站链接到自己的网站上。通过链接，客户会到亚马逊网站买书。最终亚马逊有了 25 000 个合作者，这意味着有 25 000 个网站与亚马逊网站链接。亚马逊先于其他公司意识到这种增加曝光度的价值，而且能够采取积极的行动在互联网上建立自己的身份识别。

亚马逊还预料到客户和媒体倾向的重要性，以及培养倾向性的挑战。亚马逊书写了一个有趣的故事，而且被广为传颂。成百上千篇文章登载了亚马逊的故事，创造了客户对亚马逊的认知、确认和客户体验。一旦体验开始，亚马逊的系统就会完成其余事情。它对待客户像对待上帝一样，毕恭毕敬地提供最好的服务、最充分的信息和最大的便利。这个服务、信息和便利的组合被最完美地设计成用来引发和加大口碑效应的途径。那些受惠于此的客户无法停止对那些潜在的客户谈论亚马逊（关于亚马逊客户获得和成功管理的更多信息，参见第 11 章）。

亚马逊正在与它的竞争者进行一场更传统的品牌战。各方都要提出广告预算。但是亚马逊利用品牌加速战略，只用相当于其竞争者不到 10% 的成本，就可以达到相同的认知水平。这不仅是花费在每个客户上的费用问题，而且是围绕这些花销所建立的机制问题，机制可以发挥折扣、倍增或中和的作用，亚马逊的机制起到了倍增作用。

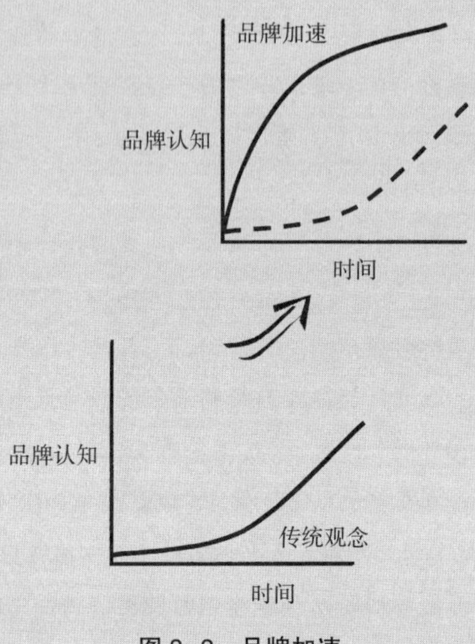

图8-3 品牌加速

创立新品牌

你假如在1975年提“品牌”这个词，可能会使人想到肥皂、苏打或香烟。在那个年代里，传统的包装商品和加工食品占到全部广告的60%以上，而现在它们的市场份额不到30%。1975年第二个与品牌有关联的可能是电视。电视能带给消费者最高的产品认知度，60秒广告成了品牌创立的同义词。今天，对于许多产品来说，电视只是品牌创立手段中的一种，而且不再是最重要的那一种。

价值正在从那些用老方法创立品牌的公司转移到那些采用新方法的公司。这种转移是战略性的，因为在客户做出采购决定时，能够唤起客户强烈情感和潜在意义的品牌能够为它的所有者带来以下好处：

- 3~6 个百分点的额外利润。
- 战略控制的潜力。
- 追求新机会的基石。

好品牌有助于把一个以产品为导向的、比较价格/功能的客户转变成一个品牌导向的情感型决策者。品牌唤起记忆和情感的能力增强了品牌的威力。现在，世界上一些最好的新品牌是在延伸的、实验环境中被创立的。客户会在哈根达斯的欧陆式咖啡室中花半小时品尝哈根达斯冰激凌的美味，感受其奢华的风格。随着购物者反复地看到盖璞的海报广告，盖璞的风格强烈地刺激了他们的大脑。走进索尼概念商店的客户不会只带着电子产品离开，他们还会带着拥有索尼的强烈满足感离开。

品牌零售正是一个延伸的、实验性品牌创立的例子。其他的例子还包括：

- 将广告信息与情感交织在一起（詹姆斯·邦德在驾驶宝马 10 分钟的追逐镜头里，逃避世界终极恶棍的情景）。
- 在高价值的客户互动和服务上下更大的功夫（要区分航空公司品牌的优势，最好的办法是比较航空公司在商务旅客误机时它们的处理方式，而不是看它们对待一般旅客的态度）。
- 培育能够分享关于某个品牌经历的社会群体（全世界还有比哈雷戴维森更强势的品牌吗？）。
- 与那些名人赞助或捐赠不同，将品牌人格化（迈克尔·乔丹是一个飞翔 60 秒的耐克的象征，而不是一个 60 分钟夸夸其谈的主角）。

几十年前，优秀的品牌意味着高质量和可靠性（外部利益）。政府管制、更好的商业机构、全球竞争和全面质量控制的出现使得可靠性成为消费者理所应当得到的东西。在大多数行业里，创造品牌被看作一个既落伍又无利可图的炫耀。

今天随着公司把品牌引向全球、扩展到不同的产品线上，以及从制造过程延伸到制造服务混合模式，公司也将品牌意义转移到较少依赖产品性能、让客户更多认同品牌个性的内在利益上。贝纳通不仅代表着更好的衬衫，而且体现了衬衫穿着者更好的个人风格。耐克也不仅是帮助你在早晨跑得更快的鞋，而且代表挺身而出、迎接挑战的勇气。

这些新品牌定位的例子没有贬低卓越产品特性的重要性。但在这样一个卓越产品已变成商品，技术在每12个月就改变产品重要特征的世界里，在客户心目中主宰一个有吸引力的自我确认空间，要比拥有一个特别的外部利益位置更有价值。

除了强烈的情感和意义外，强势新品牌第三个也是最后一个因素是在客户做出购买决策时给予关注。客户何时做出决定？为什么在那个时刻上做出决定？在客户做决定的时候，他正在接收什么样的信息？

零售商已经教会了消费者在做出购买决定之前，等待和审视货架上已有的货物是值得的。产品信息被简化为一个普通标签上的每盎司多少钱，这自然增加了购买者对价格的敏感性。标价低于主要品牌20%~40%的“自有标签”产品被摆放到货架一人高的居中位置，以更利于吸引购买者的注意。零售商对购买者的奖励极其有效。毫不奇怪，对于快销品而言，30%~70%的消费者在进入超市大门时并不知道是否会买一个自贴标签的产品或者一个主要品牌的产品。如果消费者被问到他们会买哪个品牌的产品时，他们会犹豫不决。

许多购买者在对一个品牌有抗拒心理的状态下做出最终的决定。这种趋势强调了把品牌创立与购买决策时刻联系会带来经济上的回报。在能够直接接触客户的世界里，建立直接的接触而不是增加促销预算，也许是一个聪明的投资决策（这样购买行为就能在一个品牌环境里发生）。

以上所描述的三个新品牌创立的趋势都把焦点转向了公司的商业设计。客户具有关于品牌的哪些新经验？品牌传递了哪些细微的意义？哪些商业设计在客户购买时产生了更吸引人的品牌环境？

从产品到拳头产品

从多个产品到几个产品

在许多行业中，利润从一个均衡的产品组合转移到几个拳头产品。这常常源于由两个条件带来的不适应：（1）开发和生产的经济环境日益恶化，平常普通的产品变成无利可图或赔钱的产品；（2）产品变得更加千差万别。在这些情况下，卓越的企业设计着重创造了一系列相关的拳头产品。电影、医药、音乐、出版、投资、不动产、体育运动和有线电视的利润过去都来自一组产品，现在则集中在拳头产品上（图 8–4）。

多年来，《考斯比一家》、《干杯酒吧》和《宋飞正传》一直是能给美国全国广播公司制造重大影响的王牌节目。在曾经的播放计划里，《急诊室的故事》和《老友记》是它的王牌节目。新闻杂志《60 分钟》为哥伦比亚广播公司起到了类似的作用。对于福克斯而言，这样的王牌节目是《甜心俏佳人》和《X档案》。对于美国广播公司而言，它是《纽约重案组》。有线电视网络意识到价值正在转向热门节目，于是把资源投向能够成为王牌的节目。这些王牌节目成了黄金时间段上的盈利武器。

王牌节目为周边的节目带来了很高的收视率，提高了它们的成功机会。这个效应有时可延续一整晚。在1996年和1997年，美国全国广播公司围绕它的王牌节目《宋飞正传》精心安排了它的黄金时段。在《宋飞正传》播放完之前，全国广播公司利用它扶持其他的节目，直到这些节目拥有了自己忠诚的观众。当观众反应良好时，《宋飞正传》周边的节目就可以放心地转移到晚间的其他时段播放，有些节目也用来制造与《宋飞正传》同样的效果。

图8–4　从产品到拳头产品

拳头产品模式也发生在电影工业里。在过去10年中，拍电影的平均成本已经上升了1.5倍，平均营销费用上升了3倍，而且平均值范围在急剧地扩大，由此造成很多电影赔钱。制片商试图在那些潜在的拳头影片上加大投资，期待其不仅弥补所有的损失，而且获得超额利润。然而，制片厂缺乏持之以恒地推出拳头影片的企业设计，它们都在玩高风险的游戏，所有参与游戏的人面临的风险都在上升。也许，除了迪士尼的动画片外，大多数电影制片厂一直没有成功地建立一个能够持续制作拳头影片的机制。

开发拳头产品最好的范例来自制药工业。默克公司在 20 世纪 70 年代开始建立它的拳头产品模式。1981 年 Vasotec（一种降血压药）投放市场首先引入了这种新机制。默克公司不断地完善它的拳头产品开发机制。在其后的 10 年中，默克公司推出了 15 种拳头产品，其数量多于其他 5 个制药公司的总和。今天整个制药行业都受拳头产品模式的驱动。

同样的模式也在不动产业、投资银行、音乐、出版及其他内容产业里有效。盈利机会和价值远离平常产品或交易的组合，转而流向重点项目、大牌演员或大额交易。一个公司若能创造出合适的企业设计，利用拳头产品模式，就会有机会为自己和为客户带来巨大的利益（见图 8–5）。

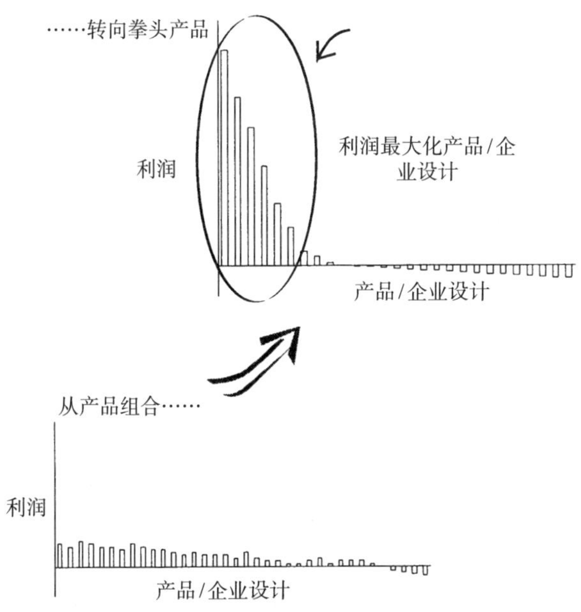

图 8–5　拳头产品模式

如何获利

把工夫花在机制上。没有一个仔细开发和培育的好机制，就不可能推出一系列相关联的拳头产品。

☑ 在你的行业里，什么样的市场因素和条件会促进拳头产品盈利模式？

☑ 你的行业里盈利是由品牌、市场地位或是由一批拳头产品驱动的吗？

☑ 假使一批拳头产品盈利丰厚，你是否能产生一系列相关产品的企业设计？

☑ 创造一个能够推出拳头产品的企业设计需要什么？

从产品到利润倍增模式

在资产上赢利 7 次

从产品到利润倍增模式是一个从单个产品获得最大利润到重复多次利用这个产品的转换。有些公司成功地意识到客户感知到了它们相对于竞争者的优势资产（它们的产品、品牌及其他资产），而且可以重复使用这些资产获取巨额的利润和价值。客户偏好和对某公司产品或信息的亲密度，对于企业来讲是还未被利用的机会，并促使利润倍增模式最终成形。迪士尼、彭博、理查德·布兰森的维珍集团、迈克尔·乔丹和玛莎·斯图沃特都是这种模式的范例（见图 8–6）。

迪士尼的电影《狮子王》显示了这种模式的威力。你在哪里寻找这部动画片的真正价值？是售票处，还是它的主题概念、角色和品牌？答案显然是后者。迪士尼相应地修改了它的企业设计。狮子王主题在玩具、服装、书籍、电视剧、音乐、冰上舞蹈等所有迪士尼业务上得到开发，迪士尼获得了超出动画片本身所产生的利润。甚至在这部动画片推出几年后，迪士尼仍在继续建立以狮子王为主题的价值，例如动物王国主题公园以及《狮子王》续集《辛巴的荣耀》。在把利润倍增过程应用到所创造的内容方面，迪士尼是世界上最出色的。

图8-6　从产品到利润倍增

彭博是一个每日财经信息的主要提供商。它也积极地开发利润倍增模式。一个彭博记者现场采访一条新闻并制作一段录像。录像被用于彭博电视节目，录音分离后被用于彭博广播节目，文字则被放到彭博网页上。而且文字可以被用作彭博专业财经杂志的素材。所有这些形式的信息会被送到成千上万名财经人员的电脑里。

另外一些利润倍增模式基于那些来自个人才智和魅力的品牌。理查德·布兰森和他的维珍集团已经成功地创立了一个代表质量、创新和尊贵的品牌，维珍集团已经能够从其竞争对手，如英国航空公司和百事可乐公司中获得市场份额和利润。

维珍集团的品牌是理查德·布兰森和他的个性的延伸。他的形象是公司最有价值的无形资产的一部分。许多消费者喜欢布兰森大胆的创新者形象。他们把维珍看成一种生机勃勃的象征。正如迪士尼所做的那样，维珍集团把理查德·布兰森的想法用在了许多不同的业务中。

另一个利润倍增模式的例子是迈克尔·乔丹。乔丹作为一个篮球运动员和社会活动家的技巧和个性已经被渗透在篮球、募捐、商品、电影、运动鞋以及其他盈利活动中。乔丹品牌的倍增经济与迪士尼一样。乔丹已经从他的核心资产（职业篮球运动员）中获得了相当大的收益，并且通过在其他领域应用其核心资产又赚了一笔。

同样，玛莎·斯图沃特也将她作为家庭护理专家和时尚评论员的技巧引入一个品牌中，并通过生活全媒体平台的多媒体运作使这个品牌的价值倍增。通过出版、上网和电视，玛莎·斯图沃特传播关于家庭护理的建议。通过邮寄玛莎目录，建立与凯玛特和谢尔顿–威廉斯公司的合作关系，玛莎·斯图沃特品牌产品得以销售。生活全媒体平台的收入从1996年的1.25亿美元增加到2001年的5亿美元。

一些大型媒体公司的兼并行动表明，更多的倍增战略被运用。澳大利亚报业大王默多克为洛杉矶道奇棒球队投资了3.11亿美元之后，这支球队就不会再被看成只是一支棒球队了。默多克的利润倍增计划将远远超出道奇体育场。

从利润倍增角度审视你自己公司的资产，你可能会发现几个意想不到的能为客户和你的公司带来收益的机会。一位经理将利润倍增模式说成“使公司资产出汗”。你的资产正在出汗，还是正在闲置？你的竞争对手是不是正在加紧工作以期获得更多的市场份额？

如何获利

挑战你的组织，辨认能将你的产品、品牌或技巧销售出去的所有手段。挑出其中最好的 7 个方法，建立一套机制使它们发挥作用。

- ☑ 你能够用这种方式倍增每一样产品吗？胜算比《狮子王》或乔丹这样的拳头产品更大吗？
- ☑ 为达到这个目的，你的资产是否被最大限度地利用？
- ☑ 为了这样做，应采取哪些组织制度和方法？
- ☑ 在你的公司里，利润倍增模式能够创造的价值增值幅度有多大？

延伸阅读

平台产品的威力

本质上，利润倍增战略是一个平台战略，平台产品是那些被创造出来、多次使用的资产。这种平台产品是对拳头产品的补充，二者的目的是相同的，即摊销开发专利资产日益增加的成本，它们只是用不同方式解决这个问题。

- 拳头产品通过巨大的商业成功来立即摊销固定成本；
- 平台产品可以被重复多次地使用，以产生倍增效果和适当的商业成功。它是平台战略中的拳头产品。

在某些情形下，一个公司能够同时采用这两种盈利模式（如迪士尼、迈克尔·乔丹）。在大多数情形下，一个公司会利用其中一种模式增加其收益。一个公司假如在任何一种模式上成功了，它的财务状况就会有明显改善。平台产品模式优于拳头产品模式的地方在于它能被人们更容易地利用，而拳头产品只有最聪明的少数人才能创造出来。

一个公司怎样利用平台产品模式的力量来增加其利益呢？首先，公司要认识到不仅有一种平台产品模式，每一种模式都有它自己的成功因素。影像和信息平台产品是收入的驱动器。《狮子王》（影像）、一条路透社消息（信息）和一个视窗图标（影像和信息的混合）出现在客户的眼前，通过各种形式产生倍增效果，假如客户认可了这种倍增效果，其回报就是购买量翻番和对平台产品的忠诚。

一个影像或信息平台产品成功的关键因素是将一个世界顶级的独立产品和平台产品的附加价值相结合，提供给客户在其他地方不可能得到的价值组合，并使客户乐于接受下一个倍增产品。

相比之下，硬件平台产品一直不受重视且不被客户所知。其实，它们也是非常有效的，能够节约成本。汽车工业是使用硬件平台产品模式最好的例子。开发新一代汽车平台产品要花费几十亿美元。由于涉及大量的投资，大众汽车公司在欧洲和世界市场上重复利用同一个汽车平台于大众、奥迪和西雅特轿车上。平台产品无处不在，电视、半导体、家具和服装设计行业等也不例外。平台产品对软件开发也至关重要。整块儿原代码被重复使用以节省宝贵的编程时间。

硬件和软件平台产品战略的成功因素是在一个公司里创造一个“无借口”文化。每个产品经理总有好的理由——“此时”他的产品应该具有与平台不相容的特征。通常这种不一致性是对客户需求的灵敏反应。可笑的是，一旦“无借口”文化被创立，客户会得到更好的服务。不情愿地接受“此时”平台产品模式的公司随着时光流逝将会走到客户视线之外。这是真的。首先，设计完美的平台产品既能降低成本，又不会减少客户的选择。今天汽车型号（不同外壳）日益增加，同时平台产品的数量却在减少。一个没有平台产品的公司必须要求客户为多种选择付出更高的价格，因为为客户定制的产品成本更高。其次，通过平台产品模式，客户能享受到更好的服务。中间平台产品能更快、更灵活地转换成最终产品，售后零配件供应也更及时可靠。

你的公司在利用平台产品模式上做得怎么样？平台产品战略的使用会更加广泛，因为日益上升的创新成本会把那些没有重复利用资产的公司挤出市场。平台产品模式具有在客户和成本两个方面创造双赢的威力。你的公司如果没有充分利用平台的威力，极易遭受采用这种模式的第一个竞争对手的攻击。

从产品到产品金字塔

创立一个多层次产品体系

有时，盈利机会从单个优质产品转移到创建和管理一个多层次产品的金字塔。一个金字塔是由具有不同价格、品牌、风格、设计、功能和性能的多层次产品组成的。所有层次的产品作为一个体系来管理，以期增大和保护盈利能力（见图 8–7）。

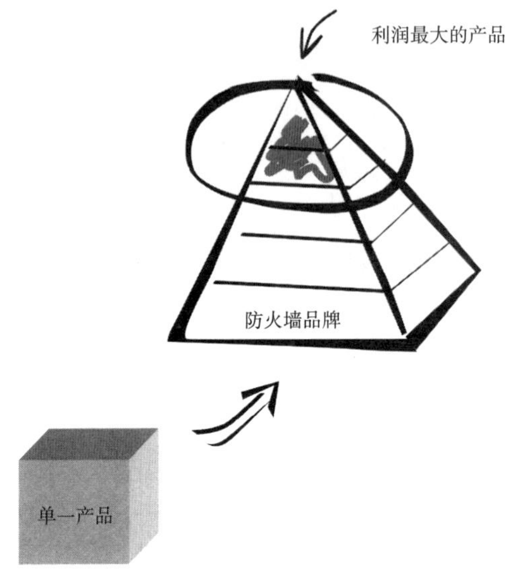

图 8–7　从产品到产品金字塔

把芭比娃娃当作金字塔的一部分，美泰构筑了一个价格区间很大的产品金字塔。低端的芭比娃娃价格低，适合所有人，其目的是排除竞争；高端的芭比娃娃定价在 200 美元或更高，卖给收藏者，其目的是获得利润。

当市场上客户及其收入有明显的层次差异时，公司就可以采用产品金字塔模式。其目的是使公司以非同一般的方式，用其知识和经验为低层次和高层次的客户服务。渠道关系、运作经验、零配件能力和品牌有时可以用来在这两种客户中竞争。金字塔高端部分提供利润，低端部分作为防火墙，由此企业可以建立战略控制，阻止竞争。

当辨明日益增加的客户群的复杂性和收入层次时，美国运通公司采用了同样的金字塔模式。通过引入收费 100 美元的金卡和收费 300 美元的白金卡，美国运通公司能够在金字塔的顶端获取很大利润。持卡人可以享受到不少好处，包括受邀参加活动，并提前获得门票。美国运通公司同时以标准运通卡做屏障，以降低竞争者夺取市场份额和增加获取系统中其他富裕客户的认同机会。

一些金字塔模式表现为在不同层次上的产品线扩张形式（例如芭比娃娃和运通卡）。另外一些是由不同的品牌搭建而成的，它们可以共同形成一个保护公司利润的机制。

斯沃琪手表/SMH（瑞士微电子技术及钟表联合公司）产品金字塔的创立者——尼古拉斯·哈耶克从阿尔弗雷德·斯隆的策略中学到了一些方法，并且与自己的措施融合。哈耶克在金字塔的底部建立起一个防火墙品牌（斯沃琪），以避免竞争从底部延伸到顶部。斯沃琪品牌作为防火墙是稳固的，它的威力在于给金字塔顶端产品做保护。在顶端，SMH用雷达、浪琴和宝珀品牌获得了超额利润。

在过去 10 年里，吉列公司大部分的价值增长直接来源于具有高营利性的高端产品。吉列公司一直管理着一个价格区间很大的金字塔，从杂货摊上售卖的由纸包装的刮胡刀，到 20 世纪 80 年代之前吉列公司的旗舰产品特拉克Ⅱ。然而，在特拉克Ⅱ之上还有很大的空间，吉列公司在 20 世纪 80 年代后期开始开发这个空间。吉列公司认识到它的客户群正在分成多个层次，并预料到金字塔模式的价值，于是充分利用其潜力。第一个较高档的产品是一种感应剃须刀，它是一个突破性产品。这种产品卖出了数百万个，较高的价格带来了超额收入和利润。下一个高端产品是超级感应刀架，这种产品虽卖得较少，但赚到的利润更多。如同在美国一样，世界其他大部分地区也体验到了吉列剃须刀金字塔顶端的威力。

在你的行业里，客户的偏好和收入的多样性是否允许构筑一个产品金字塔？现在在你的面前也许正有一个机会。或者你应当预想到这个模式的前提条件会使机会马上到来。英特尔也许已经在半导体行业中得到了教训。过去，所有的客户都喜爱最新、最快的计算机。在对更强大的处理能力的需求上，市场是一致的。于是英特尔就在这里为客户提供高性能的芯片。因为英特尔在芯片创新上始终保持两年的领先，所以它能够获得这个行业中最大的价值。

但是事情往往是这样的，这个市场变化了，客户的偏好也更加多样化，于是又出现了一个新的客户群。他们要求更便宜的计算机，愿意为了低价而牺牲高性能。对于英特尔而言，这是一个市场结构的剧烈变化。突然，一个新的层次在这个市场的底部出现了。英特尔的产品位于这个市场的顶端，但是美国超微半导体公司（AMD）和全国半导体公司正在市场底部建立它们的地位。如果英特尔能做出有效的反应，它可以在低端市场建立一项盈利业务，并且保护其高端芯片的利润。如果不这样做，新的竞争者会给英特尔重重一击，并有可能夺取它的战略制高点和利润。

如何获利

在金字塔底部建立一道防火墙，在顶部获得最大利润。如果需要，建立中间层次的产品。

- ☑ 你的客户偏好和收入正在开始分层吗？是否有新的客户对你的产品有不同的期望？
- ☑ 你能抵抗来自底部的攻击吗？你的防火墙坚固吗？
- ☑ 在你的行业里市场领先者的防火墙是否有缝隙？你怎样能够进攻它的防火墙？

从产品到解决方案

改进系统的经济性

在下一个10年里，价值从产品转移到解决方案的模式明显会变得更重要。这种模式是由于客户开始理解自己系统的经济性和在供应商寻求区别于他人的努力下被触发的。强大的产品功能不再能解决客户的问题。而为应对失效的情况，提供商创新性地开发了将产品、服务和融资捆绑在一起的销售方式，从而为客户带去了更多价值而不是仅仅提供产品。向解决方案转变需要用一种新的语言、新的衡量标准和新的思维方式（见图 8–8）。

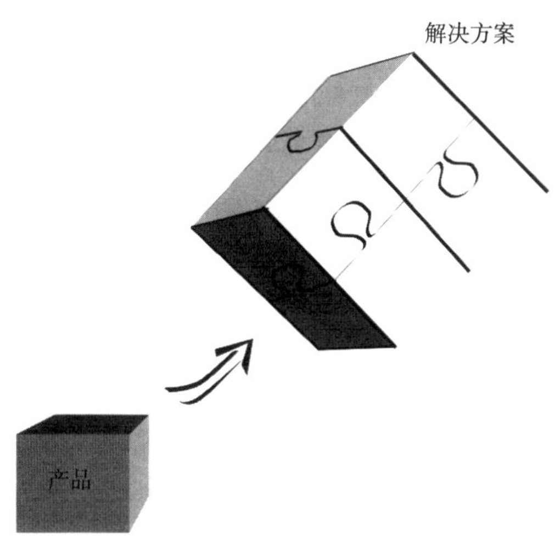

图 8–8　从产品到解决方案

利乐拉伐，一家瑞典制造商，就拥有这种创新思维，它发明了一种应用于牛奶、无菌饮料及其他液体食品的块式包装方法。利乐拉伐的设计适用于欧洲托盘。这种托盘能堆放物品，使之便于运输和储存。

超级市场将堆放产品的欧洲托盘直接放置在销售区。这种摆放方式的变化使零售商改变了作业方式，能更经济地利用空间。利乐拉伐的块式包装进一步提高了效率。此外，它的除菌技术使饮料不用防腐剂，不用冷藏。总之，这些好处使超级市场在没有减少包装费用的情况下降低了成本。这种新系统明显地改善了将饮料送往市场的经济性。

解决方案通常极难制订，它们要求制造商知道客户的经济性，以超越产品功能，创造能够增加附加价值的服务和系统。价值不仅按功能衡量（如“自动地算出百分比”，或“将面包切成片”，或“每分钟贴 20 张标签”），而且按经济术语衡量（如“节约 3 小时”，或“提高产量 7%”，或“减少总成本 15%”）。通过推测客户系统经济性的演变，一个公司就能开发出解决方案模式，提供特有的产品和服务，从而控制市场（见图 8–9）。

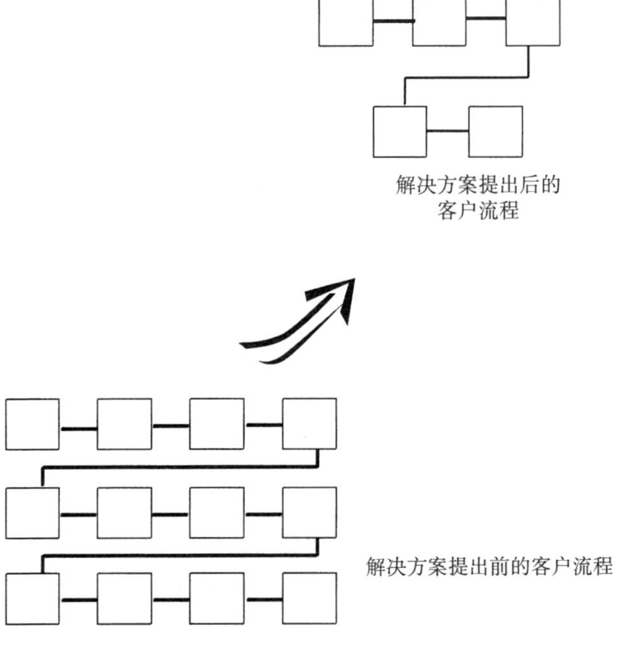

图 8–9　从产品到解决方案

航空业提供了这种模式的实例。20 世纪 80 年代后期，波音公司面临研发成本上升、利润萎缩的局面。波音公司的对策是迫使零部件供应商降价来降低自己的成本。波音公司主要的供应商霍尼韦尔面对波音公司的成本压力，反而看到了隐藏其后的机会。它与波音公司接触，围绕建造新型 777 客机而形成新的客户—供应商关系，而且不再只是装配波音公司已设计好的子系统，还负责设计和交付整个航空电子系统。通过集中精力改进整个系统，霍尼韦尔降低了波音的风险、成本，缩短了其研发时间。新的关系也为霍尼韦尔带来了好处。除了获得长期合同和与航空工业领导企业更密切的关系外，霍尼韦尔现在也成了在航空电子系统领域的领先者，并明显地提高了自己在航空工业中的地位。

像霍尼韦尔一样，通用电气公司在喷气发动机和医疗设备方面，预料到客户正在变化的系统经济性，并制订了解决方案。20 世纪 90 年代初期，通用电气公司认识到价值正在从产品转移，客户的经济压力是引起这个变化的根源，这是一个机遇的信号。通用电气公司进而转向提供更广泛的维修和金融服务，为客户创造更多的价值，也为自己从中获得更多的价值。由此通用电气公司产生了巨大的下游利润。这些利润是无法通过产品销售模式被挖掘出来的。

随着越来越多的公司认识到解决方案的威力，它们开始调整业务，开发这种模式。随着客户分销成本上升，赖德系统公司发现一个能够提供解决方案、降低成本的机会。于是该公司改造业务，使这个从前的卡车出租商成为一个提供完整运输后勤服务的公司。它的后勤服务收入 1993—1997 年年均增长 30%。

放松管制促使安然公司从煤气运输进入煤气销售领域。为了更接近那些较大的、能带来更多利润的客户，安然公司开始提供能源管理服务。通过发挥在设备维修、运行和商品贸易方面的优势，安然公司提供可以满足客户需求的综合服务。例如能源是按客户收入的百分比收费，而不是按每千瓦固定的价格收费。这样公司将财务风险转移给自己，然后利用公司在商品贸易方面的特长，尽可能地降低风险。客户为该公司的服务付出较高的费用。

解决方案对客户的价值不是永远不变的。像产品一样，它们也将被商品化。而且客户的需要会不断变化，今日的解决方案在明天的市场上很可能失败。这个过程会反复出现，因此供应商必须对下一种模式、下一个机会、下一种供应商—客户关系保持警觉。

如何获利

研究客户的系统，比客户更了解他们系统的经济性，创造一个独特的解决方案以改进他们的系统。

- ☑ 你的产品是否正在成为一个商品？这个商品化的过程正在加速吗？
- ☑ 客户在你的产品上花费的系统成本是多少？2倍于产品成本，还是5倍、10倍于产品成本？
- ☑ 在客户系统中存在多少低效率、障碍及困难？
- ☑ 你提供的那些服务、系统及其他项目，是否能为你的客户降低整体系统成本的15%或以上？
- ☑ 哪一位客户愿意与你分享解决方案所带来的好处？
- ☑ 当你的解决方案成为一个商品时，下一个能使你的公司赢利的模式是什么？

延伸阅读

解决方案的思维定式

解决方案的例子并没有期望的那么多。最重要的原因是思维定式。我们所有的训练都是以产品为导向的。我们建立了能够高效地生产和分销产品的系统。产品和解决方案之间的分水岭可以用桌面软件的发展来描述。1991年，假如你了解莲花公司或WordPerfect（办公软件公司）或博兰公司的一个行政人员的思维定式，你就会有这样的发现："我们卖收缩包装的软件，通过托盘大批量装运和分销。我们的直销队伍正在那里刺激需求，但是所有的销售都是通过分销商进行的。我们的制造、储存、运输和会计系统都是围绕着分销渠道的托盘装运以及收缩包装的软件而优化设计的。"

现在你会有这样的印象：公司的销售人员能为客户提供一个解决方案，按不同地点定价，按日出售咨询服务，并通过众多具有行业经验的外部人员，使解决方案行得通。而实际情况根本不是这样，莲花公司要从收缩包装转换到解决方案极其困难，博兰公司、WordPerfect以及其他公司完全不能做这种转换。

第二个例子来自汽车塑料制品行业。20世纪90年代的汽车制造商对那些能提供服务和解决方案，而不仅仅提供产品的供应商更感兴趣，因为它们能减少汽车制造商总的系统成本。一个塑料生产商的高管工作数月建立了与一个汽车制造商之间的价值增值关系，并说服客户相信他的技术人员能为这个汽车制造商增加巨大价值。但是他不能免费提供这些资源，至少需要一份能补偿公司成本的服务合同。

经过多次协商之后，双方达成了一个两年期、价值2 000万美元的服务合同，双方都感觉到这个合同会带来巨大利益。塑料制品商的高管很高兴，这在使双方关系非商品化方面是一个突破。但是他知道，他的会计体系是为销售成千上万磅重的塑料而设置的，他的会计体系无法应付这个两年期、价值2 000万美元的合同。在会计方面的问题解决之前，数月时间已经过去了。

供应商的思维定式是创造解决方案的最大障碍，客户的思维定式排第二。众多供应商在寻求从产品到解决方案的转换时，已经被那些固执地认为供应商不可能挣钱的客户，那些谈论解决方案和价值分享却又不断要求采购代理讨价还价的客户，以及那些已经商定好价格或价值共享方案，却又寻求一年后在供应商能补偿开发解决方案的成本之前要求再协商价格的客户，弄得垂头丧气。

正如供应商已经被训练成产品导向型的供应方，客户也已经被训练成产品导向型的需求方。双方的思维定式似乎已密谋好做那些对卖者和买者同样都无价值的事情。由强烈的信念所产生的力量难以被改变，转换需要巨大的勇气，而且不能保证成功。这种思维转换就如同相对论诞生前后的物理学家对世界的看法转变一样，是极其艰难的。

思维定式障碍难以逾越，但是今后几年里，解决方案模式会被反复利用，这是因为：(1) 解决方案模式的经济效果十分显著；(2) 客户需要专注于自己做得最好的事情；(3) 大量的先行者已经提供了解决方案模式的实例。更重要的是，那些先行者提供了一个迅速扩张的、能够学会建立解决方案业务所需技术的训练场所（这种技术可以使企业转变为解决方案模式）。

第 9 章

知识模式

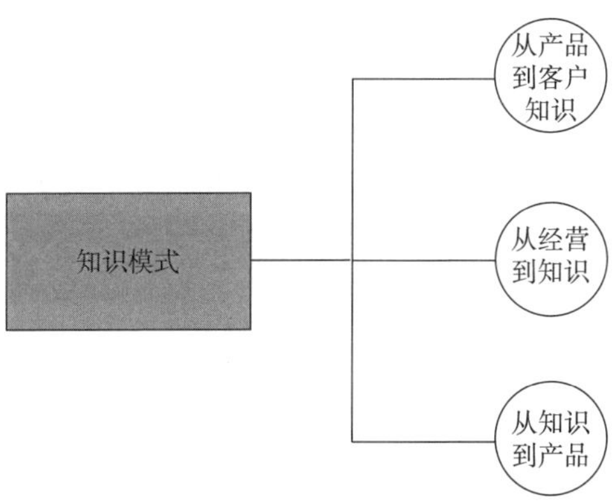

图 9–1　知识模式

知识是一种能量，一种安静、清洁而有效的能量。在新的价值链中——以左端的客户为起点，以右端的组织为终点，知识成为支持该系统最主要的原料。

不论是供应商还是客户，既能够破坏知识或任其流失，也可以选择将知识系统化，使其像激光般集中在我们所关注的问题上，并从中获取巨大的利润。

这一切在很大程度上取决于我们对知识的认知，以及我们在使用知识和知识创新时所做的不同选择。

随着经济发展的重点由商品制造向知识产品运用方向转移，知识经济模式及其衍生物将在未来的几年中迅速增加。尽管一些主要的知识经济模式已经出现了，并且很多公司希望从中受益，但迄今为止，大部分公司还未对现有的知识经济模式进行开发和利用。这一方面是因为很多公司对此缺乏预期或计划，另一方面是因为这些新模式与传统的盈利模式不匹配。

本章将探讨现有的三种主要知识模式：（1）从产品到客户知识；（2）从经营到知识；（3）从知识到产品。能够从知识模式中获利的关键，一方面来自我们对已知模式不断地深入理解，另一方面来自我们能够率先预料到未来几年中将大量出现的新知识模式。

从产品到客户知识

产品业务教给我许多关于客户的知识

在这种模式下，利润驱动的供应商将一系列的产品交易转变为在客户偏好、价格敏感度和购买习惯方面的系统知识。这些知识可以通过各种不同方式产生新的利润流，如产品分类管理、精准营销和创新成功率的显著提高等（见图9–2）。

图 9–2　从产品到客户知识

产品分类管理

不同产品在零售店货架上的竞争并不会造成产品短缺。相反，因为每年都有大量新产品涌入市场，产品过剩的情况正在不断加剧。对于许多种类的产品而言，关于客户行为的知识正在取代产品本身，成为盈利的真正源泉。拥有产品方面专业经验的生产者可以比较容易地开发和获得这方面的知识。那些专注于利润的生产者已将它们在产品方面的专业知识转变为可以提供给零售商新的、以知识为基础的服务——产品分类管理。

产品分类管理向商家提出了一个重要的问题。绝大部分的零售商都持有多于它们实际控制能力的产品种类和存货量。每一类产品（不论是包装材料、尿片还是肥皂），都有其所针对的特定的购买习惯和市场驱动力。商家如果出售的商品与客户需求不匹配，就会导致销售损失或是挫伤客户。对于每一类产品而言，生产者在客户偏好、价格敏感度和购买习惯方面的知识往往比零售商更多，这也使它们有能力更正所有的匹配错误。

生产商愿意替零售商管理其所有的产品种类（不仅包括它们自己生产的产品种类）。生产商拥有客户行为方面的丰富知识，它们通过综合管理那些决定回报率的关键因素，能够在每平方米货架上创造出比零售商高得多的毛利率。这些关键因素包括生产者的品牌、销售商的品牌、产品的种类和存货数量等。因此，这些生产商创造的价值并不在于它们制造的产品，而在于它们所独有的客户知识。正是这些知识使生产者能够为零售商带来最大的回报。

精准营销

产品分类管理提出了一个影响所有零售行为的长期经济无效的问题，即需求和某时点的及时供给之间存在不均衡性。过量的存货会增加不必要的库存成本，而存货不足则会导致缺货损失和毛利润损失。

从产品到客户知识模式使公司能够从零售店和地区层面上解决上述经济无效。例如沃尔玛，它在不同地区之间的巨大交易量推动它创造出一套预算方法。这套预算方法使需求行为模型拥有前所未有的准确性。这些宏观层面上有关客户的知识，帮助沃尔玛降低了地区与地区之间由于缺货和存货过量所产生的经济无效。精准营销代替了以“有根据的猜测”为基础的销售模式。

可口可乐公司发明的精准营销（零售店层面）是我们在微观层面上的一个例子。该公司正在探索使用远距离测量技术，这种技术使装瓶商能监测到每一台零售机的存货状况，而缺货和电话服务的减少会为公司带来新的利润，这样的结果基于公司所掌握的客户购买行为方面的知识。

如果可口可乐公司的新计划获得了成功，那么该公司将会在原来的利润来源（销售苏打水所获得的毛利润）枯竭之前，找到新的利润来源。

创新成功率

工业装备领域从产品到客户知识的模式转变已经完成。推动这一过程的动因有两个：一是产品变成了商品；二是供应商深入地了解了客户的使用体系，这种了解深入到使它们能够创造出关于客户经济行为的准确模型。目前，基于客户使用系统，通用电气公司已经发明了一套针对公司高度复杂的产品技术（如火车头和飞机引擎）和经济表现的分析模型，这些信息被用来界定和推动与客户相关的产品和服务的创新。过去存在于产品之中的魔力，如今存在于产品如何服务客户这一特定的模式之中。

一家专业化工公司已经采纳了进一步对客户建立模型的建议。像通用电气公司一样，该公司已经设计出一套专门的模型，分析其产品能够提供给客户的附加技术和经济价值。此外，该公司还设计了分析客户的等级和决策过程的模型。尽管这家公司在财务方面取得了成功（通过将创新的材料和方法与自动化的生产环境相结合），但是它明白，比经济附加值更重要的是政治附加值，后者往往是发挥作用的关键。一项出色的经济创新，如果意味着决策者将面临重大的风险，那么这项经济创新是很难行得通的。

公司的政治和经济决策模型可以帮助其在当时的政治环境下，将创新引入那些有较高包容性的环境中。尽管竞争对手拥有能够带来经济附加值的专业技术，但它们缺乏关于客户的政治知识，而在将新产品引入市场时，这些政治知识恰恰是把技术专长转化为高成功率的关键。

如何获利

认真倾听交易过程告诉你的关于客户的一切情况，捕捉相关的信息，并将其运用在如下三个方面：（1）创造新的服务；（2）创造新的系统；（3）改善客户和你自己的经济状况。

从经营到知识

从资产到精髓

在相当长的一段时间里，企业的利润绝大部分来源于企业所拥有的固定资产以及对这些资产的经营。航空、旅馆、书店、钢铁厂、计算机制造企业和许多其他企业都属于这种情况。

一些采用上述方式经营的企业至今仍在赢利，但是许多企业已经无利可图，甚至无法保本。过剩的生产力、客户的影响力和竞争的加剧已经使企业无法按照上述的经营模式获利。在原有的资本密集型经营无法继续产生利润的时候，出现了许多运用新的方式获利的机会，如建立一套独有的知识体系，保证每一名员工能够发挥最大的作用，或者将服务建立在对买方和卖方同样具有价值的稀缺知识的基础上（见图 9–3）。

只有少数的经营者具有预见性或者说是运气，能够凭借他们从经营过程中获得的知识和经验建立起新的盈利模式。

在其他的例子里，通常是业外人士投资，帮助企业建立从经营到知识模式。目前，航空和电视网络正处在无法获利的艰难阶段，但是官方的航空指南公司和电视指南公司拥有高额的利润。这两类公司的盈利额都高于为其提供信息的公司，同时，这两类公司的经营者都来自其他行业。

从经营到知识模式最普遍的一种形式就是销售服务合同。万豪国际在放弃对其自有酒店的所有权后，集中精力提供管理服务。除了为它从前所拥有的酒店提供管理服务之外，它还受其他酒店所有者的委托提供管理服务。迪士尼拥有经营主题公园方面的专业经验，因此它在保留欧洲迪士尼公园管理合同的同时，将公园的所有权转让给了其他人。巴诺书店在经营书店方面的独特经验使其成功地获得了大学书店的经营权，大学保留资产所有权，巴诺书店则从经营中获利。

图 9–3　从经营到知识

上述的每一家公司都是在它们原有的经营模式仍然赢利的时候，就开始进行转变的。在其他的例子中，从经营到知识模式是在原来的经营方式已经无法赢利后才开始被开发和使用的。例如日本的钢铁工业，它在 20 世纪 70 年代抢占了美国钢铁厂的市场份额，但是在 80 年代它开始面临自身价值下降的困境。这是因为企业的价值基础已经从拥有生产能力转变为以知识为基础来创造价值。

然而，与美国的先行者不同，日本钢铁生产商对传统经营向知识经营的转变进行了投资，它们将资产经营和流程方面的专业知识出售给了世界各地的钢铁生产商。它们还向拉丁美洲、韩国和其他一些市场的新兴钢铁企业出售工厂布局设计和工程服务。在钢铁工业的边际利润逐渐降为零的时候，它们却凭借以知识为基础的服务获得了丰厚的利润。相比于单纯依靠基于资产所有权和经营权的模式所能维持的盈利期而言，这些日本企业通过采用新的经营模式将它们的经济活动的盈利期整整延长了 10 年。

比较经典的从经营到知识模式的例子是美国航空公司世博系统。这一系统是在 20 世纪 60 年代为升级公司的机票预订系统而开发的。在此后的十几年中，美国航空公司一直在内部使用世博系统。1976 年，公司决定将旅行代理纳入该系统的使用范围。在该系统启动后，美国航空公司仍不断根据客户的需求对此系统进行改进和升级。

从 20 世纪 70 年代末到 80 年代中期，美国航空公司将这一系统的使用范围扩展到包括酒店预订、汽车租赁、旅行、参观游览等领域。之后，世博系统开始为外部的公司提供信息技术服务。美国航空公司还开发了适合世博系统使用的电子售票技术。随后，第一个基于个人电脑的世博系统也开发成功了。1996 年旅行城系统开发完成后，世博系统进一步扩大了它在互联网上的功能。

通过向客户提供非常有价值的服务，美国航空公司能够对其在经营方面的知识进行投资。世博系统在 1991—1995 年获得了占航空业 1/5 的经营利润，这一事实是对知识能够成功创造利润的最好说明。尽管航空业创造的收入是世博系统创造收入的好几倍，但大部分时候，美国航空公司世博系统的价值要大于航空业的价值。

在从经营到知识的几种模式中，知识决定利润的准则一直在起作用。在资本密集型的复杂组织结构中，潜在的盈利能力经常遇到障碍。因此，利润驱动的供应商通过创造新的、以知识为基础的工具（如管理合同、信息系统或融资服务），来释放潜在的盈利能力，并将其转变为公司利润增长的新的、重要的来源。

尽管很多资本密集型企业很有潜力从其业务活动所包含的知识中获利，但这一盈利模式还基本没有被开发和利用。今天，很多化工公司正处在 20 世纪 80 年代的钢铁企业所处的阶段。很少有企业像日本钢铁企业那样，从流程控制、管理合同和其他知识密集型的服务中开发出新的利润源。

医院是另一个资本高度密集、知识驱动型企业的例子。很少有医院将它们特有的知识转变为利润增长的源泉。

开发利用从经营到知识模式的最大障碍不是来自融资或物质方面，而是来自人才方面。思维上的误区往往使企业认为：我们是制造商或我们是医院，而不是一家经营性的组织，我们的主要任务是通过不断寻找新的利润源来创造客户需要的价值和财富。

如何获利

将经营经验转化为独特的知识，然后寻找一种方式出售它（例如合同或数据库）。最终，你将放弃资产，出售知识。

☑ 你的企业中是否隐藏着重要的知识？

☑ 它们在哪儿？以何种形式存在？

☑ 你如何通过它们获利？

☑ 有没有人在你之前已经从这些知识中获利了？

从知识到产品

专业知识具体化

从以有形实物（如产品、经营、房产）为基础的价值向以知识为基础的价值的转变，开始遍布整个经济领域。但另一种反向的变动趋势也同时存在，那就是经验、专业技术和知识正在转化为产品（见图 9–4）。

许多企业遇到的情况是，它们意识到了知识的价值却缺乏获得知识的途径。例如，处于劳动密集型经济限制中的专业服务公司，仅拥有进入和使用都十分困难的不完整的数据库的公司。将知识转变为产品是一种新兴的、发展十分迅速的模式，这种模式既可以为客户创造价值（如便利、成本节约等），也可以为供应商带来价值（如获得更高的价值增长率的机会）。

图 9–4 从知识到产品

Incyte（药物开发商）是一家总部设在加利福尼亚州帕罗奥多的公司，

它建立了一套完整的基因数据库，并为更快速和有步骤地进入这套数据库开发了一套软件工具。它将科学知识转化为一种收费产品（数据库访问和访问工具）。为此，Incyte可以从使用该数据库的主要医疗公司获得每年 500 万美元的收入。

CTP（剑桥技术合伙人公司），于 1991 年创建于马萨诸塞州的剑桥市，现在该公司以每年大约 80% 的速度增长，公司 1997 年的销售额是 4 亿多美元。该公司的非凡表现来自它将其在信息技术、项目开发和执行方面的经验转变为一种叫作RAD（快速应用开发）的产品。

大多数IT咨询服务按照时间和材料收费。这是一种不稳定的成本模式，客户在这一模式中承担了所有风险和项目成本。但在与技术相关的行业中，这是一种被普遍采用的收费方式，因为咨询专家一方面要努力跟上飞速发展的技术，另一方面要面对找不到能够满足客户需求的人来执行项目的挑战。因此，他们需要在项目中保持尽可能大的灵活性。对于客户而言，信息部在维护现有系统和不断更新技术方面始终面临压力，由此引发了这些组织内部迅速变革的需要。

有别于行业内通行的准则，CTP向客户提供固定时间和固定价格的合同。这种方式转移了客户方面的大量风险，项目拖延所造成的预算超支将由咨询公司来承担。

这种方式极大地推动了CTP将其拥有的知识资源系统化，使其能够在预算范围内尽快完成项目。实际上，CTP从按时和提前完成项目方面获益极大，同时，提供固定时间和固定价格的合同对客户很有价值。过去的很多IT合同都是无时限的。CTP取消了这种合同，因此它不必承担这类合同中潜在的成本损失。客户也可以在对新的IT工程何时开始、何时运行有更清楚理解的基础上规划其业务。

在知识产品化方面，可供参考的例子还有：SAP（全球性的企业应用软件和解决方案提供商）、SDRC（结构动态调研公司）和仁科（PeopleSoft）。

- SAP开发了一套帮助企业连接其内部各业务流程的软件系统。以前，公司为了发展其内部系统，往往要通过购买大量的系统集成服务来达到此目的。SAP将公司在内部流程方面所具备的知识和面临的挑战转化为一种产品，使公司能够以较低的成本来有效地识别业务流程环节中的各种问题。
- SDRC最早是一家工程咨询公司。该公司将自己的工程事业知识转化为CAD/CAM方案（用于有限元素的分析），客户可以通过该方案对新的产品设计进行非破坏性的测试，从而缩短了产品进入市场的时间。SDRC的知识产品化为其带来了巨大的价值增长。
- PeopleSoft将其在人力资源流程和程序方面的丰富知识转化为相应的软件产品和人力资源应用平台。该产品可以使客户的人力资源流程更加有效，这也为PeopleSoft创造了极大的价值增长。

对供应商的影响

一家大型专业服务公司可以以多快的速度增长？答案是不会很快。一些管理一流的大公司的年均增长率为15%~23%。一家以产品为基础的公司可以以多快的速度增长？答案是非常快。CTP在1992—1997年的收入增长率为年均84%，而PeopleSoft在1991—1997年的年均增长率为91%，SAP在1995—1998年的年均增长率为48%。

在从知识到产品的模式中，企业可以达到的增长率被完全重新定义了，在很多时候，它是成倍增长的。

路透社是一家欧洲金融服务和信息提供商，它是从知识到产品模式的另一种代表。该公司因提供信息而闻名，包括新闻、国际事务、证券价格、汇率等。在过去的30年中，路透社已经成功地将其信息进行了产品化并建立了相应的品牌。现在，它已经将更多的服务项目纳入路透社服务协定和路透在线中。股票和产权交易也已经产品化为Stockmaster、Videomaster、Equities 2000、Equities 3000和Instinet等产品系列。Monitor Money Rates（资金利率监控），Mini–Reuters Monitor（微型路透监控）和Monitor Dealing 2000（监控处理 2000）都是路透社在外汇交易中创造的。

面向金融服务公司信息服务领域的竞争日益加剧［彭博，Dialog（综合商业信息检索）和EBS（电子商务套件）占据了大量的市场份额］，路透社不得不开始寻找新的领域以发挥其信息产品化的优势。它正在寻找新的客户群，这些客户需要精确、客观、及时的信息来支持他们做出一些重要决策。目前，路透社已经为其产品化专长找到了几个新的市场。路透社将为媒体提供广告价格，为健康保障公司提供医疗信息，为保险和风险管理公司提供保险费率信息。

在未来 10 年，知识产品化模式将会飞速发展。随着知识变得越来越有价值，更多的公司会寻找新的途径将它们拥有的知识产品化，并通过使其提供的知识产品更容易获得和更加节约成本而获利。

如何获利

确认你的企业已创造了最有价值的知识。不断强化你的专业知识，使之成为易于推销、培训、提高的应用型结构产品，并宣传、销售和改进它。

- ☑ 从知识到产品模式的作用是否在你的行业中存在？
- ☑ 你是否只依赖于几个人来为公司的客户创造价值？你的公司是否有将这些知识系统化和发挥其作用的途径？
- ☑ 在你的领域中是否存在引发从知识到产品模式的机会？
- ☑ 它的价值如何？它发挥作用需要什么样的资源？

第 10 章

组织模式

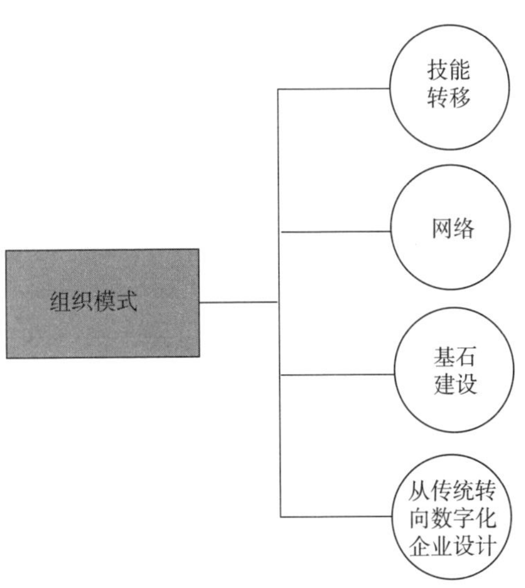

图 10–1　组织模式

在商业世界占主导地位的模式曾经是价值链上的资产效益。而现在占主导地位的是为顾客有目的地创造价值。未来，占主导地位的是同时关注客户和供应商的组织系统。

在为买方、员工和老板创造（或破坏）价值的交互作用中，组织系统把外界客户（买方）与内部客户（人才）联结起来。

在过去 10 年中，客户变得比产品更重要。类似的转移使人才变得比资产更重要（见图 10–2）。

图 10–2　客户与人才的重要性提升

这种从产品向客户的转换解释了为什么在很多产品模式中价值从产品转移到其他地方，以及为什么与客户相关的变化是造成这种转移的关键诱因。因为这种从资产向人才的转移，组织模式将成为今后 5 年中最重要的模式之一。

正如富有创意的管理人员想出新办法和新点子来处理价值转移一样，现在，他们正在探索新观念和新办法来管理极其复杂的动态经济环境中关键的组织性挑战。

组织体系对公司的利润可以造成巨大的影响。组织体系能够给公司的产品经营权和企业设计增加或者减少价值，其最终结果取决于组织系统创造下列内容的效果:（1）公司战略背后的联盟;（2）卓有成效地实施这些战略的能力。

《发现利润区》一书中所描述的创新公司位于图 10–3 的左上角，它们不仅创造了优秀的企业设计，而且形成了出色的组织体系。它们把广告的最好原则（适当的信息、简单的信息、重复的信息）应用于内部客户（人才）身上。因为自身所建立的联盟和其产生的强大动力，它们的组织为公司业务增加了价值和利润。

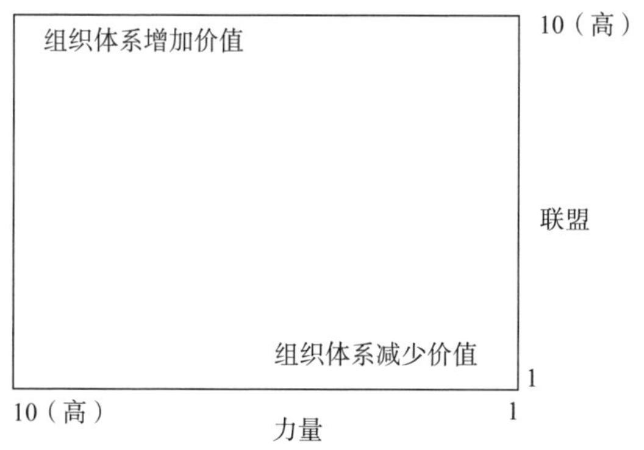

图 10–3　组织体系对公司价值的影响

这种“联盟和力量”的因素是无形的，但是它确实存在。如果你到过雷德蒙、亚特兰大或者克罗顿维尔，你不难感觉到这些组织中联盟和力量的威力。

这种新创造的联盟不仅与公司战略保持一致，而且包括与客户的首要需求保持一致。这就是从金字塔模式向网络模式转变如此重要的原因。通过加强与客户的接触，组织联盟增加了组织与内外目标之间联系的可能性。

尽管良好的组织体系创造了组织力量，但组织力量任何时候都似乎不够。基石建设模式的重要性体现在它能够保持和最大限度地利用组织创造的力量。数字化企业设计模式能更进一步地保存组织能力，为组织体系内的人才运作提供更好的杠杆机制。

我们前面讨论过的许多模式是由严重的功能障碍诱发的，组织模式也是一样的。其主要有两个功能障碍：一是脱离客户；二是处于错误的技巧和手段环境中。它们是阻碍许多公司发展，并促使公司从金字塔模式向网络模式和技能转移模式转变的主要因素。

其他模式由机会不断变化的性质触发，基石建设模式和数字化企业设计模式属于这一类。

所有这些模式都有外部因素和公司举措的共同影响。有的更多地受到外因的作用（如技能转移），有的受到公司举措的影响（如基石）。但是，即使受到公司举措影响的模式也会对外部条件做出反应，而对外部条件的反应将决定未来盈利的最佳途径。

许多组织模式在过去 10 年中都有所表现（从职能性到企业单位的结构，从职能性到矩阵，从垂直到水平以及其他一些情形）。新的组织模式在今后几年里会多如牛毛，因为创造性的公司将发明新办法来解决价值创造等式中组织方面的问题。

然而，许多其他解决方案会有一个共同点：重新定义人才与客户之间的关系。正如今天的经济环境要求公司“扭转”价值链及开始与买方进行战略合作，将来的经济环境要求公司把价值链折叠起来，在客户和组织内部的人才之间创造最大限度的直接联系（见图 10–4）。

直接接触会及早暴露技能方面的差距，相应地，触发技能转移模式。它还将定义在多数情况下基石建设模式效率最高的途径，即客户经营权，而不是产品经营权，将决定公司最优利润增长路径。

最后，价值链的折叠将使从传统向数字化企业设计转移的重要性充分显示出来。这种转移的最终价值将是在客户和内部人才之间搭建起某种桥梁，它能够最大限度地提升双方的业绩（见图 10–5）。

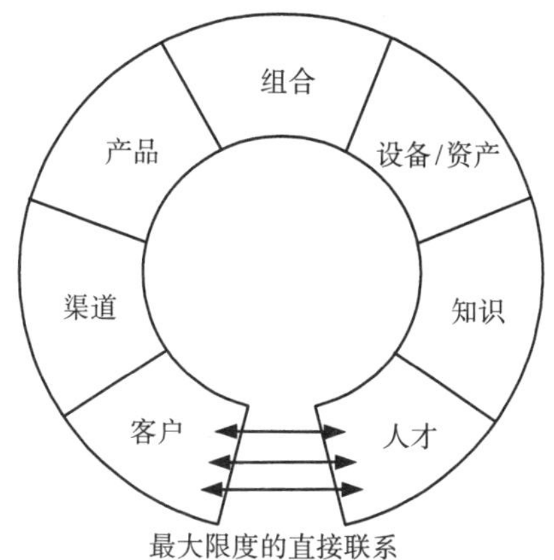

图 10–4　最大限度的直接联系

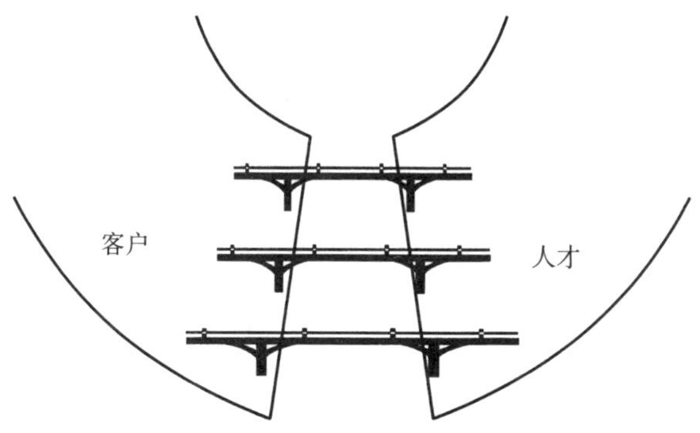

图 10–5　客户和内部人才之间的桥梁

技能转移

昨天的资源优势变成了今天的成本负担

当公司脱离不断变化的客户要求和市场条件，它们与对客户最重要的、能产生最大利润的技能就脱节了。外部环境发生变化，而公司内部的技能没有进行整合，于是产生了差距。这种不协调造成的功能障碍随时间的推移越来越严重（见图 10–6）。

脱节还产生了一个严重的管理问题。一度对客户至关重要的职能和技巧现在变得不再那么重要了，或者根本不相干。然而，这些职能保持着自身的成本基础和高度的自豪感。它们建立起防御机制。情况变得几乎无法控制。当受到威胁的人采取极端行为保护他们的地盘时，组织效率就会下降。

图 10–6　技能转移

最终，当公司认识到这种功能障碍并做出反应时，技能转移模式就被触发了（见图 10–7）。

对于看到这个差距并最早开始弥补的少数参与者而言，这里存在着利润机会。这些组织通过在混合的技能中挑起剧烈的变动来利用技能转移模式，以适应市场的要求——早在它们的竞争对手开始采取同样的举措之前。

技能转移模式可以在若干层面发挥作用：

- 职能性（比如，价值从制造、销售和研发转移到渠道管理或者账目管理或者授权）。
- 技术能力（比如，从硬件到软件工程，从组织化学到生物技术等）。
- 管理能力和价值（比如，从重视成本到重视服务，从关注业绩到关注业绩和人的价值观，沟通、自我发展和培训等）。

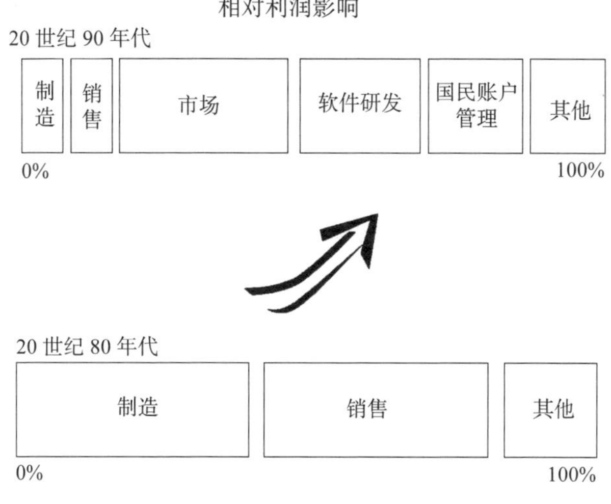

图 10–7　技术模式的相对重要性

职能转移

在很多情况下，获得新利润的关键是把重点和资源从公司内的一种主要职能转移到另一种职能。

生物技术提供了一个例子。人们付出大量努力试图描绘出人类DNA（脱氧核糖核酸）的过程。实验室里满屋子生物学家都在为复杂的人类染色体进行分类，尽量收集各方面的信息。政府主持下的人类染色体项目免费提供所有现有的原始数据。然而，为什么Incyte制药公司还能向使用它的染色体数据库的人每年收取 500 万美元的费用？

其中的原因就在于Incyte懂得真正的价值不是拥有广泛的数据，而是管理和分析这些数据。关键的职能已经从生物转移到了程序设计，Incyte公司的员工构成体现了这种变化，1998 年，公司只有 125 个生物学家，却有 175 个程序设计师。它的数据库对其他制药公司非常珍贵，以至它每年可以获得 1 亿美元的收入。由此，我们不难看出职能转移带来了收益。Incyte的市值是它收入的 8 倍以上。

职能转移是许多著名大型企业成功的关键模式：

- 20 世纪 90 年代早期，惠普在工程、制造和技术销售的基础上建立起来。它保持了这些职能，但是也成功地转移到了市场营销、渠道和账目管理方面。
- 默克公司和辉瑞公司在临床研发之前的工作中，成功地从开发转移到开发加战略转让。新职能使它们能够及早发现前景很好的合成品（由世界上其他人发明），用寻找和发展来补充研究。
- 莲花公司在 20 世纪 90 年代早期很艰难地从销售管理和渠道管理，过渡到应用发展、增值再销售管理、咨询和账目管理。

技术能力

新利润还可以来自改变职能内部的技能环境。

比如，在波音公司，工程师对公司的企业模式仍然非常重要，但是工程师的类型和从前大不一样。公司过去的成功关键在于愿意设计“飞得更高更快”的飞机的工程师。现在，它的成功关键在于愿意设计“成本效益最佳”的飞机的工程师。

任何了解工程师的人都会明白两者之间有多大的差别。

在诺基亚或者朗讯，过去最重要的工程师是硬件工程师。现在，最关键的是软件工程师。在孟山都公司的研究与发展部门，过去，化学家非常重要，现在更重要的是基因学家、生物化学家和其他生物技术学科方面的专家。

管理技能和价值观

直到最近，美国大陆航空公司一直是非常重视成本的航空公司。成本考虑以及与之相联系的技能条件使员工不注重其他领域，结果造成服务跟不上，航班不规律。

1994 年，新任总裁戈登·贝休恩认识到公司的着眼点和技能条件必须从成本转移到服务。如果美国大陆航空公司的航班准点率能够进入“前五名”，而且整个系统的活动有条不紊，那么每位员工每月都可以得到奖金。

这个变化在美国大陆航空公司内部激发了员工强烈的工作热情。航班排名开始直线上升，公司员工的热情持续高涨，工作人员为身着公司的制服感到骄傲。

管理技能转移包含优质服务。这不仅是技能的变化，也是管理价值观的变化。客户变得重要起来，员工也变得重要起来。

美国大陆航空公司的技能转移产生了显著的效果。由技能转移触发的螺旋上升（在客户、管理人员和员工中间）诱发了其市值的上升，在过去的 4 年中，其市值增加了 5 倍以上。

通用电气公司对新管理技能和价值同样给予了极大关注，并逐一细化、分类。过去，出色的业绩（数量优势）是成功所需要的条件。现在，成功要求具备多种技能，包括业绩和价值观（沟通、培养、自我发展）。

虽然以价值为核心的技能要求显得“较为软弱”，但实际情况并非如此。同行的评价以及上升或下降的反馈，能够一针见血地指出哪些方面在削减而不是增加公司的资本。

在一个成功越来越取决于人才和组织系统的市场中，通用电气公司的这种技能转移是今后 10 年很多公司都会接受的想法和实践。

技能转移模式发生的频率往往取决于行业新陈代谢的速度。在变化缓慢的行业，其频率可能需要 10 年一次，而在发展迅速的行业，频率要高得多。

个人电脑领域的成功所需具备的技能已经经历了多次转移。最初，公司所依赖的技能是工程。第一次转移是从工程到品牌管理和有效的流通，然后再从解决方案到客户关系管理。在每种情况下，不断发展的客户选择和要求改变着成功公司所需要关注的核心技能。结果，这些转移给许多个人电脑公司造成了困难。极少数公司顺利地实现了品牌技能的过渡，更少的公司进一步扩展了组织在客户关系和解决方案方面的能力。

其中，成功地跟上客户需求步伐的公司是康柏电脑公司。它以领先的工程起家，然后建立了优秀的品牌。

当它遭遇向解决方案技术转移时，康柏在解决方案领域没有占据很大的市场份额。它缺乏提供高额价值服务的实力，如安装、培训和信息技术战略开发等。

康柏明白自己存在技术差距，于是开始启用积极联盟和收购的方式进行弥补。这一战略的顶峰是收购数字设备公司。这家公司拥有强大的安装基地、先进的流通网络和2万余人的服务力量，它转变了康柏的企业设计。康柏从“车间制造商”转变成产品和服务解决方案的提供者。

有些时候，技能转移模式与庞大的数量有关（想一想诺基亚或朗讯建立起来的、规模庞大的软件工程师队伍），有时候则无关。在项目管理或者“寻找和发展”（一种创新战略，建立在获得开发别人的产品和服务许可的基础上）这样的领域，或者为产品定位时，只需要有限的几位新技能竞争者。重要的不是数量，而是改变技能条件的相对重要性，或是确保公司的企业模式具备新的技能，能够对外部环境的新要求做出反应。

技能转移模式的作用超出了组织范围，它在经济的宏观层面以及个人的微观层面都发挥着作用。

在宏观层面，我们所具备的技能和我们所需要的技能之间总是存在紧张关系。举些极端的例子，铁匠、轮匠和炼铁工人现在不再像以前那样重要了。但是在等式的另一端，我们仍然受到程序员、基因专家和真正有能力的教师短缺的困扰。我们所需要的和现有资源之间的脱节是系统中的功能障碍，也是赢利性经济增长的主要障碍。

这个模式在个人微观层面也有所体现。你的事业发展到目前为止有哪些技能最重要？未来将会是哪些技能？个人转变的困难程度与组织相比毫不逊色。

认识到技能转移模式还不够，毫不含糊的资源重新配置才是证明。公司过去做事的方式根深蒂固，基本不可能改变。

成功的公司怎样戏剧性地实现必要的内部转变呢？它们需要付出昂贵的代价。这个代价就是为了使公司与关键的新技能保持一致所造成的必然不适，以及维持必要的力量来继续推动这种转移直至彻底完成。

如何获利

看看客户在发生什么变化。辨别未来需要何种技能，并且为了获得这种技能，现在就对资源进行重新配置。在你的优势比例达到 1/3 之前不要停下来。

☑ 20 世纪 90 年代，你的公司所具有的三个最重要的技能是什么？

——制造

——新业务的开发

——质量管理

——软件工程

——销售

——流通（分销）

——财务管理

——品牌构建

——研究和发展

——市场营销

——其他

☑ 现在应该具备哪些技能？未来会是什么技能？

☑ 为了从旧技能转移到新技能，你将使用什么程序来管理这种转变？

延伸阅读

技能转移的心理危险

技能转移模式可能带来心理灾难。过去至关重要的技能现在已不再那么重要，而成本却没有降低。转移之前的“黄金”职能一下子变得无关紧要，最后甚至成了负担。在许多公司中，研究和发展职能经历了转移，这些以前的竞争优势现在沦落为成本负担。同样的情况可能发生在公司的整个技能层面。制造、销售、市场营销、金融、人力资源、新业务开发，所有这些都可能变得过时，不再能够满足外部世界的要求和选择。客户过去对它们很重视，也乐意为此花钱。现在，他们不再和以前一样了。

考虑一下建立在三种核心技能基础上的化学制品公司：研究和发展、制造以及技术销售。

进入20世纪90年代以后情况发生了剧烈的变化。下面的四种技能变得非常关键：(1）财务管理；(2）新业务的开发；(3）网络研究和发展（在公司研究与发展结构以外的创新网络之中工作）；(4）低成本流通。

权力和资源仍然占据内部研究和发展、制造和技术销售等技能的突出位置。任何致力于在这些新技能方面加强力量的新举措都曾受到挫折，并在努力争取成功。现有技能的分量、累计投资以及悠久的历史使新技能无法启动。结果是股票价格数十年来被搁置一边，无人问津。

说服主要负责人改变观念、认识新技能的重要性是非常艰难的，而转移资源来帮助建立新技能的工作会更加艰巨。但是，忠心耿耿地留在原来的阶梯形组织结构内并接受一些订单，注定会造成灾难性的结局。这就像对过时的生产线或者过时的企业设计宣誓效忠一样，让人无可奈何。

从金字塔到网络

与外界的接触最大化——客户、投资者和盈利可靠性

只着眼于内部会使公司破产。从金字塔到网络模式完全是为了最大限度地关注组织的外部状况——公司在外部环境下的处境和与外界的接触面。从金字塔到网络模式是关于尽可能提高公司外部与内部比例的问题（见图 10–8）。

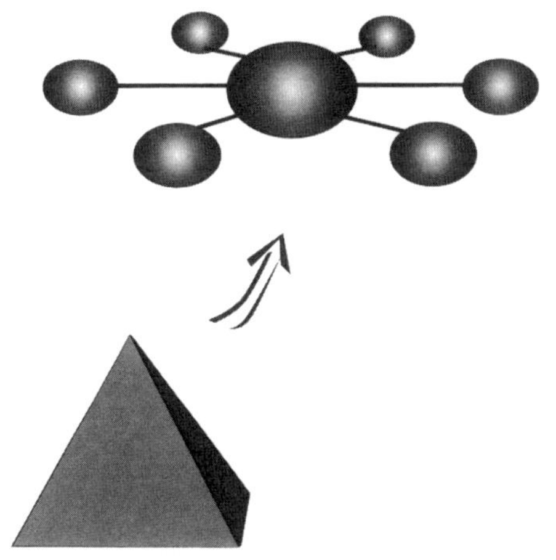

图 10–8　从金字塔到网络

在工程方面，表面积往往被用来控制信号（如热度）在界限之间的转移。阿尔诺·彭齐亚斯在他的著作《和谐》中提出了一个非常好的例子，它讲述了什么时候表面积与质量的较低比例运作良好，什么时候效果

不佳。

当汉尼拔穿越阿尔卑斯山脉向罗马人发动进攻的时候，他的大象经过严寒的冬天却活了下来的原因非常简单：表面积与质量比很低。这样低的比例可以保存热量，使大象在严寒的气候中存活下来。

严寒的冬天对大象很有好处的情形，对于处于高度活跃、动荡的环境中的企业来说却非常严酷。在商业世界，生存和成功至关重要的条件是保持与外部世界的接触。客户的选择和要求、渠道转移、基础设施的改变、竞争压力以及由客户和投资者发出的重要战略信号，都是辨别本行业正在出现哪些模式的关键所在。然而，表面积与质量比太低（在许多传统的金字塔结构的组织里都可以看到这种情形）使公司接触外界、对外部信号保持敏感的程度降到最低，从而减弱了它调整企业设计、实现盈利的能力。

虽然有的大型组织能够克服“内部焦点”综合征，但是很多企业做不到这一点。认识实际情况并利用从金字塔到网络模式，可以帮助公司克服源于成功和规模壮大的功能障碍。随着组织不断发展壮大，公司渐渐脱离客户。它们失去利润可靠性，并且越来越不愿意承担风险。其结果是使组织错过关键的外部转移机会，不能对逐步展开的模式进行回应，并最终损害了股东价值。

大型公司的传统结构使这些问题更加严重。大部分组织都是按照金字塔型的阶梯结构安排的，上层做出决策逐级传达给下面的每一层，在经过五六级管理层后，这个决策往往会遭到很大歪曲。信息由底层收集并一级一级地传达给上层，这个过程使信息失去了相关的清晰度和准确性，因为在信息向上传达的过程中不断受到“积极态度”的影响。用图对信息在组织中的传递过程进行描述，可以揭示这种体系的功能障碍会达到何种程度（见图 10–9）。这种情况造成了一个信息不畅、行动拖沓的庞大组织。对这种外部市场与大型公司特点相脱节问题的一个战略性的应对方法是，把组织结构从金字塔型转变为网络型。

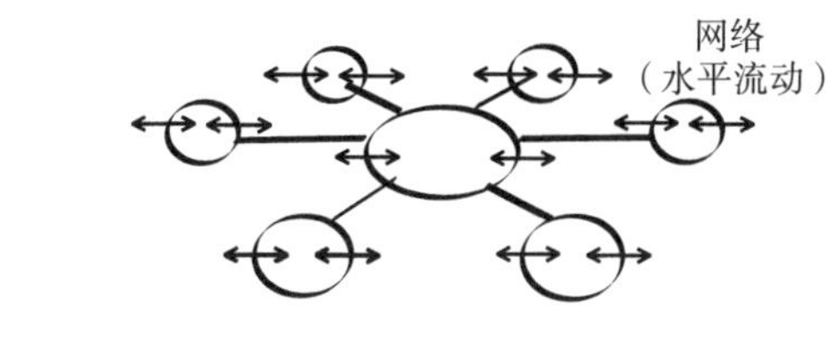

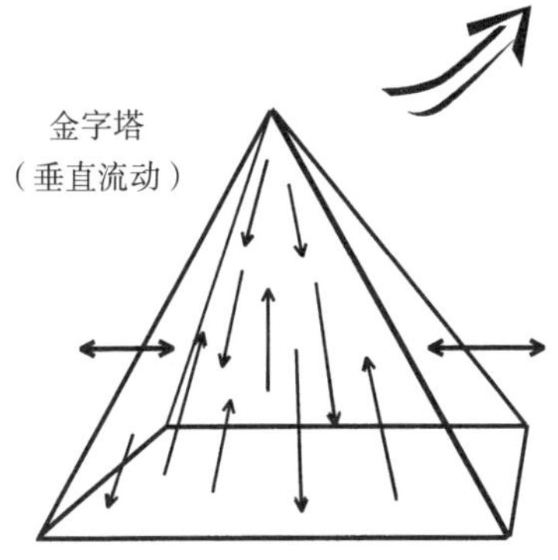

图 10–9　信息在组织中流动

这种应对方法的例证之一是维珍集团。维珍集团包括 200 多个由理查德 · 布兰森所私人拥有的公司。它们的收入占到 1997 年公司总收入的 2/3（公司剩余 1/3 的收入来自维珍集团的其余股份——拥有不到 50% 股份的一系列小公司）。维珍集团利用网络模式尽可能地使每个单位都暴露在外部信息和外部压力之下，以便使公司在各种运作中保持积极进取的精神，并保护它所具有的迅速而准确地应对客户变化的能力。

布兰森用维珍唱片公司诠释了哲学上的“小就是美”。他认识到庞大的组织结构给企业设计造成了懈怠拖沓的沉重负担，他利用了从金字塔到网络模式的转移来改善这种情况。当维珍唱片公司的规模达到一定人数（大约 50 人）时，布兰森就成立一个新公司。副经理成了新的自治单元的负责人，并且能够一心一意地致力于使新公司取得成功。“这样做的优点是每位经理人掌握自己和自己手下 50 多位员工的命运。”布兰森说，

“他是主管负责人，而不是代表们的代表。你如果是负责人，就会千方百计地争取领先。”这种组织战略产生了25~30家小型的联系不很密切的公司，但从整体来看，它是世界上最大的独立唱片公司。

整体而言，维珍集团的网络模式代表了一种单独运作而彼此有利益关系的公司体系，各单元共享一个品牌、一种理念和强大的积极进取精神。水平沟通和创造性是这种模式的关键特点，并战胜了其他处于传统金字塔结构中的特点：垂直的汇报和命令执行关系。秩序和协调在整个复杂的信息系统中得以保持。由强大的无所不在的公司文化潜移默化地形成的共同价值观，为成功和利润增长注入了活力。

从金字塔结构向网络组织的转移，奇迹般地提高了维珍集团识别市场变化并迅速做出反应的能力。因为越来越多的员工了解市场发展的动态，他们能够迅速收集和处理外部信号。员工对他们在整个公司价值中的作用也有了更清晰的认识，公司的价值和他们的收益是紧密联系的。他们努力希望达到更高的业绩水平，因为他们知道什么对维珍集团最重要，以及每个人为公司投入的时间和精力将怎样影响他们自己的回报。因为组织内部自治程度非常高，所有级别的员工都有权自主地收集和处理信息，所以内部事务的处理效率急剧提高。

ABB和美国热电公司是网络模式产生了令人满意的预期效果的另外两个例子。它们是两家不同的公司，面临不同的挑战，但是两家公司都反映了打破或者剔除官僚主义，尽量面对客户，分散决策，以及把利润可靠性推向大型公司里最小单位的强大魄力。

ABB是一家全球性的工业、能源和交通系统制造商，它利用网络模式与每一个市场的客户保持密切联系。为了充分利用这种模式，ABB按照专家公司的网络进行组织。它有数以万计的利润中心。作为企业，ABB能够为其单位成员增加可观的价值，因为它可以从供应商那里低价购买原料、发挥其品牌影响以及归集管理和研发成本。网络中的每位专家均提供同行中最好的产品、快捷又可靠的帮助以及与客户的区域性联系。中心和地区力量的结合使ABB与ABB内单纯的地区组织或者全球性竞争对手相比能够更好地对客户要求做出反应。

美国热电公司利用网络结构大幅度地增加了自己的价值。1982 年，首席执行官乔治·哈特索珀罗斯重新组织了自己的公司，创造了子公司式的企业设计。在子公司模式下，系统中的大部分公司都是由公众股票持有者的少部分人拥有的，管理者直接向外部投资者负责。这种新结构戏剧性地增加了美国热电公司持股人和客户的集中程度，增强了管理层的动力（管理人员在自己负责的子公司拥有股票），为美国热电公司提供了更加精确且显著增长的股票市值。

最近，美国热电公司碰到的问题显示了实施新的网络结构的困难。让公众参与不成熟的业务，创办缺乏战略目标的子公司，创办没有必要基础设施支持的子公司，这些危险情况是许多希望利用网络模式的公司面临的问题。但是，美国热电公司的管理者坚决支持网络模式，并计划进行必要的投资来解决系统中的问题。（关于美国热电公司和ABB企业设计的详细情况，请参看《发现利润区》第 11 章和第 12 章。）

ABB和美国热电公司的典型例子引起了许多其他公司的兴趣。最近，点子工作室，一家新成立的网络公司，使用网络模式作为组织结构的基础。点子工作室有一个管理中心集中负责管理职能和为新公司出谋划策。每个月，首席执行官比尔·格罗斯和他的工作小组都提出一些商业想法，然后找一家子公司来检验它是否可行。点子工作室提供最初的资金并持有很少的股份，但是每家子公司都自主经营、自负盈亏。全公司共用人才、系统和关键的知识。公司的整体目标是不断地开发新的想法和业务，每家子公司都着眼于自己本身特定的目标和市场。

网络模式在现在的商业活动中并不多见，但是随着时间的推移，外部力量与内在特点之间的不协调变得更加突出和尖锐，人们会进一步看重这样的结构（见表 10–1）。

表 10–1　外部力量与内在特点之间的不协调因素

外部力量	内在特点
更加挑剔的客户	脱离客户
更大的盈利挑战	脱离利润可靠性
变化更快的市场	沟通延迟
坚持了解公司内部业务	决策迟缓
投资分析家	权力斗争
	极端的风险规避意识（和由此产生的左右摇摆的决策）

网络模式与外部有广泛的接触（表面积与质量比很高），它既适用于企业也适用于个人。思考这个问题——你自己接触下列内容的程度如何：

- 客户压力和信号
- 投资者压力和信号
- 利润可靠性

高智商人群在何种程度上规避这些外部力量，他们对公司的贡献就会在同等程度上减小，而他们个人的战略风险也会上升。

如何获利

尽量增加自己与外界的接触面。利用对组织进行的任何改变。关注自己公司的利润增长。

☑ 在我们的组织中，与外界接触的比例：

——很高

——高

——低

——很低

☑ 我们组织与外界的接触在：

——增加

——没有变化

——减少

☑ 在我们的组织中，利润可靠性的普遍程度和集中度怎么样？公司创造的回报与个人回报之间的联系有多紧密？

基石建设

从强项开始，加强，再加强！

公司应该把握的下一个最好的机会是什么？一些公司不是一次而是很多次对这个问题进行了巧妙解决，基石建设模式为这个问题提供了几种非常有效的回答。

基石建设模式是一种保存能量，即组织性能量的方式。没有一家公司具有实现目标所需要的所有的资源和能量。基石建设模式为公司提供了通过精心把握机会来克服有限资源的限制，从而创造最大价值增长的例子（见图 10–10）。

基石建设模式有三个要素：(1) 一个非常出色的、最高级别的最初战略位置，典型模式是具有相当重要的战略控制能力（你不可能在薄弱的基础上建立基石）；(2) 从经济学的角度合乎逻辑地推测出公司接下来的机会（再付出很小的努力，就可以实现最多的利润增长）；(3) 比上一个空间更加广阔的相邻机会空间。

长达 20 年之久的、最成功的基石建设模式是由微软建立的，它的前

5年（1975—1980年）用来在BASIC（培基）上建立了最佳的战略位置。它把这个位置发展成由DOS（磁盘操作系统）打开的更大的机会空间。它又从DOS发展出Windows（操作系统），从Windows发展为一整套办公应用软件（见图10-11）。

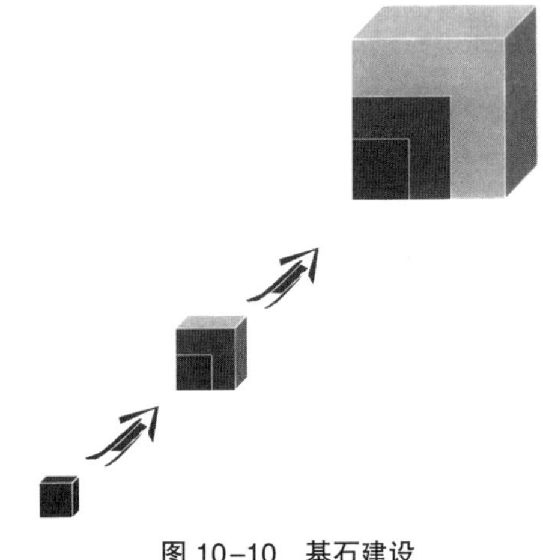

图10-10　基石建设

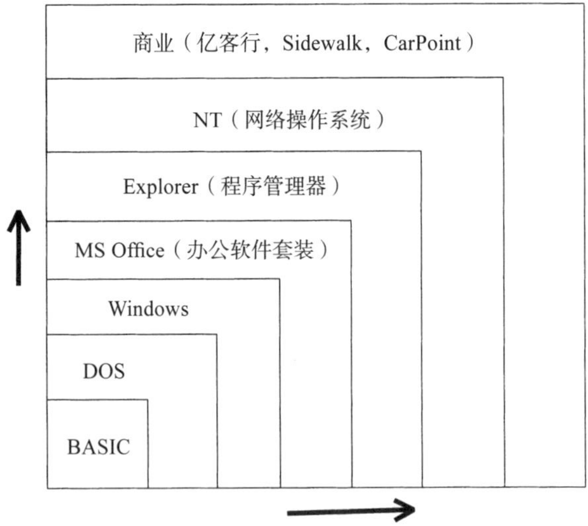

图10-11　基石建设：微软

在今后的几年里，微软的基石会从桌面一直建设到 Windows NT。它会把现在的地位扩展成多重的相邻机会空间：企业、家居、旅游、汽车以及其他。

为了维持价值增长记录，微软必须成功地做到这一点。它过去迅猛发展的记录已经创造了庞大的金融和组织能量，以后的任何举措都可以随时利用这种能量。为什么这么多公司都把微软放在它们观察竞争对手的雷达扫描仪上？它们这样做不是没有道理的。

能多洁集团，一家欧洲企业，为持续的基石建设模式提供了另一个例子。能多洁集团最初在害虫控制方面发展业务。在这一领域它建立了强大的战略地位，然后在此基础上直接进入了相邻机会空间。

在过去的几十年里，能多洁集团始终朝着更高的附加值和更高的成长率方向前进。它已经使自己成为最大的全方位 B2B（企业对企业）服务的提供者：清洁服务、健康保健服务、办公室和零售店清洁、办公室机器维修、设施维修、保安服务、临时个人服务、包裹运送、酒宴承办、教育和培训。

在过去的 15 年里，这个发展过程每年创造 20% 的收入和利润增长率。在过去的 10 年里，它创造了 130 亿美元的市场价值增长。

行业整合使得基石建设模式成为可以获得的（盈利）机会。随着竞争界限的消失，公司可以考虑更多的相邻机会空间。

在金融服务领域，银行、保险商、经纪人和共同基金之间的竞争界限一直在消融。这种界限的弱化给像嘉信理财这样的高度创意公司提供了进行广阔基石建设的潜在机会。

嘉信理财是金融服务业第一家利用基石建设模式的公司之一。嘉信理财通过价格低廉、业绩出色的经纪代理建立了最初的市场地位和客户基础。这个地位使公司具备了交易过程高效运作的能力，这种能力吸引了投资咨询家与其建立合伙关系，于是产生了更加广阔的基石建设机会。

这些举措一步一步地为“一源业务”铺平了道路（“一源业务”服务

于共同基金）。几年以后，“一源业务”显著扩展，为地区银行和经纪人提供服务。

前面每个阶段的优良业绩和高额利润，都为嘉信理财进行下一步基石建设提供了必要的金融和组织能量。选择“正确的下一步”非常关键。在基石建设模式中，公司没有错过“下一个最好”的机会。它集中关注下一个最好的选择，这个选择只需要追加极少的投资，却可以获得最大的利润增长。

基石建设模式在总结时总是显得有条不紊、顺理成章，但是从前瞻的角度来看，它根本不是这样的。实际情况恰恰相反：它看起来是一团乱麻。基石建设过程需要进行大量的战略实验。公司需要试探下一个机会空间是什么，而第一次往往不成功，第二次甚至第三次都不成功。

微软、能多洁集团、嘉信理财都是这样，所有成功的基石建设模式都是这样。

然而，战略实验只受到一个疑难问题的推动：下一个最好的机会是什么？得到正确答案非常重要。即使用两三年的时间进行实验，失误，再实验，再失误，过程不断重复，直至最后才得出正确的答案，这都是值得的。

基石建设模式很困难，而且很不成熟。亚马逊可能要利用这种模式，它在网上图书销售的最初空间里建立了自己非常高的战略地位。下一步最好的举措是把对客户的深入了解转化成下一个娱乐/教育销售的相邻平台：音乐、录像带和软件。这三个相邻平台是亚马逊可以用最小的追加努力来实现最大利润增长的空间，大量涌现的新机会远远超越了它最初的领域。

然而，第一步在整个过程中仍然是最关键的：在最初领域创造难以动摇的战略性地位。没有这个基础，基石建设模式的其余部分就无法被利用。

基石建设模式给每个公司提出了三个问题：

1. 我们在自己的最初领域建立的战略地位是否稳固？

2. 我们应该建设的下一个最好机会是什么？

3. 其他公司用它们的产品和服务来争夺我们的客户群，我们会有哪些机会？（这是整合的负面影响。）

如何获利

在某方面成为最好。寻找下一个最好的空间，尝试把它找出来。第一个到达这个空间，不要跳过去，然后寻找下一个最好的空间。

延伸阅读

保存公司能量

微软基石建设的过程反映了第二个关于保存公司能量的重要原则：

在你可以模仿、接受和扩展的时候，千万不要创新。

这是基石建设模式的变体。你可以使用别人的发明作为自己体系的基石。微软最初的主要技术不是由自己发明的，BASIC 来自微型电脑，MSDOS 以 QDOS 为基础，Windows 来自麦金塔电脑，NT 来自数码 VMS 操作系统派生出来的技术。微软没有把精力全部放在创新上，而是放在了开发和创造价值上。

像比尔·盖茨一样，20 世纪 60 年代的日本工业家极端排斥用于创新的"没用的"成本。彼得·德鲁克和日本工业家之间的经典对话反映了这一点。

德鲁克：为了成功，你必须创新。

工业家：不，德鲁克先生，真正的创新是非常、非常昂贵的，我们支付不起。而且，把我们微薄的资源浪费在创新上面是愚蠢的，因为技术多得简直令人觉得荒唐。我们需要做的是学习、改善和实施。我们必须把技术人员请来，我们必须把自己的学生们送出去，那么在几年以后，我们就会得到自己想要的东西。

许多年以后，德鲁克肯定地说日本工业家是绝对正确的。他们确立了一种节约了大量资源的战略，创造了相当可观的利润增长，并且为日本30年的经济增长注入了活力。

从本质上来看，20世纪50年代和60年代的日本工业家与90年代的比尔·盖茨采取了同样的模式。在微软，无懈可击的先后顺序由客户的准备程度决定。在日本，它由相关的经济形势决定。

如果你可以接受和发展，千万不要投资。

创造理智的、无懈可击的发展步骤。

从传统到数字化企业设计

巨大模式的秩序

在20世纪90年代早期，尼古拉斯·内格罗蓬特谈起了世界由原子（物质）和比特（信息）构成。比特和原子不同，因为比特可以通过电子方式控制。

日新月异的技术创新触发了一种使公司从传统转向数字化企业设计（也就是把它们业务的整个“非原子”部分转变为电子形式）的模式。这些公司按照精心设计的步骤逐渐进行转移，这是由它们面临的严峻商业环境驱使的。有些问题（如生产率、反应时间、资产集中度等）在所有行业中都相同，另外一些问题则是某些行业和公司所特有的（如波音公司的研发、思科的招聘等)。

把企业的所有非原子方面(信息、沟通、知识等)的业务转变为电子化管理，这样公司能够改善规模秩序业绩。生产率水平成倍提高，反应时间可以从几周缩短到几天，而资产集中度可以减少 90%，甚至更多(见图 10–12)。

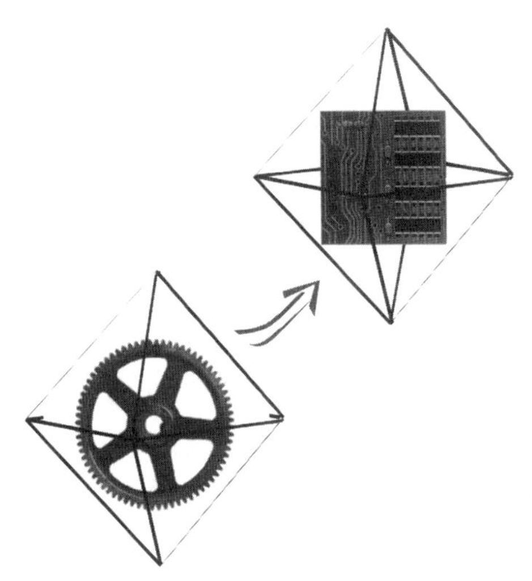

图 10–12　从传统到数字化企业设计

然而，数字化企业设计的真正威力在于运作过程中远远超过规模秩序业绩提高所带来的效益：

1.所有的数字化企业设计都能够通过客户的自我划分扭转传统的客户细分过程(公司花费数百万美元设计大致的细分计划)。不管是戴尔的网上装配器，嘉信理财的共同基金评论员，还是思科的招聘程序，客户和员工在供应商以网络为基础的系统中相互作用，他们把自己归入购买行为高度明晰的模式中——这个过程对供应商不构成成本支出。

2.数字化企业设计使客户能够给商业活动融资。亚马逊和戴尔的营运资金都是负的；微软的资产集中度是负的。

3.数字化企业设计不仅可以使客户进行自我细分，而且可以使他们了解自己的购买情况。这种模式转移了供应商—客户相互关系的性质，通过交易、客户服务和客户沟通的结合，供应商—客户关系从一种零星的交流转变成持续的客户信息流。结果，供应商现在不仅可以清晰地看到客户细分情况，而且可以看到客户行为的方向和速度。这使供应商能够预测客户以后会朝什么方向发展，从而能够开发和提供新的产品和服务项目，并获得精确的市场信息，以对这些行为做出准确的回应。

数字化企业设计在传统金字塔型的组织结构中也完全适用。但是如果它与网络组织结构相结合，那么数字化企业设计的威力可以大幅度地增加。平面的网络结构拥有较少的评估人员和“守门员”（这些人需要为下级管理层的决策“签字”），因此最后的决策和行为交给了那些最了解情况的人来处理。

网络结构与数字化企业设计相结合可以引起巨大的业绩改变。在最近的一次会议上，一位参加者描述了这种结合所产生的结果有哪些巨大影响，以及它使执行人员数量、步骤以及人工（时）耗费数量发生了怎样的改变。

传统的决策过程需要花费 17 天的时间，需要 4 位决策者参与，每小时耗费人工数 12 人。数字化企业设计过程只需要 1 位决策者，2 天的时间和每小时不到 2 人的人工数。

这些结果以传统方式是根本不可能实现的。如果把这个例子乘以数以千计的组织每年所要做出的决策，可以想象它对组织的价值增长潜力将会有多么大的影响。

数字化企业设计真正困难的部分是改变思维模式——从企业问题（我们的企业需要的是什么）开始，而不是技术（技术可以做到的是什么）。

数字化企业设计还意味着改变对什么是真正的潜在收益的看法。一家大型零售公司从传统转向数字化企业设计（它建立了包罗万象的网站，由此能够和实际上遍布各地的零售点保持联系）。零售商最初的考虑只是

“卖出更多产品”和“用库存获得更多的毛利润”。要改变一种主宰一个行业数十年的思维定式是很困难的。

然而，对于零售商而言，向数字化企业设计进行转变的真正意义完全不一样。这无疑是销售更多产品的机会，但是更重要的是，广告、订购费、查阅费和关于客户行为连续不断的信息流所带来的巨大的新利润机会。

也许从组织角度来看最困难的观念转变是如何对待客户，数字化企业设计可以彻底地重新定义供应商—客户关系。经济活动不再是偶然、零星的相互作用和信息流动。以往，公司可以不时地停下来猜一猜客户真正想要的是什么，现在它可以在揣摩和挫折感大大减少的经济活动中，享受一种连贯、确切、信息丰富而畅通的关系。

成功的数字化企业设计要求组织观念和行为发生根本转变，这有点儿像在组织观念中建立一片绿化带。行为方面的观念改变是二进制的，而不是循序渐进的，它表现为非此即彼。

许多公司自欺欺人地认为它们可以循序渐进地进入这种新模式，但这是行不通的。循序渐进需要几年的时间——这个时间太久了，因为目标最终不是实现数字化企业设计（到那个时候其他人都实现了），目标是从中赢利，这就需要抢在你的竞争对手之前，实现并稳坐业绩差异的优势位置。

大多数公司顽固地守着传统文件和负责人会议为基础的企业设计，不只是因为组织习惯根深蒂固，而是因为这种企业设计它们可以支付得起。全方位实施数字化企业设计非常罕见，即使技术公司也不例外。微软彻底的无纸化办公是个例外。

但是，这种模式发展迅速。大规模、有序的改进的可能性就像一块强大的磁铁，精明的公司无法抗拒它的吸引力。今天，这些转向数字化设计的企业获得了极为可观的利润增长。今后，那些没有转向数字化企业设计的公司将承受越来越大的利润压力和巨大的战略风险。

总而言之，数字化企业设计模式不是关于技术的模式，是把注意力集中在公司所面临的关键问题上。它的目标不是改善了 10%，而是改进了 10 倍。它不是经营上的改善，而是对顾客关系从根本上的重新定义。

数字化企业设计的目标不是从老模式中获取更多利润，而是以与客户新的交互方式创造全新的、源源不断的利润。

如何获利

向组织中传统文件和负责人会议观念提出挑战。找出最重要的企业问题和与之相关的比特。用电子手段来处理这些比特。

- ☑ 你公司面临的最主要的 3~5 个业务问题是什么？哪些数字化设施的因素可以对纠正这些问题产生积极的效果？
- ☑ 如果在 4 个标准——反应时间、生产率、资产效益、客户信息方面，数字化设施都能起到双倍的效果，那么你的公司将得到哪些收益？
- ☑ 当前的经营需要进行哪些数字化设施的投资？
- ☑ 你的公司怎样利用数字化企业设计来重新定义与客户的关系和前景？

延伸阅读

转向数字化企业设计

技术公司最常讨论向数字化企业设计转型，其实这种模式对烟囱型的、以制造为主的传统行业也同样有效。

西麦斯是墨西哥一家水泥制造商。假设把这家公司与硅谷的一家公司进行比较，那么这两家公司各自是什么形象呢？它们有哪些差别？

你如果可以实地考察西麦斯，一定会大吃一惊。这个公司的中央是复杂的电脑中心，每辆运输卡车的仪表板上都有一台电脑。公司用全球定位卫星系统进行通信。它能够有效地安排时间，灵活地根据客户情况做出反应，这远远超过了其他竞争对手。西麦斯的灵活性和敏捷的反应是处理客户利害问题的关键：按时送货和送货时间的机动性。

网络系统使西麦斯能够承诺在约定时间 20 分钟之内把混合好的水泥送到指定地点，而这在 3 年前需要 3 小时——这种可靠性是许多客户乐意为之花钱的。西麦斯使用精密的数字技术使其他领域的生产率也有了类似的提高，比如采购和生产过程。从传统向数字化设计的过渡使西麦斯成了墨西哥水泥生产商当中效益最好的公司。它拥有销售额 31% 的现金流，超过了其他竞争对手十几个百分点。

传统设计的典型特点是生产率一般，反应时间需要几个月，资产高度集中以及信息化的决策比例很小。数字基础设施急剧地改变了旧的框架，并改善了所有这些业绩的标准，不是只改进了几个百分点，而是成倍地增长。

几家大公司正在利用数字化企业设计模式。当波音公司看到它再也不能用“老办法”造飞机时，它就开始对企业内部针对供应商和客户的业务方式进行根本性转变。它使用百分之百的数字化过程来开发波音 777 飞机。多个工程师小组可以同时使用工作平台来观察和设计新飞机及其 300 多个零部件。3 个主要的标准层面反映了积极的效果：错误率从 90% 下降到 60%，取消了金属—木料模型，飞机组装可以在几小时内而不是用几个星期完成。

实施数字化企业设计不是“把公司整个网络化”。它也不是IT，而是一切从解决业务问题出发。它不是电子邮件、计算机辅助设计/计算机辅助生产或者其他工具，而是改进生产率、反应时间、资产效益以及重要的客户信息。企业设计和公司面临的主要业务问题应该决定数字化结构的性质。其目标应着眼于最重要的领域，关注从客户和业务角度看最可能改进的问题，而不是从信息技术角度的改进（见图10–13）。

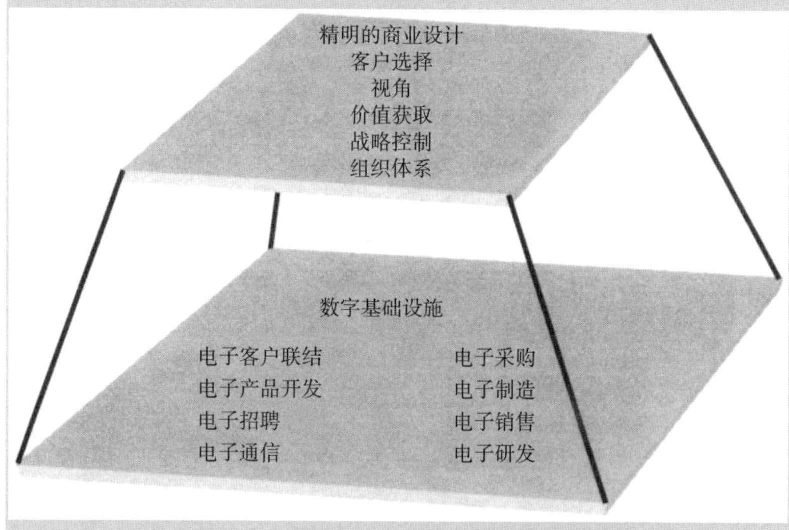

图10–13 数字化结构形成数字化企业设计的基础

作为网络设备的提供者，思科面临一个严峻的商业问题：它必须找到一批精英人才来支持它的发展战略。它的部分解决方案是：思科几乎全部通过网上招聘和录用人才。潜在的员工被吸引到思科的网站上，他们输入个人资料，来比较自己是否适合数千个职位中的某岗位。通过考察潜在员工基本的技术能力，思科以独一无二的方式挑选并吸引了硅谷的许多高级工程师。

实施数字化企业设计可以有几条途径。回答下面的问题是最好的方法：最大的业务改善是通过电子产品开发、电子招聘、电子采购或者其他数字化职能实现的吗?

在微软，重点是电子通信。你可以给微软的员工发一份传真，但是他根本看不到传真原件。公司已经完全过渡到无线模式，通信通过电子邮件和留言系统实现。当外部发来的传真到达微软总部，它会被扫描后发送到特定的邮件地址。收信人可以在他的电子邮箱里打开这封邮件。

供应商必须给微软发出电子票据，纸面票据不予支付。

将来，当它开始影响到越来越多的行业时，数字化企业设计很可能成为一种巨型模式。这种转变开始的时候，企业负责人将面临重大挑战和无穷的机会，他们具备大量准备就绪的资产——很难被拿走的资产。一个更大的障碍是由波音信息系统的管理人员提出的。在评论数字化商务方式的应用时，他说道："我们认为那些技术问题会很难办，但是最大的挑战是思想和文化的改变。一旦人们转变了看法，企业负责人就可以依靠原有的基础大幅改善业绩。"

·第三部分· 模式应用

第 11 章

模式实践

韦恩·格雷茨基是冰球场上一个出色的球手，他的成功来自他对球场上瞬间“局势”的观察能力。谈及这种能力时，他说得很简单：“冰球到哪儿，我就到哪儿。”由于能够快速预测冰球、队友和对手的走向，他充分利用了每个机会及时绕过障碍或抢点射门。

同冰球一样，在商业中，最出色的“运动员”是那些预测和利用局势的人。如果能正确利用，模式化思考能够让我们“随价值走向而动”。学习、应用战略预测方法，可以为公司的客户、股东、投资者和我们的事业获得最大的利润。

模式是战略用语，它可以被用来暗示公司将来的战略、解释过去、描述现在。在有些情况下，一种模式就足以描述一个公司或产业的战略情况。但是，这样的情形——数年乃至数十年不变的游戏规则，正在消失。现在，大多数公司或产业战略的突出特点是几种模式共同改变战略格局。

这里最典型的例子是通信产业。在过去的10年中，通信产业经历了如下变化：

- 价值链分析
- 价值链中间陷落
- 价值链整合
- 从产品向解决方案转移
- 渠道倍增
- 数字化企业设计

一旦应用模式来研究企业或行业时，你就会发现情况已经不同。你发现这种思维是一种多框架的动态过程，而非静态的思维方式。这种动态思维将使你以新的视角观察过去、现在和未来；这种动态思维更具有挑战性，让你正视威胁与机会，让你重新考虑自己认为已经掌握了的问题。

接下来，我们讨论了9个公司的案例，每个案例都着眼于关键模式是如何改变公司的战略地位的。这些例子高度概括了它们如何成功地度过困境。这些公司看到了多种模式，采取了正确的步骤，并充分利用这些模式。它们特别善于战略预测，能够看出混乱表面下的深层次含义，能够紧随"球"后，因此它们实现了极大的价值增长。

在下面的9个例子中，思考一下所描述的模式是如何改变各个行业的战略格局的。在每个例子的结尾，请思考一下哪种模式最有可能成为该公司的模式，并把它记下来。你思考得越多，对模式的应用就越得心应手。而且，不管你是管理者、客户还是投资者，模式都会成为你和你的同事描述战略的术语。

思科公司

从产品到解决方案，行业标准，从传统到数字化企业设计

20 世纪 80 年代中期，计算机网络还很基础、简单，典型的公司或学术机构的计算机环境由互不相连的几台计算机组成，而且这些计算机由不同的制造商生产。其中一些计算机在局部的小环境中实现了联网。但是，实现在不同部门、办公室、校园之间的联系与信息共享几乎不可能。

1984 年，斯坦福大学的两个教授桑迪·勒纳和伦纳德·博萨克开始着手解决这一问题。他们决定在工作期间互发电子邮件。由于他们两位在不同的学科部门工作，所以他们发明了“多礼仪”服务器——一台能够在不相容的计算机网络中搜寻和配置数据的计算机。他们意识到在地区、国家之间计算机网络具有无限的应用潜力，于是创建了他们自己的公司——思科公司，以发展这种服务器。这种服务器后来被称为路由器。

从产品到解决方案

到 1992 年，思科公司已经成为一家价值 5 亿美元的公司，并且控制了路由器市场。但是，随着计算机网络的发展，许多数字交换设备和技术开始挑战路由器的统治地位。到 1994 年，由于受到诸如 ATM（异步传输模式）、帧中继、局域网（LAN）等新科技的挑战，思科公司的增长速度减缓。新的竞争者［FORE Systems（前置系统）、Ascend Communications（通信公司）、Newbridge Networks（新桥网络公司）］开始挑战思科公司的霸主地位。

随着计算机网络越来越复杂，客户与价值开始向技术解决方案提供者的方向移动。所谓技术解决方案提供者是指那些能够把这些技术融入无缝隙网络的公司，或者能够提供一系列产品以满足客户网络化需要的公司。在这种复杂的环境中，客户对实用性的需要已经超越了思科一家

公司的能力所及。他们需要更多的网络化解决方法，而且这些方法必须能够把众多的技术和设计融入其中。客户需求的这一变化引发了计算机网络产业从产品到解决方案模式。

思科公司的管理层预见到了这一模式，意识到了客户需求的变化，并迅速采取措施保持它在网络产业的领导者地位。为了满足客户网络化的需要，思科公司意识到它不能只提供路由器，而应该提供更加广泛的经过筛选的产品和技术。

为了充分利用从产品到解决方案模式，思科公司面临两个选择：（1）依靠自己的力量发展需要的技术；（2）通过收购得到新的产品与技术。思科公司意识到单纯依靠自己的力量需要大量的时间与投资，所以它决定采用积极的收购战略。

之后，思科公司启动了一个5年收购计划，以建立它在产品线和网络解决方案方面的能力。在此期间，它兼并了一些技术发展潜力很大的公司，以及拥有自己所缺乏的核心技术的公司。自从1993年之后，思科公司以70亿美元的总价收购了18家公司。这一过程始于收购集线器（连接个人电脑和局域网的设备）制造商Crescendo Communications。除此之外，它还收购了几家较小的公司以获得在远程登录、ATM和交换机等方面的技术。1996年4月，它又以46亿美元买了最大的广域网设备交换机和帧中继制造商StrataCom。之后，思科公司又收购了在交换、xDSL（各类数字用户线路的总称）、网络管理和互联网/防火墙软件方面具有专长的公司。

这些收购使得思科公司具备了完整的产品线，并能够向客户提供这个产业所必需的网络化方案。现在，思科公司将近一半的收入来源于收购而得到的技术和产品。更重要的是，它收购来的新技术，特别是日益重要的局域网和广域网交换技术取代了路由器，从而保护了它的利润流。

由于意识到了客户需要的解决方案的广泛性，思科公司将其业务在网络化产业链上进行扩展。它花费 70 亿美元巨资用于收购，但其收益更为可观，在 1993—1998 年的 5 年中，思科公司为股东创造出了 900 亿美元的价值。

随着收购活动的展开，思科公司将这一活动进一步系统化。为在硅谷寻找那些拥有发展前景的技术和员工，思科公司组建了一个专门从事收购与一体化业务的机构。思科公司把收购的新兴公司限制在硅谷，这样做是为了避免两个问题:（1）打乱员工的生活，造成员工家庭两地分居;（2）破坏新兴公司的思维（实际上，尽管思科公司现在是一个很大的公司，但是它的产品部门保持了小公司敏锐的触觉。所以，当你发现思科公司的高级工程师曾为新兴公司服务，你就不会为思科公司对市场的敏锐触觉感到吃惊）。而且，思科公司都是在这些公司生产产品和创立品牌之前对它们进行收购的，其目的是将成本降到最低。思科公司可以做到 3 周之内收购一个新公司，并能在市场上很快推出新公司的产品。

通过充分利用从产品到解决方案这一模式，思科公司已经成为最大的、最便捷的数据网络化设备供应商。由于思科公司能够向客户提供多种硬件解决方案，它已经成为一家“一站式商店”。这样客户就避免了要从多个商家购买设备而带来的巨大的系统连接成本，因为他们可以从思科公司购买兼容性强的集线器、路由器、交换机、帧中继和远程登录设备。

思科公司“一站式商店”的做法有多种好处。极大地降低系统成本、更快捷的维修和客户服务，同时增加了客户满意度。

思科公司的成功收购战略使它在网络设备的每个领域都占据了统治或领导地位。该公司在路由器市场上拥有近 80% 的市场份额，33 亿美元的收入。思科公司尽管在 3Com（美国设备提供商）和其他竞争者之后才进入局域网和广域网市场，但已经占据这一市场 30%~40% 的市场份额。

行业标准

思科公司的市场份额和它对从产品到解决方案模式的利用，使它能够利用另一种模式：行业标准。思科公司在网络设备方面的市场份额已经达到了微软在个人电脑操作系统市场以及英特尔在微处理器市场上的水平。事实上，一些专家已经用“Wintelco”（微软、英特尔、思科）来说明思科已经变微软和英特尔两巨头为微软、英特尔和思科三巨头。像Windows和奔腾处理器一样，思科公司生产的路由器已经家喻户晓。那些想以低成本拥有高质量产品的客户很自然地转向了思科。

信息产业的经理们常说：“没有人因为选择IBM而被解雇。”今天，IT界的业内人士也以同样的态度选择思科公司的产品，而不是其竞争对手的产品。在很多情况下，思科公司已不再是多种产品中的最优选择，而是唯一选择。思科公司日益增长的市场份额正在创立现在的行业标准。

除了开发设备标准之外，思科正在发展它的软件业务，以使其设备作为行业标准。正如微软占据了85%的操作系统市场份额，并以此领导了办公软件市场和网络浏览器市场的标准一样，思科公司正在建立网络化软件的标准。它将那些控制着交换机、思科网络配置系统和网络操作系统的软件标识为“思科制造”，它还将其思科网络配置系统预设在其所有产品中，并授予其他硬件竞争者特许经营权，如3Com、北方通信、惠普和爱立信。

思科公司的最终目标是享有像微软和英特尔那样的声誉。这一目标在其最近的营销活动中体现得十分明显，这次营销活动被称为“思科驱动互联网”。这使它能够成为数据网络运营商，从而提高自己在市场上的声誉。美国联邦电信委员会、美瑞泰克科技公司、英国电信集团和德国电信集团都参加了这项活动。正如英特尔创造了“内置英特尔”一样，思科公司也想使它的品牌成为可靠的数据网络技术的代名词。

作为网络设备标准的制定者，思科公司已经成为各种类型的技术公司的可靠合作者。它已经开始与惠普合作，双方利用对方产品联合开发以网络为基础的公司计算机系统。思科、微软、英特尔已经联合建立了“网络多媒体实验室”，这一实验室设在思科公司总部，其目的在于开发通过网络传输声音、图像和数据的技术，而且所传输的声音和图像的质量将达到传统声音、图像的传输标准。思科公司也已经与通用电话与电子公司合作，向企业提供数据传输服务。这些联盟和合作强化了思科公司在这一领域的领导地位。

思科公司预见和利用企业模式的能力使它建立起了自己的竞争优势。在最大的 6 家网络公司中，思科公司占有其中 36% 的销售收入，远远超过其他 5 家公司［3Com 占其中的 32%；Cabletron（美国高端网络产品公司）占其中的 11%］，规模优势使它拥有了成本优势。而且，在现金流方面，思科公司是 3Com 的 4 倍，同时，思科的股市表现十分优秀，这使得思科公司能够继续开展它的收购战略。思科公司所具备的规模优势使它能够更多地投资于研发新产品。1997 年，思科公司在研发方面投资了 7 亿美元，比紧随其后的竞争者多了近 50%。

从传统到数字化企业设计

为了保持其地位，思科公司充分利用互联网技术。思科公司致力于在运营的各个阶段实施网络化运作，它的做法使我们看到了将来的一个重要模式：从传统到数字化企业设计。

思科公司在数字化企业设计模式方面的努力可以从新员工录用方面看出来。思科公司的目标是硅谷顶尖的工程和管理人员，因此，思科公司不得不通过各种方法从其他公司吸引优秀的员工。首先，思科公司在其官网上设置了招聘模块。这使公司能够以低成本发布上百个职位信息。为了吸引人们浏览其网站，思科公司在热门网站和报纸上做广告。现在它开发了一个名为“Profiler”的招聘工具。这一工具可以使游览者将个人信息进行在线传输，思科公司的招聘人员就可以根据这些个人信息寻找对应的职位。通过这个办法，思科公司从硅谷招揽了许多顶尖的工程师和管理人员。

在其他方面，思科公司也从传统方法过渡到数字化方法上来。为了提高员工的工作效率，并将兼并企业的员工整合起来，思科公司积极鼓励员工通过电子手段进行联络。思科公司中近 20% 的员工在家中设置综合业务数字网。而且，思科公司内部网络的容量也十分惊人，其网页多达 4 万多页，内容涉及产品介绍、公司信息和公司新闻。

思科公司的数字化企业设计使它能够成功地将 80% 的制造业务外包。通过与合同商联网，思科公司已经实现了对项目进度、工程检验和生产的控制。更重要的是，思科公司已经实现了网上销售。1996 年，思科公司通过网络销售的产品的收入达到 10 亿美元；1997 年，这一收入达到 32 亿美元，占其收入的近 50%。思科公司估计，通过转向数字化企业设计，它可以节约 55 亿美元的开支。

通过创造性地运用技术，思科公司提高了运营能力，并抢先一步适应了数字化时代。

思科公司从斯坦福起家，现在已经发展成为大型跨国公司之一。思科公司已经拥有 1 250 亿美元的市值，是全球 15 家最大的公司之一。思科公司的产品和技术使得众多公司、学校和政府部门建立起了大型的计算机网络，实现了信息共享和即时交流。现在，思科公司每年销售近百万个路由器，它的软、硬件产品驱动着 75% 的网络。思科公司的技术构成了今天各公司数据网络和网络扩张的基础。

思科公司在数据网络方面已经取得了无可争议的领导地位，现在，思科公司开始考虑为电信服务供应商提供网络设施产品，与朗讯、北方通信和爱立信一决高低。思科公司成功地利用了上面提到的各种模式。现在，思科公司正准备在声讯技术融合方面有所作为。

尽管思科公司已经在数据网络方面取得了成功，但将来的价值增长仍然不确定。其实，在技术融合上，思科公司不再是巨人，尽管其市值远胜于 3Com、海湾网络公司及其他数据网络竞争者。在市场融资能力和资金来源上，思科公司现在面临的竞争者（无论是朗讯、北方通信还是爱立信）均与思科公司旗鼓相当，甚至略胜一筹。

与此同时，不像竞争者，思科公司缺乏为电信服务提供商设计超可靠网络的专业知识。正如思科公司最重要的新竞争者，其首席执行官比尔·谢伊所说的，“真正的威胁是设计一个像语音网络一样可靠的、强大的、可扩展的网络，而这件事思科从未做过”。

所以，尽管在数据网络方面思科公司可能会很快超过朗讯和北方通信，但思科公司还需要尽早地发现和利用新的模式来维持公司价值增长，并在语音数据融合方面实现战略控制。

霍尼韦尔公司

价值链分拆，从产品到解决方案，行业标准

20 世纪 90 年代初，航空航天行业经受着巨大的经济压力。价值链分拆使得航空工业无利可图，主要航空公司尽管努力奋斗，但是只能获得1%~2%的销售回报率。订单的下降使制造商面临巨大的价格压力。由于购买飞机或维持飞机运营的成本越来越高，航空公司对更灵活的金融条款颇为青睐，这就进一步吞噬了制造商的利润。在欧洲国家政府的支持下，空中客车公司发起了更猛烈的研发攻势，以与商业飞机制造业的领导者波音公司竞争。

市场条件的变化改变了航空工业的战略蓝图，而这个战略蓝图长期统治着航空工业。长期以来，波音公司、麦道公司由一系列纵向一体化的公司组成。一方面它们将设计、工程和制造独揽于一身；另一方面，众多的零部件制造商（如霍尼韦尔）在高度分工的基础上向它们提供零部件。波音公司或者其他竞争者在短期价格的基础上选择零部件制造商，之后负责将这些零部件整合为一个完整的系统。

价值链分拆

1996 年，纵向一体化的企业模式再也不能为波音公司赢得利润。不断下降的销售收入以及不断上涨的成本挤压着波音公司的利润空间。1992—1996 年波音公司每架飞机的销售收入下降了 50%，其净收入平均每年下降 11%。这一状况由于研发投入的上涨更加恶化，波音公司的研发投入在 1991—1994 年翻了一番。

面对需求的下降以及研发投入的激增，波音公司只有两个选择：（1）降低成本并寄希望于跳出需求低迷的状态；（2）适应不断变化的市场状况，重构利润增长空间。

降低成本本来是一个明显的措施，但波音公司发现了不断变化的市场的本质，它意识到一种新的模式将会改变航空工业：价值链分拆。由于成本上涨，公司要保持盈利，就必须专注于价值链的某些环节。波音公司意识到它已经不能负担所有制造环节的成本了。所以，为了使生产飞机仍然有利可图，波音公司外包了飞机设计、制造等重要环节。

波音公司意识到价值链分拆模式的机会之后，生产了 10 年中的第一台新型飞机——波音 777。与以前的方式相反，波音公司决定不再做设计、主要系统装配等方面工作，它将设计、测试和装配等飞机制造的主要子系统外包给精心挑选的同一层次的合同商，并将这种方式称为“协同工作”。

波音公司不再与以短期价格为基础的合同供应商进行合作，而是使同一层面的供应商成为长期的战略伙伴，由它们从事设计、测试和装配。它们与波音公司的关系不是以价格为基础的关系，它们也要分担开发飞机的风险。这样，波音公司既保持了对飞机设计与装配的控制，又将开发和制造成本分摊给它的合作者和供应商。

价值链分拆模式改变了波音公司与零部件供应商的关系。过去，波音公司视它们为纯粹的零部件供应商，为其飞机提供独立的系统。在价值链分拆模式出现后，这些公司必须重视自己的技术能力、零部件成本和质量。它们以最具竞争力的价格向波音公司提供最优质量的产品和服务。

从产品到解决方案

波音公司将系统进行外包的做法改变了航空工业中供应商的模式：从产品到解决方案。面临急剧上升的制造成本，波音公司更重视降低整个制造过程的成本，而不是只降低某部分的成本。通过提供一个能够将不同部件发展为一个更先进的、高效的组合方案，零部件供应商可以提高自己对波音公司的战略重要性。

霍尼韦尔预见到了波音公司的这种变化，并开始着手改变它的企业设计以利用这种正在出现的模式。为了挖掘其在整体解决方案方面的潜力，霍尼韦尔从提高系统经济性方面着眼，着手开发它所具有的广泛的应用知识和系统整合知识。霍尼韦尔被正式确定为波音 777 飞行系统最核心部分的供应商，这一核心系统是飞机信息管理系统（AIMS）。

尽管霍尼韦尔的AIMS比以前的飞行管理系统更贵，但它从整体上降低了波音公司的成本。由于具有更高的自动化程度，AIMS能够极大地降低维修成本，提高燃油效率。同时，AIMS也降低了波音公司的最终装配成本，因为霍尼韦尔设计了一个平台，这个平台可以在安装时检验其他与之相连的系统，这就大大降低了安装整合时的成本。

随着霍尼韦尔对客户系统经济性理解的加深，它进一步优化了解决方案。霍尼韦尔正逐步将更多的功能整合在飞行系统中。波音公司以前的飞机使用多种零部件，包括空气数据计算机、收音机、导航系统和天气控制系统，这些零部件被组装在一起或组装到飞机上，共同控制着飞机。与此不同，AIMS由一条专用数字总线、共用的中央处理器以及安装在大量容错计算机上的70万种智能软件组成。

这一数字化方法大大降低了飞机的重量和系统复杂程度，提升了整合功能。例如，导航系统可以根据飞机的位置自动选择正确的连接装置。通过提高系统的整体性能，霍尼韦尔为波音公司提供了更高的价值，降低了波音公司的总成本。

在开发了AIMS之后，霍尼韦尔继续开发更加先进的导航系统。这一改进系统功能的方法有三项重要的作用：它提高了霍尼韦尔在飞机增值内容方面的市场份额，以及提高了霍尼韦尔整个最终客户系统的价值；它保证了霍尼韦尔能够走在竞争对手之前，因为霍尼韦尔提高了与AIMS配套所需的投资门槛和复杂程度；它使霍尼韦尔能够实行更高程度的产品细分，而其竞争对手主要关注零散的部件和功能。

行业标准

霍尼韦尔及时识别出波音公司正在变化的模式，并相应地做出了反应。这使霍尼韦尔能够利用从产品到解决方案的模式。由于能够不断地提高其系统性能，并不断地扩大其在飞机价值中的份额，霍尼韦尔已经能够利用第二种模式：行业标准。

由于霍尼韦尔拥有独特的数字方法和整体性的飞行系统解决方案，它已经具备了利用波音777和未来的新机型赢利的独特能力。正如波音发现了AIMS的价值一样，其他航空公司也开始采用霍尼韦尔的解决方案，例如麦道公司（现在已被波音公司收购）和美国政府（用于军用飞机）。霍尼韦尔所拥有的这种行业标准的地位已经成为其强大竞争力的来源之一。霍尼韦尔的这一能力为它在行业内的地位奠定了稳固的基础，使它拥有最大的客户群。

由于具备了利用从产品到解决方案和行业标准两种模式的能力，霍尼韦尔创造出了其他抓住利润的机会。霍尼韦尔对AIMS定价的办法并不是基于成本加合理的附加值，而是基于AIMS所取代的多个子系统的价值。由于霍尼韦尔具有能够提供构成AIMS的关键部件的优势（例如，空气数据参数系统、避免碰撞系统及周期性系统升级），它获得了额外的价值。最后，霍尼韦尔可以为其他机型，如737–600、波音717和军用运输机复制通用的AIMS系统，由此获得丰厚利润。

霍尼韦尔成功的核心是它与波音公司建立的紧密合作关系。这种在解决方案上的合作能够将客户的要求转化为飞机的不同功能和更好的性能，并为两个公司同时创造了价值。

对航空工业正在演变的模式做出的及时反应促成了霍尼韦尔和波音公司的成功。对于波音公司而言，将主要零部件外包给外部供应商为自己带来了极大的好处——缩短了研发时间和降低了研发成本（从每年50亿美元降低到40亿美元），缩减了20%的生产周期，最重要的是它带来了更大的客户热情和更多订单。

霍尼韦尔利用从产品到解决方案和行业标准这两种模式获益匪浅。自从开发AIMS之后，霍尼韦尔在航天、航空业务领域的业务空间增长了1倍多，总体营业利润增长了32倍。在波音777推出之后，霍尼韦尔的股东价值从1994年45亿美元增长到了1997年的95亿美元。更重要的是，霍尼韦尔创造利润的思维发生了根本性的变化：在这一领域，其股东价值与销售收入比由0.3增长到了1.1。

霍尼韦尔现在面临着新的挑战：为客户开发出新的系统和解决方案。通过参与到这一模式所带来的机会中，霍尼韦尔能够创造出更大的利润，并与客户建立特殊的关系。但是，目前的解决方案早晚也会变为普通的商品。霍尼韦尔面临的挑战是：如何发现新模式？作为一个航空工业供应商，如何预见新的价值增长点？

第一资本金融公司

从产品到客户知识，细分客户，基石建设

1987 年，美世管理咨询公司的两位副总裁理查德·费尔班克和奈杰尔·莫里斯提出信息基础战略（IBS），以促进银行和客户之间的关系。信息基础战略是一种用以区分高价值信用卡用户，并用相应服务吸引他们的方法。当时，这种方法与传统信用卡营销有很大的区别。通常，信用卡公司还没有应用成熟的知识基础技术去定位、获得和管理它们的客户关系。它们通过邮寄大量的信件来吸引客户，希望获得哪怕是 1% 的回应。信用卡几乎没有从任何适应用户资金状况和生活方式的角度做到客户导向，相反，统一模式的信用卡申请表被大量地邮寄给数量庞大的客户群（如大学生），尽管实际上他们又可以被分为成百上千的子客户群。这种做法的结果是使产品供应普遍脱离客户的爱好。

随着信用卡的普及，这种缺乏客户导向的状况从以下四个方面影响了信用卡的有效使用：

1. 极大地降低了用户的接受度。因为它缺乏刺激用户从众多的卡中选择一种具有特殊功能的卡。

2. “一卡通”的方式不能保证信用卡的忠诚度。用户通常会为较低的利率或较高的信用限额或二者兼有所吸引，转而使用其他卡片。

3. 大量邮寄的方式很少给信用卡的发行者带来低于行业平均水平的违约率。通常，不加区分的邮寄常常导致违约率增加，因为受信用约束的客户会登记 4 种、5 种或 6 种信用卡。实际上，随意的邮寄常常带来“逆向选择”，因为越是不受欢迎的对象越高兴获得额外的信用卡。

4. 由于无法定位最佳的盈利客户群，银行只好强调收入增长，而不是盈利和价值增长。

同时，大量的营销使信用卡盈利增长更加无效。像维萨和万事达卡这样的清算所，实际上对所有参与信用卡业务的银行都行使清算职能，这种局面使情况更加恶化。

信用卡经济的功能性紊乱引发了两种相关模式：（1）客户知识产品；（2）细分市场。当大多数公司没有意识到信用卡行业真正的盈利动力而各行其是时，费尔班克和莫里斯的客户Signet银行却发现了“真谛”。通过预见性地应用这些逐渐成形的模式，Signet银行在短时间内获得了巨大的收益。1988 年，Signet银行做出支持信用卡经营的决策，并雇用费尔班克和莫里斯来实施信息基础战略，其结果是带来了信用卡经济的全新途径和巨大的价值增长。从 1992 年中期至 1995 年，公司的信用卡年支出余额从 17 亿美元增长到 75 亿美元，这意味着在一个平均增长率为 15% 的行业里创造了年增长 60% 的奇迹。

这一快速增长对Signet银行产生了非常积极的影响。但是，信用卡业务如此显著的增长开始大量占用银行的资产、人力和设备，银行的其他业务因而难以获得足够的资源支持。1993 年，Signet银行的经理们决定将其信用卡业务独立成控股子公司，这就是第一资本金融公司的诞生。经过 1994 年一年的筹备，子公司于 1995 年正式成立。

从产品到客户知识

传统信用卡的无效营销引发了该行业一种新的模式：从产品到客户知识。过去，成功的信用卡经济的关键是拥有竞争性利率和信用额度的合法申请表本身。因此，盈利便与产品申请表本身密切相连。然而，随着行业的发展，盈利逐步向产品的质量和用户知识的应用方面转移。

应用信息基础战略作为基础工具，第一资本金融公司通过建立该行业最强大的用户数据库而开拓了这一模式。随着时间的推移，该公司提升了它们的数据库并储存了 10 年的用户及预期数据——这也是甲骨文公司数据库在全球最大的应用。它客观地占有和管理用户信息，这使得第一资本金融公司成功地定位于高价值用户，并剔除无价值和低增长的用户。

第一资本金融公司开发了自己的精确模型，通过确定和管理用户的关键指标，如保持力、积极性、服务需求、账面资金循环、价格，以预测用户的需求、偏好和营利性。此模型包括的测试因素含有多种综合的用户群落特征（如信用风险和收入）、产品特征（如价格）和营销渠道。

基于这些用户化的模型，第一资本金融公司得以预测未来的用户盈利并获得主动权，而且能够为个别的用户群设计特定的用户卡。除此之外，它还能够确定增长最快的用户群落，并为他们提供定制的申请表。一旦第一资本金融公司获得了一位用户，它就不断通过信用卡账目、常旅客号、"忠诚"卡、电话、担保等补充它的数据库。有关数据被用于预测用户使用和支付行为的精确模型的输入项目。

第一资本金融公司同时进行单独持卡人的收益管理，它可以有目的地通过重新定价的方式削减无盈利能力的用户。相反，第一资本金融公司可以提供更多有吸引力的条件，如更低的利率，以"奖励"那些有良好记录的用户。

通过开发从产品到客户知识模式，第一资本金融公司创造了市场上客户导向的信用卡申请表。与传统方式不同，第一资本金融公司运用人口统计、购买行为和用户偏好为依据来定制它的申请表，而不是邮寄统一模式的申请表给数以百万计的消费者。

微型分割

除客户知识之外，第一资本金融公司投资于另外一种改变信用卡行业的模式。由于用户越来越善于使用信用卡的有关福利项目（如常旅客飞行里程记录、购物折扣）和形象标志（如金卡、校友卡、体育组织卡），他们可以被划分为很多细分客户群，这些细分客户群在偏好、价格敏感度和使用习惯上都有很大差别。以往对消费者的划分是以泛泛的人口统计和行为差异为基础的，而应用细分客户群模式则将依据非常详细的特征将消费者划分成数量庞大且独特的微观群体。

第一资本金融公司应用其雄厚的用户资源开发出微型分割模式，使它能够针对最有价值的用户群体不断提供符合其要求的信用卡服务。微型分割使第一资本金融公司比大多数其他信用卡发行者更有机会向最有价值的用户提供恰当的价格、条件和服务项目。第一资本金融公司能够通过几个按键轻松调整信用卡条款和条件，这使它在满足哪怕很小或很特殊的用户群体时，都具有极大的灵活性。

最初，第一资本金融公司将其重点定位在“低风险人群”，也就是那些及时补偿所需金额，但并不付清每个月账单的用户。这些用户是高价值用户群体，因为他们长时间保持负债运作，一直要支付利息，而且拖欠率较低。

第一资本金融公司不但明确地定位于低风险人群，而且在 1991 年，它通过直接邮寄的方式，以低申请费和免交年费为条件，吸引低风险用户将他们的资金转移到第一资本金融公司，这些做法在当时都是具有开创性的。事实上，现在美国住户所熟知的那句“您已经被预先获准……”，就是由第一资本金融公司最早使用的。

当第一资本金融公司在低风险用户市场站稳脚跟之后，它又应用其庞大的数据库在被其他信用卡发行者所忽视的用户群中寻找机会。这些用户一般居住在乡村或收入较低。

这种做法使第一资本金融公司建立起富有吸引力和营利性的用户基础。公司的每个信用卡账户的平均余额是 1 263 美元，比行业的平均值高 5%。同时，第一资本金融公司的未履行信用风险要低于大多数信用卡发行者。它的平均账户信用额度为 3 290 美元，比行业平均值低近 3 000 美元。

第一资本金融公司目前提供 4 000 种以上不同的卡，面向不同的细分市场用户，如奔驰车主、动物爱好者、学生。正如奈杰尔 · 莫里斯所言，“我们没有发现这一概念的限制。细致划分客户群直到‘1’，也许这是最正确的方向。我们用像外科手术一样的精确技术去细分市场，直到继续下去不再有意义为止。”

基石建设

技术的改变使数据分析工具和数据库本身都变得更强大，拥有相应能力和技术的公司由此能够在多种商业领域更广泛地应用它们的信息。在网络方面，亚马逊公司正应用它的注册用户数据库推销音乐和其他产品。戴尔计算机公司由销售给消费者个人和公司基础的个人电脑系统，转而提供更先进的企业服务器。

与此类似，第一资本金融公司转而开发了基石建设模式。应用其卓越的用户知识和数据库功能，该公司向其传统的金融服务领域以外拓展业务。总裁理查德·费尔班克这样说：“第一资本金融公司是信息时代应用技术和知识资本加快开发市场机会的公司。因为我们的战略是信息基础，不是产品基础，所以我们在驾驭信息革命的大趋势方面处于十分有利的地位。在为信息革命所改变的其他行业领域，我们的战略也同样适用。”

1995 年，第一资本金融公司开始涉足移动通信业务，成立美国第一通信公司。通过美国第一通信公司，第一资本金融公司从制造商，如摩托罗拉手中购买手机，并向地区经营者，如贝尔大西洋公司和Nextel通信公司购买大量时段，然后它再将这些产品和服务销售给用户。与信用卡市场类似，手机业务被描述为一个用户营利性差异大、适用性功能易于调控的行业，大量的用户信息被用于输入预测模型。

和信用卡业务一样，第一资本金融公司应用其所拥有的数据库，针对单个用户的差异性来提升它的服务和激励条件。这一战略使美国第一通信公司能以用户导向、个别适用性定价和时段计划来直接进行手机电话营销，这种营销更胜于大范围营销。虽然美国第一通信公司没有期望在 2001 年以前赢利，但它目前已经拥有 60 万用户，并向至少 37 个州提供服务。

第一资本金融公司对大银行市场份额的影响十分显著。它进入该行业仅几年的时间就进入信用卡发行排名的前 10 名，之后，主要的银行（如花旗银行、大通银行、美国银行、威尔斯法戈银行）目睹了它们总信用额的市场份额从 1991 年的 44% 滑落至 1995 年的 29%。该战略的影响也可以从第一资本金融公司自身的价值增长中体现出来，自 1994 年上市以来，它的股票获得了每年 50% 的回报率。

然而，其他行业的公司也开始应用客户知识、微型分割和基石建设战略，以创造和获取更大的客户价值。对第一资本金融公司的威胁或者说潜在的机会，是这些新公司能够像第一资本金融公司从信用卡行业转入远程通信行业一样自如地进入市场。事实上，超越集中模式的运作很可能是第一资本金融公司未来战略前景中的一个重要因素。许多行业中（零售、远程通信、金融服务等），具备客户数据管理的公司能提高其资产运作效率，在谋求进入新的商业领域时，它们很可能成为彼此的竞争对手。

同时，第一资本金融公司也许有机会借助其庞大的用户数据库，运用从知识到产品模式进入新的知识密集型市场。随着互联网的普及，一对一人性化服务成为直接营销所偏爱的方式，第一资本金融公司有必要战略性地建立进入这种类型市场的核心能力。无论关注哪种机会，它只有能够预见和开发适应新的变化的有效模式，才能继续保持它的价值持续增长。

SAP 公司

从知识到产品，外包，价值链重新整合

20 世纪 70 年代，生产性公司开始意识到将自动化和计算机应用于操作，可以提高生产过程的速度和效率，同时提高管理的灵活性和时效性。随着计算机的进入，企业开发了诸如材料需求计划、管理生产程序等软件程序，用于帮助管理者顺利应付复杂采购和存货管理。这些企业管理程序从简化程序、记录存货周转、管理生产能力的角度促进了生产。

尽管企业成功地运用了这些工具，生产企业的自动化管理仍旧只是企业海洋中的一方小岛。企业继续把其他职能（财务、人力资源）视为游离于生产运作的独立过程。在计算机技术刚刚起步时，只有少数企业认识到企业生产和管理中有效的信息共享拥有盈利的潜力。

然而，计算机和网络技术的快速发展提升了企业制定正确技术决策的战略地位。随着越来越多的企业实现网络化，它们开始将计算机技术、电子数据库和局域网作为显著促进经营效率的战略工具。不仅如此，20世纪90年代初，商业世界流行流程再造，企业开始加强关注流水线式的运作和组织内的信息共享，以最大限度地提高效率。作为这种变化的结果，企业需要一种可以统一协调企业内所有信息基础的软件——从供应商到企业内部，以及从管理职能到客户。

SAP是一家德国公司，由原IBM德国分公司的程序员于20世纪70年代建立，它深知由卓越的计算机系统向网络化运作转变的重要性。SAP预见到应用计算机和网络技术联系、调控和改进整个企业运作和职能所存在的商机。

由于意识到将软件程序和系统综合知识转化为实际产品的潜力，SAP公司开发了一系列新的软件。这些被称为ERP（企业资源规划）的软件产品在整个企业内部起到了联系和自动化控制的职能。当网络技术开始为企业所普遍应用时，SAP公司已经准备好将它的产品推向市场了。

从知识到产品

SAP公司始于1972年，当时它为帝国化学工业有限公司（ICI）开发一种用户导向的生产计划系统。帝国化学工业有限公司最初请IBM公司提供解决方案，但是IBM没有接受这个项目。IBM的两位程序员，德特玛·霍普和哈索·普拉特纳决定单独承包帝国化学工业有限公司的项目。他们看到为帝国化学工业有限公司设计开发程序和技术将在这个项目以外拥有更广泛的应用潜力。

霍普和普拉特纳认识到企业中的很多操作和职能可以通过计算机编程实现，所需的投资也十分合理。他们预见到企业将在生产自动化之外要求提高所有商业程序的效率，因此，他们率先在传统的信息技术咨询公司开发这种工具。

霍普和普拉特纳利用他们在系统整合和编程技术方面的才能，以及他们在帝国化学工业有限公司项目中的经验，开发出一种平台的辅助软件产品。这种产品能提高解决大量同类问题的效率，从而使企业系统更有效率地运作。他们运用他们的技术和经验开发出这种具有通用性的产品，它可以根据市场需要进行多企业和用户调整。

SAP公司的第一个产品是SAP金融会计系统，它运用自动化程序理顺生产者内部会计操作。这一产品的成功又带来了另一种产品，即材料管理系统，分为采购、存货管理和发货确认等不同的模块。SAP公司的创始人提供的整合软件解决方案把企业内部系统连接起来，从而使数据在系统之间的传输变得十分顺畅。

通过整合连贯的系统同时管理多种商业职能，ERP大大推进了决策速度和管理功能，从提高生产领域的效率扩展到金融、管理和销售等领域。

纵观SAP公司25年的历史，它始终在不断发展从知识到产品模式。它的产品是SAP公司自身能力与其客户能力的综合产物：一方面是SAP公司天才的编程与整合的专门技术；另一方面是客户企业内部执行层操作者所具有的实际经验，包括人力资源、金融、生产和后勤等。这些技术和实际经验不断地形成新软件产品的框架。

SAP公司从它在帝国化学工业有限公司和其他上百家客户中的经验

中，总结出能够应用于多种工业背景的多功能应用软件，这使它不必为每一个单独的客户重新设计产品。它应用模板并根据客户的需求改进应用软件。通过专门技术的产品化，SAP公司建立起一系列基础产品，这不但可以使SAP公司以最少的改动来适应客户的基本职能需求，而且可以针对独立用户做到客户需求改进。

外包

到20世纪90年代初，由于成功地预见到客户对ERP软件功能的需求，SAP公司已经获得了大量盈利。该公司的旗舰产品R/3（一个完整的企业计划软件包，可以整合企业内部所有的商业运作）是市场上的龙头产品。随着市场上的其他企业愈加关注流程再造，越来越多的企业寻求SAP公司的帮助以理顺和促进其商业运作。

然而，SAP公司的软件和系统整合知识很难应付所有的购买要求。为了尽可能地满足这些要求，公司有两种选择：（1）亲自提供咨询服务；（2）与外部信息技术咨询公司建立联盟，从而利用外部资源。认识到可以获得强大的联盟和规模优势，SAP公司与安达信咨询公司、美国电子数据系统公司和其他一些知名的IT咨询公司建立了稳固的联盟，并在市场上迅速推广R/3产品。SAP公司的外部资源决策使它能够通过建立一支广大的销售和系统整合专家队伍来推广R/3。在世界范围内，有大约4万名咨询员在接受SAP的培训（相比之下，Baan咨询公司只有1.1万人，PeopleSoft公司有1万人）。

想象你是一个企业管理者，正准备做一项有关信息技术基础建设的重要决策，以支撑战略性创新。拥有一支对你准备投资的平台训练有素的咨询专家队伍，就为投资提供了可靠的保障。因为认识到这一点，SAP公司运用外部资源模式努力将R/3建设成为在用户和系统整合中都具有知名度的ERP软件包。

同一时期，SAP公司的竞争对手却被不同的问题所困扰。例如，一些竞争对手的客户构成和它们的服务系统不匹配。这对于它们的目标客户，那些目标在于理顺商业运作的公司来讲，无疑是很难接受的问题。其他一些公司在市场上落后是因为它们的操作落后，而更重要的原因是它们没有将自己的系统放在最吸引用户的开放平台上。

咨询领域的系统整合和竞争对手的落后操作都促进了SAP公司在ERP软件行业的领先地位。从SAP公司系统的安装规模可以看出它现在的地位。SAP公司目前拥有 1 万名用户，而PeopleSoft和Baan分别只有 2 500 名用户和 2 400 名用户。

应用从知识到产品和外包模式，SAP公司创造了巨大的股东价值。在推广R/3 系统之前，SAP的市场价值处于年增长 13%的水平。在推广R/3 系统之后，SAP的市场价值骤升到 90%的年增长率。在 1997 年这一财年，SAP公司实现了 35 亿美元的销售额，市值与销售额比值为 9.4。

价值链重新整合

至此，SAP公司的收入主要来自产品销售。咨询和系统整合的收益被更大的咨询公司所占有，它们通过使用SAP的软件获得了巨大的收益，并因此获得了市场上的领先地位。SAP公司的这些外部联盟不但不能再为SAP公司带来收益，相反，它们作为SAP公司产品的系统整合者限制了SAP公司自身在这方面的盈利。事实上，大部分SAP公司的用户与安达信或美国电子数据系统公司的关系甚至比与SAP公司的关系还密切。

然而，随着SAP公司安装基础的发展，该公司更加强调它的培训和咨询业务。由于公司从安装基础上获得的收益比例不断提高（1998 年为 50%），公司开始更加关注客户关系的管理和从老客户身上获得新的商业机会。因此，SAP公司开始运用重新整合模式以加强它对其产品咨询和安装的控制权。

尤其值得一提的是SAP公司开始组织SAP行动组，负责担任客户的训练或指导，以促进其产品的实施。SAP公司也开始派它自己的咨询员去监控系统的实施，而不再让第三方去单独拥有它的客户。SAP行动组帮助SAP公司促进了产品的实施，降低了成本，并加强了公司对咨询和系统合作伙伴的控制。SAP公司不但作为软件供应商，而且作为系统整合者，寻找机会拓展它对从知识到产品模式的成功运用，并在ERP领域占有更大份额。

作为ERP软件的最初提供者，SAP公司一直从广度和深度上拓展它的能力和经验。从它的最初产品SAP金融会计系统开始，SAP公司不断地在人力资源和后勤管理方面设计新系统，以作为附加产品。这种做法一方面拓宽了它的产品范围；另一方面遏制了它的竞争对手。这样做也是为了满足客户的要求，那些客户从这些系统整合中看到了显著的商业价值。此外，SAP公司横向拓宽了它的业务领域，包括汽车、化工、保健、零售、消费品、通信和高科技等多个行业。SAP公司同时从金融、后勤这些标准的商业职能向各个行业的核心运作层面深入，以更深地介入企业运作。

通过成功把握行业内市场变化的关键，SAP公司多次开发适用的模式，以占据优势竞争地位。但是，SAP公司也走到了重要的十字路口。那些通过“非绑定”ERP软件包（为人力资源管理之类的单独功能创造最佳模板），或定位于不同客户群（中小型企业）而进入ERP行业的竞争对手，有些已经成为行业的佼佼者。其中，PeopleSoft公司的市场份额一直在显著增长（1997—1998年销售量增长51%）。同时，J.D.爱德华公司在中型企业市场也占据了领先位置。

除了ERP行业其他的主要竞争对手，SAP公司还要面对更严峻的考验。它目前的产品是在流程再造时代的高峰期被开发出来的，因此，这些产品的设计主旨在于通过信息共享理顺企业内部运作。然而，随着企业转而关注新的增长机会，新的竞争者能够进行网上交易和营销，开发用户数据，同时管理与供应商和用户的关系。这些竞争对手（如Calico系统、Siebel系统、i2 技术、迈极信息）集中开发用于效益增长决策的软件，而不是仅停留在节约成本方面。

在日益激烈的竞争环境中，SAP公司必须继续发展它的业务设计以保持价值增长。为回应其新的竞争对手，SAP公司在R/3 新的V4.0 和V4.5 版开发出“前端办公室”产品，并嵌入供应链管理功能，这些功能能辅助销售和客户营销。但是i2 技术、迈极信息等已经在供应链管理系统中开发出了更好的产品。SAP公司虽然仍旧是ERP市场的巨头，但它也需要不断改进自己的产品，并继续探索转变战略方向的崭新模式。

史泰博公司

渠道集中与渠道多样化

20 世纪 80 年代，零售办公用品供应领域为成千上万的地方文具商店和小型的地方连锁店所分割。这些商店因为它们的规模和存货水平的局限，其发展空间受到限制。因为无法以批发价格购买大量的存货，它们承受着很高的运营成本。对于它们而言，可能的商业前景是：小额销售，高昂的成本和价格，以及有限的发展空间。

由于缺乏可以选择的零售渠道，消费者和小型零售商无法通过与文具商签订合同以达到更大的商业规模。除非他们通过昂贵的直邮渠道订货，否则，消费者和小型零售商只能局限于一个相对标准和有限的商品交易市场。

随着时间的推移，“客户至上”的发展使这些小型商家处于不利的地位。当客户的时间越发珍贵，他们寻求更加便捷、快速的购物方式，希望能在一个商店购买尽量多的商品。在一定的时间里，客户希望能一次性购买日常用品，并挑选小商品（ 譬如办公用品）。他们不愿意到不同的专卖店多次购买所需商品。客户的要求变得很明显：低价格、丰富的产品、便捷的场所。他们希望能将低价与快节奏结合起来。

然而，现有的零售商不能满足这些要求。客户的要求与现有的企业模式之间日益扩大的差距，促使零售领域内新模式的产生。

渠道集中

作为创新模式的一种，渠道集中模式一个接一个地横扫整个零售产业。在诸多行业中都有新参与者采用这种方式（办公用品领域的史泰博公司、图书领域的巴诺书店、家居建材领域的家得宝），并因此获得战略预期的企业价值增长利益。

家得宝是首批采用这种模式的公司之一。从1978年创立以来，家得宝成长为家居行业的老大。在此过程中，家得宝股票价值实现了显著的增长。从1982年以来，公司股价年均增长接近44%。它的创立者认识并了解到它的客户偏好已转向便利性和选择性，并据此创造出相应的企业模式。

与家得宝相似，史泰博公司充分考虑了客户低价、便利的要求。1986年，史泰博公司在马萨诸塞州的布莱顿建立了首家办公设备超市。12年后，当你经过每一个商业区时，你总会看到史泰博公司，或者它的超市竞争伙伴［欧迪办公和Office Max（美国办公用品零售商）］。

通过超市企业设计，史泰博公司已经改变了办公设备行业的高成本状况。随着上百个分店的建立（每家分店大约2万平方英尺①），史泰博公司的规模使它能够以折扣价格成批量地购买货物。这样的成本优势使它能够获得更高的边际收益，并削减竞争者的价格。伴随公司高效的存货周转率，这样的成本优势能比传统小规模运作方式获得更高的收益。

史泰博公司的规模和单个商店的面积，使它能够提供比它的小型竞

① 1平方英尺=0.092 903 04平方米。——编者注

争者更加多样化的商品。除传统的文件夹、钢笔、铅笔等文具外，它还提供了传统商店无法提供的产品。客户现在不仅能够在一家商店内购买到办公设备、商用机器、家具、电脑和电子产品，而且他们还能在这家商店里买到复印机、打印机和传真机。

今天，史泰博超市的商品从图钉到皮椅，大约有 7 300 种。通过拓展办公用品的范围，史泰博超市汇集了诸如便携式电话、对讲机、传真机、复印机和家具等高利润的商品，公司实现了比传统竞争者更高的增长率和利润，而且吸引了更多的消费群体。

区位战略也是史泰博公司与传统竞争者的一个区别所在。它在主要的城乡接合部、公路旁等主要商业集中区设立门店。将商店靠近大型超市、大药店和其他大型的“种类商店杀手”，比如电路城 ，Bed Bath & Beyond（美国家纺连锁商店），史泰博公司吸引了来自乡村地区的购物者，并尽量使他们少跑几家商店。

同时，史泰博公司的地区规模使它能以比竞争者更优惠的价格做更多的广告，从而进一步加强该公司在客户心目中办公设备首选供应商的形象。

史泰博公司还通过在城镇或城镇交界处的中心地带设立多家分店占领市场，以进一步加强它的区域战略。因为史泰博公司的商店规模与欧迪办公和Office Max相比较小，因此它更方便在领近区域设立多家门店。由此，该公司的地区市场不仅密度较大，而且它的位置使它成为客户购买办公用品的首选商店。

史泰博公司为小型、家庭式的办公室和家用型消费者，提供了传统商家所无法提供的三重便利：低价、更多的选择、便利的区位。到 1993 年，史泰博公司开办了 200 多家分店，并成为美国东北部地区领先的渠道商。随后，它开始拓展其在北美和欧洲的业务。1991 年，史泰博公司与Business Depot 达成合资协议进入加拿大。1994 年，史泰博公司与Business Depot正式合并，如今，它在加拿大拥有了 103 家分店。同时，它在英格兰有40家分店，在德国有17家分店。

从市场整体看，市值已从小型的企业设计转移到大型超市。这种渠道集中模式随时间的推移越发明显。按照它在东北部地区的发展模式，史泰博公司在国内外的市场中开设了将近600家分店。它的年均增长速度接近35%。在每轮扩张中，史泰博公司的企业设计都无一例外地获得加强。该公司随时调整它的规模，以提供最优的区位、最低的价格和最丰富的商品供客户选择。

渠道多样化

史泰博超市只是史泰博公司巨大成功的一部分。该公司对客户偏好变化的预测能力使它能拓展四个新的渠道以进一步销售它的产品，并吸引新的客户群体：（1）市区便利商店；（2）批发；（3）直邮；（4）互联网。

首先，史泰博公司争取市区的客户和在闹市区工作的郊区客户，他们没时间逛大型的、位置偏远的史泰博超市。它在波士顿、纽约、华盛顿特区开设了16家史泰博特快专店。这些"小"商店（平均面积9 000平方英尺，集中在5 300 SKU[①]），方便上述客户购买并提供价格低廉的商品。

1994年，通过获得几家合约文具商（D.A.马西萨克，费城文具店和光谱办公用品）的订单，史泰博公司进入商务文具批发市场，从而能够通过它的商业优势项目为中到大型的地区公司提供服务。而全国性的订单不仅使史泰博公司进一步扩大了规模，而且通过国际计划它实现为大型、跨地区企业提供服务。

通过调节自身规模大小，并合理安排相应功能，史泰博公司比那些不得不采取低价战略以吸引客户的传统文具商拥有更大的成本优势。现在，它已经成长为全美最大的6家文具商之一。

---

① SKU，英文全称为Stock Keeping Unit，意为最小存货单位。——编者注

史泰博公司还成功拓展了直邮和在线销售市场。它在 1998 年中期收购了奎尔公司（一家在直邮销售上领先的公司。）它还通过批发来源协议的谈判，使自己能够提供 20 000 种以上超过其超市库存的额外商品。史泰博公司的网上商店也在近期开通，作为对电子商务的发展和对其竞争对手的早期在线运作的回应。史泰博公司将进一步调节自身规模，以便为客户提供更低的价格、更多的选择。

史泰博公司在渠道集中和多样化模式中的成功经验，使它成为国内领先的多渠道的办公设备销售商。它成功的关键显而易见：了解模式的演变，并充分利用它。在同类公司中，史泰博公司最能预测客户偏好的变化，并改进自身以满足他们的需要。

通过预测该行业的趋势——客户对低价、多样选择和便利日益强烈的要求，史泰博公司实现了显著的价值增长。1996 年，它的市值是 26 亿美元，比欧迪办公（53 亿美元）市值的一半还少。如今，它的市值已达到 89 亿美元，大于欧迪办公（49 亿美元）和 OfficeMax（17 亿美元）的市值总和。

史泰博公司的例子说明，一个公司如何利用渠道集中和多样化这两种模式实现创新的企业设计，并在办公设备零售和批发领域成为价值增长的领头羊。该公司很早便发掘了这种模式，并随经济形势的变化给予不断调整。

不过，该公司目前也面临一些新的挑战。电子商务的扩张对传统的超市零售模式提出了严峻的挑战。如今，客户也能通过互联网以史泰博公司的价格买到电脑、软件和办公设备。该公司与它的竞争者相比，在适应新挑战方面有所落后，它目前只是在网上提供了商品目录。为保持利润增长，该公司必须研究新兴的数字化企业设计模式，以防旧渠道无法与新形势相衔接。为了保持增长趋势和市场领先地位，史泰博公司势必要对已经出现和即将出现的新型企业模式做出快速反应。

诺基亚

从产品到解决方案，从产品到品牌，技能转移

20世纪80年代末90年代初，无线通信产业由美国巨头摩托罗拉占据统治地位。摩托罗拉领导全球模拟蜂窝电话、设备的设计和制造。其技术全球领先，而且在网络运营商那里拥有品牌优势。摩托罗拉主要的竞争来自爱立信和其他一些大的电信设备制造商，但是在组件的研发和产品的设计方面仍居领先地位。而且，它吸引了全球的技术人才，使它能够研究和制造出时下最先进的产品。

1997年，当时芬兰的一家小公司——诺基亚，超过了摩托罗拉和爱立信，并成为企业创新的领导者。5年内，这个偏远的北欧小国的企业从一个行动迟缓的企业巨人（造纸、化学、能源、电子）转变成无线通信领域最具创新性和技术最先进的企业。

如此巨大的变化何以发生得这么快？诺基亚是如何从一个欧洲的三流公司转变成全球闻名的一流电信巨头呢？

答案是诺基亚及时“领悟”并积极行动。当许多业内人士尚未预料到转变所带来的战略转移时，诺基亚及时根据现实从市场领导者那里将客户、利润和战略控制权夺了过来。在这个过程中，诺基亚通过三种主要模式获得了无线通信业的利益：（1）从产品到解决方案；（2）从产品到品牌；（3）技能转移。

从产品到解决方案

在剥离非核心业务并集中于唯一的电信业务后，诺基亚成为欧洲蜂窝电话基础设备和手机的领先供应商。然而，同它的竞争者一样，诺基亚将其自身局限于基础部件制造和手机装配。它们对其终端和基础设备考虑的方式与它们的客户——网络运营商一样：作为独立的产品而不是

一体化体系。

然而，20 世纪 80 年代后期欧洲蜂窝电话标准——GSM（全球移动通信系统）的出现，激发了蜂窝电话用户的快速增长。由此造成蜂窝电话网络运营商的市场重点开始转变。运营商需要在一个高度规范化的市场上进行差别化服务，它们要为用户创造价值，并且分期偿还大量的早期融资。针对这种变化，诺基亚认识到它不仅应是传统的硬件供应商，而且预测到利润和价值正从产品转向解决方案。作为对这一模式的反应，诺基亚为其用户创造和传递具有吸引力的解决方案：

- 专注于高效率的网络项目管理。
- 快速部署其网络，并当网络建成后继续提供运营支持。
- 与其终端有效链接，以便为网络运营商提供端对端的增值服务。

通过提供一体化解决方案，诺基亚从用户那里赢得了长期的手机和基础设备升级合同，并使自己有别于竞争对手。基于客户需求，诺基亚还通过设计、开发可快速变更解决方案的一体化平台，开拓出了生产解决方案的利润区间。电信服务商很快称之为“全能型”解决方案，这样诺基亚就将其手机和设备合同捆绑在了一起。通过提供可以与所有主要的数字技术兼容的手机，诺基亚可以比爱立信和摩托罗拉更大程度地把手机和基础设备捆绑在一起。这样，尽管诺基亚不提供与其他供应商相同带宽的设备产品，但它可以提供比竞争对手更加一体化的客户及网络解决方案。

除此之外，诺基亚针对不断变化的对解决方案的需求，开发了交钥匙模式，这样它完全控制了网络建设（包括蜂窝设计、天线地址的分区、建设和管理网络、提供客户支持）。在几乎所有这些项目中，由于与客户结成的亲密关系，诺基亚得到了所有的扩容项目订单。这样，由于了解客户系统并将产品和服务捆绑，诺基亚锁定了其强有力的关系网，并与全球主要的网络运营商建立了战略联盟关系。

从产品到品牌

在网络运营商开始寻求一体化解决方案的同时，蜂窝电话用户的重点也发生了变化。诺基亚意识到手机正在成为消费品，而不是时髦的工艺小发明。越来越多的非技术、非营利性的手机用户会更多地从他们自己的想象和定位来判断手机的价值，而不是出于他们对技术性能的考虑。为适应这一转变，诺基亚将其手机战略从以产品为中心（出售高端专业性电子产品）转向以品牌为中心（销售以设计为导向的消费者产品）。

诺基亚领导了蜂窝电话的变革并将其手机定位为消费品。低端用户想要的是一个使用舒适、设计精致、以人为本的手机品牌，因此诺基亚把手机定位于时尚消费品。诺基亚是最早和最快以这种方式设计和营销手机的，它采用直接广告和精致的斯堪的纳维亚设计，包括设计各种颜色和式样。

为什么这一转变对诺基亚如此有力？因为它为公司塑造了蜂窝手机“酷品牌”的形象，并赢得了市场份额。竞争者的手机可能技术更先进，但诺基亚的手机很快便以其款式和吸引人的配件而被消费者认可。

诺基亚的品牌建设战略非常成功，对于新用户来说强烈的竞争性增强了其品牌形象。事实上，行业运作的规律是，运营商通过向手机用户提供补贴来增加用户。用户的手机成本大大低于其真实的价格——购买者常常用低于50美元的价格购买一部实际上接近200美元的手机。为了尽量使用户使用期满一年，网络运营商通过提供低价格、有特色的新服务及不断推陈出新的手机款式来彼此竞争。这样用户把手机看作可任意处置的（产品）；移动电话可能是使用者唯一可以经常替换（甚至一年之内）的、具有高价值的电子消费品。诺基亚的品牌投资使其在这个纷繁复杂的环境中立于不败之地，而且加剧了市场的复杂性，从而导致新用户的增加。无论哪种情况，诺基亚大范围的广告，独特的风格和形象使其成为用户的第一选择。

技能转移

诺基亚成功地开发出从产品到解决方案和从产品到品牌模式，这使其成为无线通信领域主要的制造商。然而，公司对第三种模式的预期促使它迅速成长为市场的领导者，并创造了 500 亿美元的市值。通过先于摩托罗拉预料到产业由模拟向数字系统的转移，诺基亚（和爱立信）成为最先在数字手机和设备方面开拓市场的公司。因而，诺基亚手机成为全球许多数字化网络的首选品牌。

硬件工程（手机和基础设备）一直是蜂窝电话业务的龙头。与它的竞争者一样，20 世纪 80 年代时诺基亚的主导思维方式一直集中于硬件工程。然而，不断出现的数字技术对软件工程和编程的需求不断增加，其目的是提供更先进的功能。

诺基亚理解了所需技能转移的方向，并大幅地转变了其工程人员的结构。几年里，其软件工程师数量与其他一些竞争者的比例为 5 : 1。这一人员结构的重新部署为诺基亚的基础设备客户创造了巨大的差别优势，并为诺基亚飙升到领导地位创造了动力基础。之后，诺基亚的数字手机成为市场上最先进和最通用的。诺基亚被广泛地认为拥有“最广的、最具吸引力的蜂窝产品线”，这使它可以从摩托罗拉、爱立信和其他竞争者那里得到更大的市场份额。

通过使核心技能由硬件工程向软件工程转移，诺基亚在欧洲数字 GSM 市场确立了领导地位。当美国市场在 1997 年开始数字化时，诺基亚已经在数字基础设备和手机的竞争方面远远走在了前面。

诺基亚探索三种变化的模式，其结果是非常令人满意的：在过去 5 年内，诺基亚创造了超过 350 亿美元的市值；销售额每年递增 24%。诺基亚在基础设备和手机方面的营业利润率分别为 22% 和 14%。

诺基亚成功地识别出利润模式，做出反应并付诸实践，使公司明显比其主要的竞争对手做得更成功。诺基亚的销售回报率从 12% 上升到 16%，高于爱立信的 11%，朗讯的 10% 和摩托罗拉的 7%。诺基亚的资产与销售额比值从0.49降为0.32。最大的指标变化是诺基亚的市值与销售额之比，从1990年的0.1上升到1997年的2.1，高于所有的竞争对手（见图11–1）。

尽管诺基亚取得了不同寻常的成功，但是诺基亚的动力很快会面临威胁。随着数据、语音和图像技术的不断融合，通信与计算机之间的界限日益模糊。诺基亚至少部分地预计到了这一融合，并迅速在市场上开发出最先进的无线数据产品。然而，如果要与英特尔、微软、IBM、思科和其他计算机行业的主要企业在相同的领域竞争的话，诺基亚还需要不断预测客户需求的变化和不断出现的利润模式。

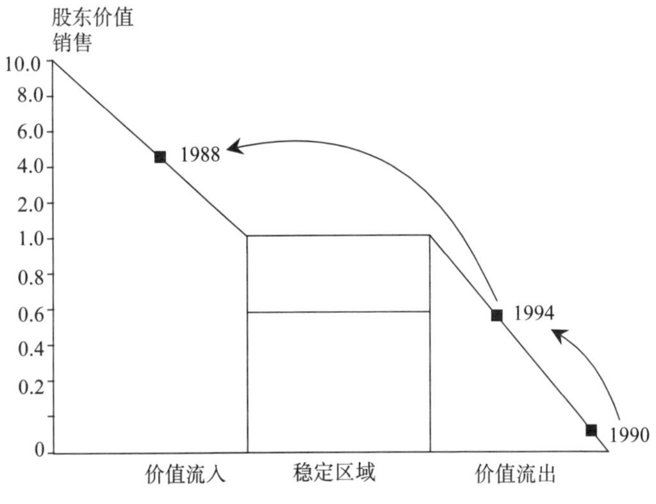

图11–1　诺基亚价值转移（1990—1998年）

戴尔

中间陷落，渠道压缩，价值链分拆

10年前，计算机消费者的选择机会很少。尽管价值链分拆使主要计算机生产厂家对计算机和市场的控制有所减弱，但是个人电脑的选择机会仍然很有限。一些计算机销售商，比如电脑天地，仅能从IBM、苹果、坦迪和康懋达等厂家得到有限品种电脑的销售权。每种个人电脑系统都有一套预设的备选件——内存、软驱和软件，这些备选件由计算机厂家设计、组装、成形，然后分销给零售渠道。

早期，绝大多数客户并不知道可以买到哪些产品。为了进行较理性的购买，他们需要销售代表（推销人员）的现场演示来解释什么是RAM（虚拟内存）、ROM（只读内存）。像电脑天地这样的销售商为那些犹豫不决又迫切想要购买计算机的人，提供了有价值的服务。

现在，个人电脑市场显现出了完全不同的景象。在过去的 10 年中，越来越多的人对计算机已不仅停留在“了解”上，而且开始“领悟”计算机了。计算机世界不再局限于程序和IT行业的专业人士。而且，新技术的应用从根本上提高了个人电脑的性能和可选择性。随着价格的下降，越来越多的家庭和个人购买了个人电脑，学会了计算机屏幕背后的“技术”，并且成为新产品的理性消费者。这些关键的变化在个人电脑领域引起了一个重要的模式，即中间陷落。

中间陷落

随着客户的成熟，那种一劳永逸的解决方案不再可行。事实上，今天的客户已分化成两大阵营。一方面是复杂的集团购买者，他们要求提供专为他们设计的计算机系统，从而为他们解决日益增多的复杂问题。这些客户需要的是解决方案而不是储存商品，零售商的商品很少能满足他们的需要。他们需要周到的技术支持，系统集成，面向客户的软、硬件和网络解决方案。

专业的销售队伍（惠普的全球账目管理系统）和系统集成专家（安达信咨询公司、美国电子数据系统公司）较早地捕捉到了这一客户群的需要。并且近年来，作为高端和集成方案的提供者，他们创造了巨大价值。

另一方面是通晓技术的客户（包括团体和个人），他们的首要目的是以尽可能低的价格购买个人电脑，并且尽量少浪费口舌来讨价还价。由于通晓个人电脑技术标准方面的知识（这些知识由于英特尔、微软和其他公司已经建立了行业标准而容易被获得和掌握），这些客户知道他们想要什么，并知道应该以什么样的价格来购买，所以他们更愿意自主、快速、便宜地购买个人电脑，而不通过传统的中间零售商。

1984 年，当还是大学一年级学生的戴尔创建他的个人电脑公司的时候，他的脑子里就已经想到了这些客户。起初，戴尔买来IBM和美国数字设备公司的旧电脑，添加一些新的组件对其进行修复更新，然后以低于市场价 10%~15% 的价格出售。其实，戴尔公司的经营模式很简单，即提供给客户想要的尽可能低的价格，但这种模式很赚钱。到 1988 年戴尔公司上市的时候，它已经销售了价值超过 1.5 亿美元的电脑。10 年后，戴尔公司的收入达到 168 亿美元，利润将近 13 亿美元。

及早地辨别出个人电脑行业的市场战略状况和变化的客户需求，使戴尔公司得以通过关注这些客户群来实施中间陷落这一模式。当然，为了成功地经营，戴尔公司还认同和采用了其他两种模式：渠道压缩和价值链分拆。

渠道压缩

传统上，计算机生产厂家通过批发商销售产品。批发商提供便利的销售网点和多种品牌，但它们提供给客户的产品附加值或服务很少。戴尔远远早于他的竞争对手开发出自己的模式。它认识到只要产品价格低、替代品多，客户并不在意是否进行“面对面”销售。戴尔认为，决定客户做出购买选择的真正因素是产品规格（如内存、处理器），而不在于客户是否“看到”产品本身。

基于上述情况，戴尔公司做出的反应是压缩价值链和摒弃传统的分销渠道。公司开始完全用电话销售电脑。戴尔公司提供给客户一个附加的利益：按购买者要求定做。戴尔公司允许他的客户选择他们要购买的电脑所具有的功能。

戴尔公司的直销模式获得了巨大成功，并由于互联网电子商业的出现而迅速扩大。1996 年，戴尔公司在它的电话销售中加入了在线订购。戴尔公司的网上销售业务增长迅速，现在，戴尔公司每年将近 20 亿美元（总收入的 16%）的销售额都通过互联网实现。

戴尔公司的销售模式使公司可以削减零售批发商的加价，并提高附属产品和服务合同的销量。同时，客户在购买计算机时（通过互联网或电话）还可以获得选择打印机、质量保证、笔记本电脑包、存储设施以及接口电缆线的机会。1997 年，戴尔公司销售了将近 8 亿美元的备选产品及附属产品，预计 1998 年会超过 10 亿美元。通过直接面对消费者，戴尔公司赚取了大量“额外”的钱，而这些钱在过去都被零售批发商赚去了。

更重要的是，戴尔公司的直销模式使它能够完全控制“全部的客户经验”。戴尔公司竞争对手的销售很容易受到它们的分销渠道弱点的影响（如，劣质的服务、订单丢失和对产品缺乏了解）。与此相反，戴尔公司能够控制销售、服务和技术支持。这使公司可以建立并维持与客户的良好关系。

价值链分拆

戴尔公司的渠道压缩模式使它大大降低了成本，从而在与对手的竞争中占有成本上的优势。同时，戴尔公司又通过进一步分拆计算机生产的价值链来强化这一优势。

在20世纪70年代和80年代早期，一流的计算机制造商IBM和美国数字设备公司涉足整个生产过程的价值链，从散件制造、操作系统设计、应用软件开发到组装和分销。但到了90年代，一些新兴公司则致力于价值链某具体的方面，从而创造了不同寻常的价值：英特尔公司改进微处理器，微软改进操作系统和应用软件，康柏改进硬件制造。

戴尔公司先于其他竞争者认识到进一步细分和分散计算机价值链的机会。戴尔公司是专门从事成品组装和销售的公司。事实上，戴尔公司不是一个计算机制造商，而是一个计算机“组装者”。

通过这种第二阶段的价值链分拆，戴尔公司开发了一种优越的、低成本的生产模式。它从当地供应商那里根据需要购买散件（主板、处理器、存储设备）。由于与这些供应商有密切的关系，戴尔公司几乎没有必要储存货物。它只要提前一周得到散件，而且一旦这些散件到达组装厂，戴尔公司的财产清单上就会标记一个系统。这种“虚拟库存”过程使戴尔公司每年更新它的存货清单52次。与此形成对照的是，康柏每年只更新13.5次，IBM为9.8次。

通过即时制造程序，戴尔公司降低了它的不动产密度和SG & A支出（包括销售费用和管理费用）。它的每1美元所需SG & A的支出几乎仅为IBM的一半，比康柏低25%。戴尔公司每1美元的固定资产所产生的收入大概比IBM多30倍。这种高效率产生的直接结果是，戴尔公司的营运支出与销售之比仅为11.4%，比康柏低了3个百分点，比惠普低了11个百分点，比IBM低了16个百分点。

戴尔公司不存储运送给批发商的成品，相反，它在收到客户订单后的36个小时内组装和发运它的第一台电脑。生产过程自买家通过戴尔公司的800号码或网站向它发出订单时开始。这份订单立即被发往戴尔公司的下列某工厂：位于得克萨斯州的奥斯汀市的工厂、位于马来西亚槟城的工厂或爱尔兰的利默里克市的工厂。通常从客户订购之时起一周内，客户便可以得到他要的产品。

出色的供货渠道加上直销模式低廉的价格，使戴尔公司以质优价廉的产品击败对手。因为它从不库存过时的散件和成品，所以它能向市场推出比竞争者更新的集成电路板、速度更快的调制解调器和容量更大的硬盘。

发货快、价格低和面向客户使戴尔公司吸引了大批有价值、懂技术的客户，并使之成为戴尔公司的忠实客户群。通过分拆价值链，戴尔公司选择了一个利润丰厚的客户群，并且极大地降低了向他们提供服务的成本。

尽管戴尔公司拥有低成本的生产经营模式，但是由于电脑市场价格的暴跌，戴尔公司与其他公司一样也面临利润萎缩的局面。然而，对客户需求演变趋势的预见性使戴尔公司能够认识到计算机行业中间陷落的进一步演化，从而采取相应举措保持公司持续增长。

戴尔公司的成功之处在很大程度上取决于它认识到高端集团客户的需求也在不断变化。这些新客户要求高性能的高档产品，但是随着计算机市场的成熟，它们已经变得越来越像低端客户了。

像低端客户一样，高端客户也越来越内行了。越来越多的集团客户不再依靠安达信或IBM来选择和集成它们的系统，而是直接购买产品并自己进行集成，从而降低成本。它们乐于以尽可能低的价格购买高质量的硬件，并且享受戴尔公司提供的技术和一流的服务。

戴尔公司再一次先于它的竞争对手把握了客户需求的演变，并成功地适应了这些变化。作为计算机桌面系统的领导者，戴尔公司成为工作站和企业服务器的领导者。戴尔公司于 1996 年开始向网络服务器市场进军，并于 1997 年推出了第一个工作站单元。

如今，戴尔公司已成为美国排名第二的服务器供应商。它 10% 的收入来自向企业和政府销售服务器。

通过利用三种模式的优势，中间陷落、渠道压缩、价值链分拆，戴尔公司在过去 10 年创造了 800 亿美元的股东价值。戴尔公司的企业设计着重于以最低的成本满足客户需求（低价格和客户设计），使其成为全球重要企业，并占据7%的市场。在美国，戴尔公司紧随康柏，而且正在追赶康柏的市场领导地位。更重要的是，戴尔公司成为个人电脑领域最成功的企业（见图11–2）。

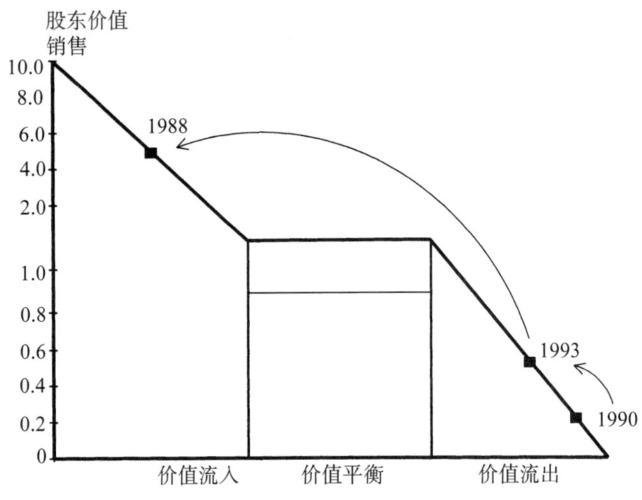

图11–2 戴尔价值转移（1990—1998年）

然而，戴尔公司面临更激烈的竞争，包括竞争者对其企业模式的模仿。捷威、IBM、康柏正在积极开展在线直销，以便提高各自的经营效益，并与戴尔公司在价格方面展开竞争。为了保持领先地位，戴尔公司需要转向并开发个人电脑行业新出现的利润模式。事实上，公司已预计到其业务将转入下一种模式。最近戴尔公司宣布，计划将思科的DSL调制解调器和联邦西部电信公司的服务及其他RBOC（地方贝尔运营公司）与其计算机捆绑，为客户提供高速互联网接入的完善解决方案。

不管戴尔公司是进一步发展组装还是进一步细分市场，它都必须变革它的经营设计以保持增长和利润，戴尔公司站在这场竞赛的最前沿，领导着这场竞赛，但是计算机行业本身的动力将会引发一整套新的模式。

亚马逊网上书店

数字化企业设计，微型分割，基石建设

现在你到哪儿去买书？如果你是美国亿万网民之一的话，答案很有可能是亚马逊网上书店（Amazon.com）。亚马逊公司成立于 1995 年，创始人杰夫·贝佐斯是纽约一位投资银行家，很早以前他就意识到了网络作为零售中介的潜力。互联网的出现加速了实物零售商作为中间环节的消亡过程，通过在这一领域的投资，亚马逊已成为世界上最大的网上零售书店。

亚马逊以网络为发展手段使其价值理念成为可能——更方便、更多选择以及比传统零售商更低的价格。利用数字化企业设计、微型分割和基石建设等多种模式，亚马逊逐步把这些理念变成了现实，也因此成为当今图书超市领导者巴诺书店和鲍德斯书店重要的竞争对手。

从传统向数字化企业设计转变

亚马逊由传统向数字化企业设计的成功转变，使它能够满足客户更多选择、更低价格和更好服务的需要。利用互联网与数据单元技术，亚马逊致力于解决存在于传统零售渠道两端效率低下的问题。

亚马逊网上书店实际上可向客户提供 200 多万种图书，远远超过最大图书超市能提供的数量。同时，它既注意那些兴趣广泛的客户的需要，又兼顾仅对某狭窄领域感兴趣的读者。实体书店以拥有大量可选择的图书为特点，但它们不能为严肃读者或专家提供足够多的书目，而亚马逊利用其“实际店面”和仓库可以在“书架”上存放超过 10 倍于其竞争对手传统书店的图书量。

用数字化系统整体替换书店的基础设施，亚马逊大幅降低了其资本密集度，并产生负的营运资金，其存货周转率是大型书店的 20 倍，专业书店的 50 余倍。这种经营模式降低了成本，使亚马逊图书的价格比其竞争对手低 20%~30%，即使加上交货和各种费用，大多数图书还是比实体书店便宜得多。

微型分割

数字化企业设计也使亚马逊能够利用另一种模式来发展同客户的个人关系：微型分割。当认识到电子商务使向客户提供购买信息和推荐图书成为必需时，亚马逊以个人为基础，利用这些信息对网上服务进行了完善，同客户建立了一对一的联系。

客户越来越需要有人为他们推荐图书，为满足这一需要，亚马逊使每位客户都能建立自己的书店以满足个人需求。凡在亚马逊网站注册的客户都会收到特别的图书推荐——它不是对人口学意义上的人群分类的推荐，而是针对个人的推荐。要做到这一点，亚马逊主要通过跟踪客户过去的购买记录，与其他购买类似书籍的客户比较，进而得出推荐书目。当为每位客户都建立了个人档案时，公司对他们提出的建议也在不断变化。客户购买的图书越多，其档案就越详细，推荐效果也就越好。

对寻求个性化的客户，亚马逊的附加价值明显超过传统书店。专业书店和独立书店可以提供较高级的服务，但是选择范围较窄，书价较高；大型书店的选择范围大，但没有个性，使人无所适从。事实上，亚马逊对客户有很大的吸引力，因此客户往往在实体书店浏览书目，可最终却在亚马逊买书，其目的是确保他们的购买行为能够在个人档案中被记录，使推荐书目进一步完善。亚马逊将来在网上可以充分利用此种模式。人们可能希望一个完全个性化的书店，色彩、字体、畅销书排行榜、书评及聊天室都能适合每个人的口味。这样，客户便真正拥有了自己的书店，客户对书店选择的改变所引起的成本会比传统零售书店高得多。

亚马逊由传统向数字化企业设计的转变和微型分割战略的实施，使该公司迅速成长。自 1995 年亚马逊成立到 1997 年，其销售额已达到 1.5 亿美元，而且仍在迅速增长。自 1997 年 5 月公司上市，其市场资本已由最初的 4 亿美元上升到 1998 年 11 月的 100 多亿美元。

基石建设

亚马逊在利用数字化企业设计和微型分割模式成为最大的网上零售书店之后，正积极扩大其经营范围。该公司不只将自己看成一个书店，还积极地向纯网络综合零售商发展。为迎接电子商务繁荣时代和远程购物时代的到来，亚马逊开始启用基石建设模式（由本公司基本领域向利润丰厚的其他领域扩展），向客户提供书籍以外的其他产品。访问亚马逊的客户，可在 300 多万册图书、CD、视听书籍中进行选择，由此公司扩大了市场规模。

尽管已有这些成功的举措，亚马逊仍在寻求新的基石建设的机会，并兼并了互联网电影数据公司（一个综合的电影信息库）和 Junglee 公司（一个一站式商务网站），这一举措也反映出其未来的打算。收购 Junglee 公司是亚马逊基石建设扩展的一个典型案例：Junglee 公司网上产品数据库可使客户在一定范围内对价格和产品进行比较，其技术使亚马逊成为网上交易的入口，而不受产品种类的限制。事实上，亚马逊最近增加的商品种类，如摄像机、电子消费品及节日礼品已显示了公司的努力方向——利用其网上品牌成为一家电子商务超市。

虽然取得了这些成就并实施了有效的措施，亚马逊还远不是电子商务的胜利者。由于需要进行市场投资和规模建设，所以几年内都不可能赢利，同时亚马逊还面临着至少两个极具实力的新的竞争对手。在过去的一年里，连锁书店的两个市场领导者——巴诺书店和鲍德斯书店都已经建立了类似的网站，并投巨资进行广告宣传。巴诺书店的财力远在亚马逊之上，现已锁定《纽约时报》畅销图书的网上书评。在德国的出版业巨头贝塔斯曼购买了barnesandnoble.com网站一半空间以后，巴诺书店也进一步完善了它的战略定位。更重要的是，巴诺书店出资6亿美元购买了亚马逊最大的供应商——英格拉姆图书集团。

此外，亚马逊也面临着新的互联网经营者的竞争，如Cendant's Books.com。针对网络市场（一种仅对网上会员提供服务的市场），Cendant's Books.com可以使会员以极低的价格购买图书。由于网络市场的价值获取是以会员费而不是以销售的产品为基础的，所以它可以以低于亚马逊的折扣价出售。另外，网上音乐销售商，如CDNow和N2K的规模发展迅速，已成为亚马逊的主要竞争对手，并出现在它的雷达显示屏上。

亚马逊的第二个威胁来自刚刚兴起的电子书，客户仅需要一个硬件就可以下载成千上万个故事供闲暇时阅读。读者在度假时仅需带着自己最喜爱的电子书，而无须像过去那样携带大量笨重的纸质书。亚马逊试图为这些电子书提供软件，但面临着硬件制造商的竞争。一些硬件制造商决定用自己的电子书店来替代零售书店。然而，亚马逊将成为电子书的交换中心。

亚马逊在利用数字化企业设计、微型分割和基石建设模式，并实施了一系列有目的的措施后，已成为一家著名品牌公司和互联网巨头。随着网上零售时代的到来，亚马逊正面临更多强大集团的竞争，如电路城，CompUSA（一家消费电子产品、技术产品和计算机服务经销商）等。亚马逊最大的竞争对手可能已不是巴诺书店，而是沃尔玛、美国梅西百货公司等大型超市。市场的游戏规则才刚刚开始形成，亚马逊必须预测到下一个阶段的发展并制定出相应的发展模式，以保持其发展势头。

班–奥卢夫森

客户重新定位，从产品到品牌，价值链重新整合

20世纪80年代末，电子消费品行业已无利可图。激烈的竞争、产品

商品化与技术价格的快速下跌，使制造商难以在此领域创造价值。由于大多数厂家都采取以产品为中心的战略，电子消费品的经营者把对客户关系的控制几乎都交给了分销商，但问题是分销商并不在意销售何种产品，因为任何产品的利润都已经微乎其微了。

在这一行业里，作为高档产品经营者的班–奥卢夫森生产技术含量高并颇具特色的音响设备，同时将产品瞄准高端市场。尽管班–奥卢夫森的产品价高质优，但是它还是像低层次竞争者，如索尼、松下、建伍那样，面临着利润下降的局面。

在过去 7 年里，班–奥卢夫森利用战略预测和对企业模式转移的探索，已远远地领先于对手。班–奥卢夫森采用了三种模式，客户重新定位、从产品到品牌和价值链重新整合后，又重新开始赢利，并实现了价值的大幅增长。

重新定位客户

班–奥卢夫森成功的关键是其预测到客户重新定位模式的潜力。20 世纪 80 年代，班–奥卢夫森的客户主要来自欧洲的发烧友，他们注重风格，但兴趣只在高保真音响设备上。他们最关心的不是“形象”或拥有高档产品所产生的优越感，而是设备的技术指标和音质。

班–奥卢夫森为赢得这些客户，在《立体声评论》《音响声》等专业期刊上登广告，将发烧友作为目标市场，试图凭借其卓越的技术优势，同其他竞争者区分开来。每条广告上都列有一个黑色方框，详细罗列出产品的具体性能和特点。像Nakamichi（日本中道公司的品牌）、Bose（美国最大的扬声器厂家之一）那样，公司希望采取营销战略，宣传产品技术优势以吸引专业客户群。尽管班–奥卢夫森技术卓越，但该公司的市值还是同其他电子消费品制造商不相上下。1991 年，其市值与销售额比值是 0.3，接近索尼、先锋和建伍。

通过对客户重新定位，班–奥卢夫森看到了创造巨大价值的机会，同时认识到其产品对于购买Moët & Chandon品牌的葡萄酒、古驰名牌皮革制品及劳力士手表的消费者来说，要比购买昂贵的摄像机、摄像机及计算机的专业消费者更具吸引力，班–奥卢夫森决定面向高端商品消费者。正如班–奥卢夫森的首席执行官安德斯·克努森所说：“班–奥卢夫森的宗旨是做到情感与技术的完美结合。班–奥卢夫森的产品将使客户的生活丰富多彩。”

为了吸引品牌消费者，班–奥卢夫森一改在音响设备杂志上登广告的做法，而在《智族》《时尚先生》《时尚》等时尚杂志上做宣传。鉴于其原有的客户年龄较大、消费面较窄，公司不再按传统人口统计学的分类来划分目标客户，新目标客户收入高，愿意为高端商品掏钱。这些客户购买班–奥卢夫森的产品，既考虑时尚的需要，又考虑其完美的音响效果和技术性能。虽然他们每周只听一次CD，但这些客户购买班–奥卢夫森的产品，像购买LVMH名牌产品或古驰手提包一样，都是掏钱买最好的东西（见图 11–3）。

从产品到品牌

为充分实施客户重新定位模式，班–奥卢夫森需要利用第二种模式——从产品到品牌。20 世纪 80 年代，公司把以产品为中心作为指导原则，精力放在设计和制造每一件产品上，从零部件到成品都力求做到完美无缺。班–奥卢夫森在这方面做得很好，其产品技术精湛，并以其高标准而领先于同行业水平。该公司以其高质量的产品设计闻名，但在市场上知名度不高，除了一些专业人士及发烧友知道外，无人知晓。

在对客户重新定位后，班–奥卢夫森积极创建品牌效应，使其产品在形式和风格上独具特色。公司迅速改变其广告策略，由以产品性能为基础的卖点宣传向产品形象宣传转变。同时，班–奥卢夫森还大幅削减专卖店的数量，给人以产品“稀缺”和独特的印象，以区别于其他产品。

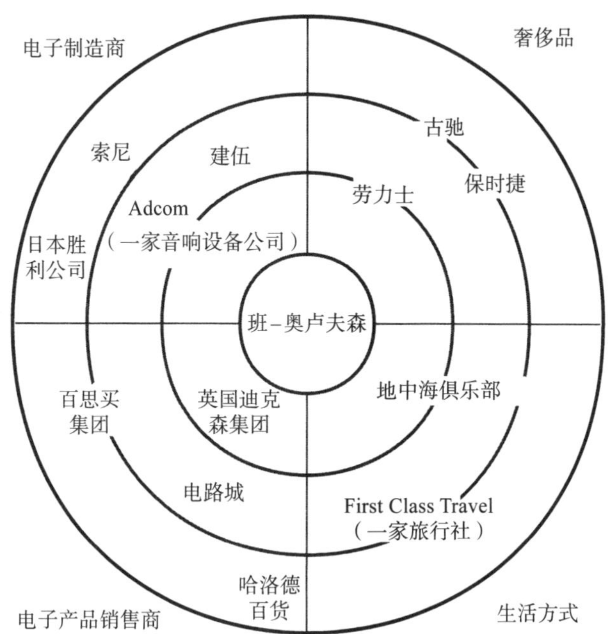

图 11–3　班–奥卢夫森竞争雷达扫描屏：集中于那些重要的……

采用从产品到品牌模式后，班–奥卢夫森的利润超过了竞争对手，因为其产品被视为高档商品，并作为高档商品来出售，所以价格定为竞争对手的 10 倍以上。例如，一台普通的索尼电视机售价大概为 500 美元，而一套班–奥卢夫森系统音响设备则高达 5 000 美元。客户购买班–奥卢夫森的产品已不再看中其技术性能或产品特色，而是其品牌，他们购买是出于拥有它的需要。

班–奥卢夫森充分采用了从产品到品牌模式，将产品种类由音响设备扩展到电视机、电话、扬声器等，其产品不仅是件能摆设的“艺术品”，而且是件高性能设备。其产品与索尼、松下相比，性能的优劣并不是主要的，最重要的区别是它们给客户传递的是品位、财富和时尚的象征，就像昂贵的葡萄酒、售价 1 万美元的衣服和价值 7.5 万美元的跑车一样。

价值链重新整合

为充分发挥从产品到品牌模式，班–奥卢夫森实施了第三种模式，即以价值链重新整合模式来提高产品知名度和改善公司形象：20世纪80年代，班–奥卢夫森尽管产品知名度和技术水平都很高，但仍和其他低层次电子消费品制造商一样利润很低，这是因为它与竞争对手拥有相同的零售商。由于没有名牌优势，并且受到以产品为中心销售思维定式的影响，公司同分销商未建立特殊的关系。班–奥卢夫森只是另一个制造商，其产品同零售仓库里堆着的其他产品没有区别。

结果，只有行家及高科技发烧友才能真正地认识到班–奥卢夫森产品性能的完美性，而普通客户在班–奥卢夫森高价标签前都不会停留，更不用说去了解产品的特点了，因为他们实在看不出班–奥卢夫森产品同价格较低的索尼有什么区别，他们也就不愿为班–奥卢夫森产品多掏那份“冤枉钱”了。因此，它的产品和竞争者的低价产品一样，利润很低。

为进一步提高知名度，吸引新的消费群体，班–奥卢夫森通过重新整合价值链加强了对分销渠道的控制（见图11–4）。现在在松下、索尼、建伍、日本胜利公司及其他大众电子消费品陈列柜上，人们已看不见班–奥卢夫森的产品了。班–奥卢夫森的产品定位是高档专卖店和其公司所有的分销店。班–奥卢夫森产品的定位是高端商品，而不是普通的电子消费品。在巴黎，班–奥卢夫森把立体声音响、电话、电视非常大方地摆在LVMH、古驰精品店附近，英国哈洛德百货公司的电子消费品特许专卖店的情形亦是如此。班–奥卢夫森成功地实现了由电子消费品制造商向高端商品供应商的转变，正如其广告策略使客户群体支持班–奥卢夫森形象一样，它的分销渠道重新整合战略做得也很出色。

1991—1997年，班–奥卢夫森利用客户重新定位、从产品到品牌及重新整合模式，取得了非凡的业绩——收入的年增长率为6%，利润率（EBIT利润率）由6%上升到10%。同时，公司也大幅降低了资本密集度，由1991年的0.72降到1997年的0.5，1998年利润预期增长25%。

而其竞争者的资产密集度为 0.9，EBIT 利润率在 5%~6%，预期收入增长大约 10%，远远落后于班–奥卢夫森。更重要的是，班–奥卢夫森被认为同其他高端商品公司处于同一层次上。1997 年，它的市值与销售比值是 1.5，接近 LVMH 的 2.4，拉尔夫 · 劳伦的 2.2，古驰的 2.8，超过其他电子消费品竞争对手——索尼为 0.8，先锋 0.8，建伍为 0.3。该公司对本行业进行分析并利用几种模式对客户进行重新定位，在电子产品与高端商品之间开创了一个新的价值空间，也因此为股东带来了丰厚的回报（见图 11–5）。

图 11–4　班–奥卢夫森："模式的连锁利用"

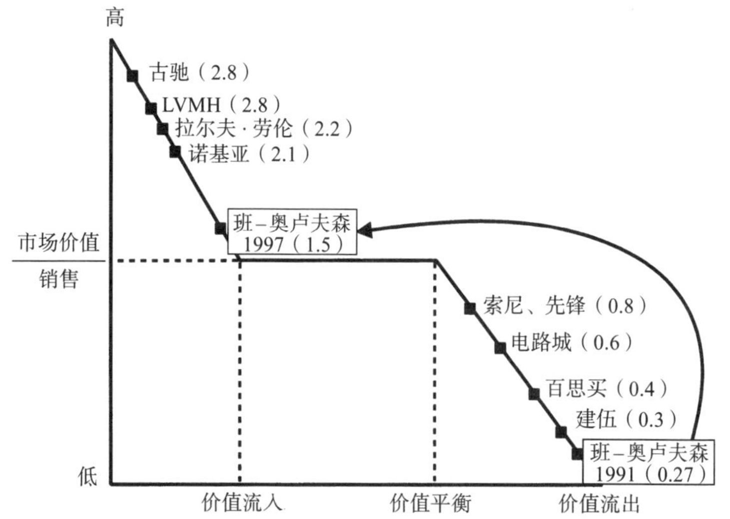

图 11–5　班–奥卢夫森：1997 年进入利润区

虽然取得了这些成就，班–奥卢夫森仍不能掉以轻心，因为任何一家靠形象和时尚来取胜的公司都极易受到新时尚的影响。如果班–奥卢夫森要维持这样的增长势头，它必须预测到客户品位的变化，并在品牌上进行精明的投资，同时必须加强对分销渠道的控制，减少工艺流程以达到利润最大化。只有准确地预测电子产品和高端商品行业转变的模式，班–奥卢夫森才能在未来几年内继续保持价值的增长。

第 12 章

加快探测模式

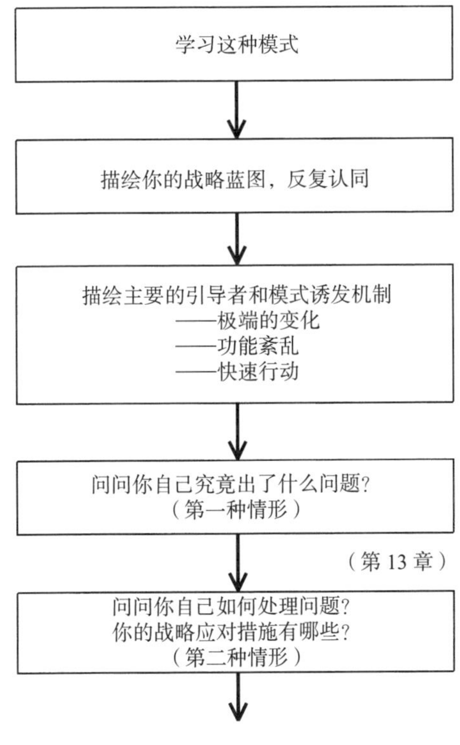

图 12–1　加快探测模式

怎样提前一年“得知”

前面一章说明了辨认未来利润模式的基本方法：明白重新塑造自己行业的主要经过，通过这些经历思考它们对未来的意义。把这些方法应用于你自己的企业活动中，把本行业和本公司过去10年的经历写下来。把这些经历用模式语言进行概括，让模式帮助你把头脑中“静止的照相机”换成“摄像机”，这使你能够从静止的图片转换为运动的图像，然后让这个摄像机把你带入未来，预测本行业目前的模式在多长时间内可以保持竞争优势，以及将来取代它的会是什么模式。

一旦做完这个复杂的练习，你将受到一系列新视角的挑战，这些新角度可以帮助你更加成功地管理自己的业务或者投资。然而，在无数情况下，模式识别的其他方法和分析也有用。本章描述了三种这样的方法。它们应该作为模式识别方式战略性经历的补充而不是替代物。

这些附加方法有若干好处。首先，它们可以帮助你辨认一些隐藏的模式，尤其是当你面临复杂情况时那些高度隐蔽的模式。其次，它们集中针对某些特定的行动和举措。当这些方法到了可以命名的层次——竞争者、客户、可能的合作伙伴、价值链的某些部分时，战略性的预测就可以达到更高的水平。因此，根据模式思维采取的具体举措，你的行动对公司和投资的影响变得更加明确和紧迫。最后，因为它们针对的是前提条件和早期的征兆，所以这些方法可以帮助你比竞争对手提前，甚至提前一年，预测新模式的出现。

这三个补充方法是：

1. 描绘战略蓝图，以及相应的企业设计。

2. 衡量认同度：发现哪种企业设计能赢得客户、投资者和杰出人才的认同，以及原因是什么。

3. 解读你的业务中下一种模式开始出现的条件和诱因。

闲谈“寒冷时刻”

每个管理者的职业生涯中都至少体会过一次“寒冷时刻”：一种由一刹那的可怕意识引起的全身冰凉的恐惧感，知道自己“走到这一步”——抓住正在转变他们行业的盈利模式的时机已经太晚了，比自己的对手晚，比客户晚，比自己的供应商晚。这种寒冷时刻可以由多重显示新模式已经开始启动的信号所触发，而自己的公司却落在了后面：

- 你最大的客户把所有的业务都交给了竞争对手。
- 你最大的对手和最富有创造性的对手决定合并。
- 你的一个主要分销商刚刚破产。
- 你的一个重要客户不接受最后两次提价，拒绝再购买你的产品。

与此相反，对外界高度敏感的管理层会清醒地意识到本行业的战略市场条件在发生哪些变化，因为他们随时都在关注市场上最细微的根本性转变的信号。在新模式被触发之前他们就会猜测，并相应地明确新机会，调整公司的企业设计以利用这些机会。

公司在身处两极分化的优势地位时就看到新模式是极为有利的。然而，在大部分公司中，传统的计划过程与及早预测到可能的盈利模式要求不相吻合，及早行动需要清晰度和信心。要获得这种能力就要将昨天的数据变成明天的数据，由静止的观念变为运动的观念，从线性猜测转到非线性预测。这意味着从内部措施转移到外部，从以预算为基础转移到集中关注那些今后可能改变公司业务的三四种关键模式。

图 12–2 指出，战略预测不是预言，而是了解足够的情况以采取正确的行动。高级模式识别的战略预测是一种新的思维方式，其目的是增加创造持续利润增长的可能性。一个最好的开始方法是了解决定你公司活动经济内容的战略蓝图。

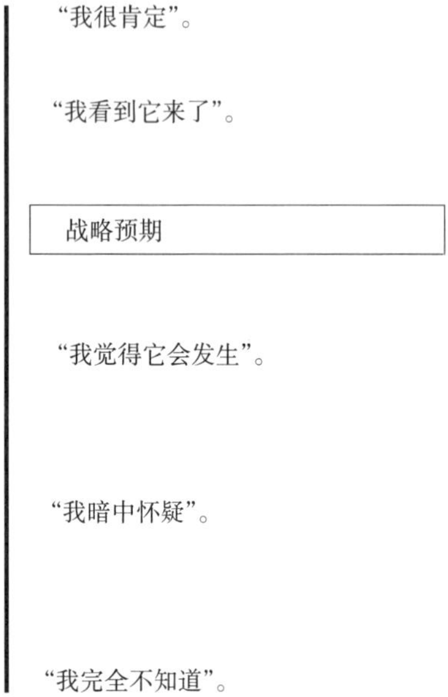

“我很肯定”。

“我看到它来了”。

战略预期

“我觉得它会发生”。

“我暗中怀疑”。

“我完全不知道”。

图 12–2 模式探测仪

描绘战略蓝图

探测模式是向外翻转的过程，它要求不仅要密切关注竞争者的企业设计，还要探究更加宏观的战略蓝图——看到整个行业大局。它意味着越过高度发达的竞争雷达扫描仪来绘制你所处的整个经济领域的蓝图。你的战略蓝图由所有主要参加者和不断发展的事件构成，它们触发并确定了影响你公司的利润模式。这些参加者包括客户、前景、传统渠道、新渠道、投资者、人才资源、创新资源以及竞争对手，既包括传统行业也包括非传统行业。

大部分公司的战略形势变得越来越混乱。竞争者越来越多（在许多方面从 5 个增加到 50 个），客户的购买行为也更加多样化。而且，传统角色和边界的日益模糊使局面显得更拥挤而且混乱。

这种复杂性增加了精确描绘当今战略局面的必要性，包括对过去和将来发展准确和详细的探讨。如果迫使自己用全局的视角观察你身处的竞技场，你就可以从中辨别出所有的矛盾、功能障碍、不协调、差距以及棘手的因素，这会帮助你发现正在出现的新模式和将来价值增长的关键。图 12–3 以图例形式展示出了这种描绘可能产生的情形。从客户和潜在客户着手，把所有的渠道、影响因素、创新因素、竞争对手（不管它们的企业设计差别有多大），以及在这个系统中活动的供应商类型（“潜在的整合因素”）都加进去。

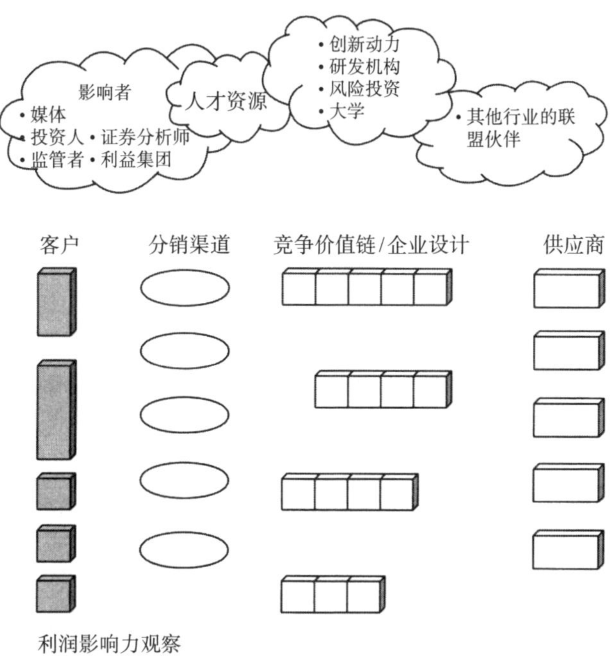

图 12–3　战略蓝图

理顺你对全局的看法能成为这一过程非常有益的助力。想办法简化某些部分使另外一些部分更详细，或者换几种方式来表示和分析。寻找空缺、矛盾和机会，一定要包括所有新产生的、很重要的、标新立异的竞争者，比如发明者、媒体和人才资源。第14章给出了帮助你系统地调整以适应自己战略蓝图的练习方法。

随着进一步调整，你会意识到有限的视角所造成远景规划的缺陷。其中尤其需要解决的问题有：动力、机会空间和时间。

战略蓝图包含很多客户群和竞争者，假如按比例绘制，他们显得很小，因此其市场份额的相对大小非常容易被误解。20年前，市场份额是最重要的变量。在唯市场份额论的环境中，最大的企业利用最小的成本获得最高的利润。在一个价值转移的环境中，价值迅速从旧企业模式转移到新模式，人们更加关注动力而不是体积。可以赢得高额利润、成长速度达30%的小客户群非常重要，拥有30%的利润率和30%的发展速度的小竞争对手非常重要（而这两个群体往往相互关联）。因此，用动力因素来修正战略蓝图就很关键。

战略蓝图的第二个不足之处是缺乏对现有机会空间的考虑，这些机会空间可以对参与竞争的企业设计进行区别。计算特定企业设计的机会空间，有助于估计其后的企业模式还能够维持多长时间。我的行业中获得最大利润的竞争者将在今后的3年或者10年里达到最高点吗？问题的答案会告诉我们，我们的企业模式是否是目前模式的牺牲品，是否仍然有足够的没有被开发的空间可以让我们建立受到保护的、有利可图的地位。而且，它还告诉我们是否有足够的时间进行新的企业设计，以便在新模式中赢利。

动力和机会空间很难被测量和理解，但是更难理解的是时间。当然，机会空间、动力和时间是相关的。如果特定企业设计的机会空间，从收入的角度来看是20亿美元，一家3亿美元的公司以每年45%的速度增长，5年后这个空间就会被填满。如果机会空间是800亿美元，一家10亿美元的公司以每年35%的速度增长，15年后这个空间会被填满（就像沃尔玛在1980—1995年的情况）。

绘制出本行业的战略蓝图后，你要了解公司的管理层是否能：

- 识别所有新加入的客户。
- 看到价值链上所有的变相盈利。
- 看到一条正在慢慢呈现的价值链。
- 看到系统中阻碍公司创造价值的薄弱环节。
- 看到系统中触发新模式的全面问题和功能障碍。
- 辨别系统中新的正在出现的利润区。

这可能就是查尔斯·施瓦布在实现他的金融计划（建立独立的金融计划合作者而不是竞争者）、一站式举措（为投资者提供购买和销售不同共同基金公司基金的能力）以及他的保险举措（为客户提供低廉的保险，更好地为他们的所有需求提供服务）时，进行战略绘图。类似地，我们可以运用这样的思维发展自己的观察方式。

通过深入探究系统中所有因素（客户、前景、渠道、投资者、影响因素、竞争者、人才资源、外部因素和价值链上的相邻因素）之间相互依赖的关系，管理人员可以开始探测将会改变行业基本要素的新模式。

测量认同度

在第 3 章，我们讨论了对决定企业成功越来越重要的认同度。对认同度的了解使管理者有能力超越现在的市场份额、现在的市场资本化，更加清晰地看到未来的机会。当你在本行业的战略蓝图里寻找机会和正在出现的新模式的时候，你要使用认同思维来进一步调整你对形势的分析。认同动力的关键部分，客户、影响因素、投资者和人才，是市场下一次机会转移的决定因素。

提出下列问题，发展战略蓝图基础上的认同：

- 现在谁拥有客户认同？
  ——利润最高的客户或者分割客户正在把他们的美元花在什么地方？
- 谁拥有投资者的认同？
  ——早期投资都投在什么领域？
  ——首次公开上市（IPO）选择在什么地方？
- 谁赢得了最优秀的企业人才的认同？
  ——对行业领先前十位人员的流动分析表明了什么问题？谁吸引了这些人才？
- 谁赢得媒体、其他影响因素及联盟伙伴的认同？

对这些问题确切的量化回答，使你能够明确战略蓝图中最具活力的“火热地带”。再具体一点说，它们应该可以使你能够识别将来占主导地位的客户、竞争者以及人才，这些都是新兴模式和价值创造机会的线索。

但是，对认同方向拥有简单的了解还不够。下一步是了解为什么特定的参加者会赢得大家的好感。这需要深入本质，发掘推动这些态度和行为转变的因素。下面内容概括了一些在战略蓝图中造成关键认同因素转移的主要指标。

破译条件和诱因

对战略蓝图全方位地深入了解，是模式探测的第一步。下一步需要发展触发行业新模式的条件和诱因的监控系统（见图12–4）。利润模式不会在真空里产生，也不会无缘无故地发生。它们会在不知不觉中悄悄地成长。就像一棵树的种子，触发新模式的诱因正在地下生根发芽。经过几年的时间，行业的基本情况以一定速度朝特定的方向发展（两者都随时间改变）。最终，几个变量发展成熟，推行新模式的条件开始具备。

"新模式出现的信号和线索"

- 变化的客户优先权
- 客户成熟度
- 商业模式变革
- 技术创新
- 新基础
- 客户行为变化
- 变化的经济条件（成本、价格、资产密集度）
- 客户对新选择的认可度
- 客户厌倦
- 权利再分配
- 财富或财富分配的变化
- 商业模式沉睡
- 非物质激励
  ——非理性竞争
  ——外部性
- 信息获取新途径
- 不断上升的期望
- 变化
- 新的参加者（新的竞争对手、客户、投资者）
- 媒体关注

- 业绩不佳
- 目前的选择与所需职能脱节
- 两个或者更多因素的组合
- 商品化
- 专业化经济
- 盈利能力的极端变化（围绕价值链，客户类型，等等）
- 过度供给
- 移动的瓶颈

图 12–4　模式条件和诱因

战略蓝图中许多具有根本性质的转变都是细微的、看不见的。这些缓慢的、往往难以察觉的变化是模式演变的根本原因。它们改变了行业的战略蓝图，为从A转化成B的突破性的改变铺平了道路。这些转变会削弱公司或行业目前的结构，也就是基础，使剧烈而广泛的变革成为可能（也使那些在战略预测中高人一等的公司和行业获得利润）。

这些公司或行业不断转移的基础产生潜在的新的企业设计，因为它们创造了新的客户需求，重新排列价值链的关系，并打破目前的竞争平衡。最终，外部条件和诱因组合起来为创造价值增长和把握战略控制创造新的机会。通过对这些条件和诱因的识别、测量和跟踪，有远见的管理团队能够更好地预测价值增长的下一个浪潮，从而把握主动权。

模式的主要迹象以图 12–4 所展示的几种形式表现出来。它们的性质一般可以分成三类：

1. 多样性——客户选择、竞争者相对业绩或者经济手段（成本情况、持股人的价值创造、盈利等）范围的扩大。

2. 变化的速度和方向——客户选择、经济手段、技术、基础设施或者企业设计的速度加快或者方向转变。

3. 功能障碍——价值链、组织或者客户中新出现的摩擦、效率低下或者脱节。

这些条件中任何一条的存在都预示着重要的机会。在趋同的企业模式中，客户多样性就是机会的信号。变化，尤其在静止的、雷同的企业模式中，也可以成为机会的信号。与价值链、渠道、产品、组织或者客户（从系统经济学、满意度或者偏好的角度来看）相关的功能障碍、脱节或者效率低下，都预示着新的企业模式的机会。

一般而言，新模式不会由一个条件或者诱因单独引发。相反，多种因素结合起来才会诱使变化发生。有时候，某种具体条件或诱因能够引发多种模式，这要看它和哪些其他条件或者诱因相结合。比如，鼓励偏好越来越多样化，既可以导向产品的金字塔模式，也可以导向微型分割模式。类似地，技术的迅速变革既可以引发数字化企业设计，也可以为多种模式铺平道路。为了更好地预测哪些模式将在本行业出现，你需要把转变企业活动（见第 14 章）战略布局的所有关键条件（多样性、变化的速度、功能障碍等）都罗列出来。

探索下一种新模式的挑战是在管理层和投资梯队中保持非常强大的对外视角。当了解触发下一轮转移趋势的所有条件和诱因后，你就可以极大地提高辨认现有模式和预测下一种模式的能力（见图 12–5）。

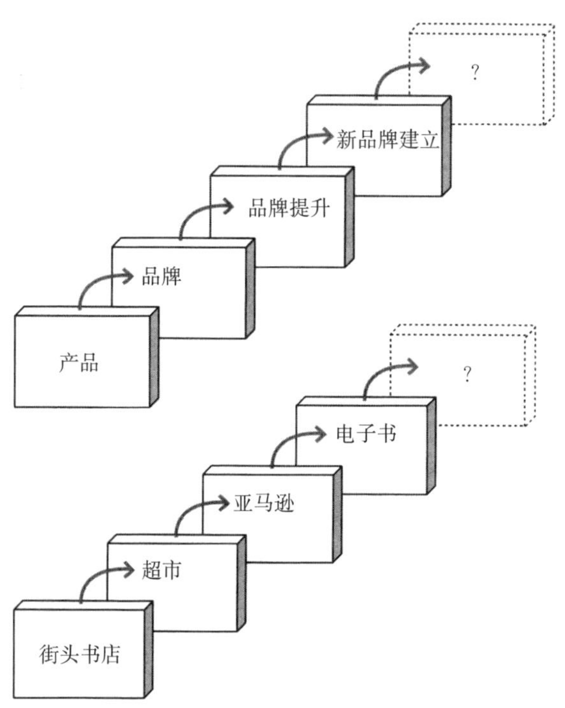

图 12–5　始终关注下一轮转移

实践

模式探测有点儿像看电影。在一段时间后或者许多情节交织在一起后，我们开始预测可能的结果。许多电影提供了大量线索，几乎不需要想象力就可以知道下面要发生什么事情。现在的商业活动比电影复杂，但答案是一样的：我们懂得交织在一起的基本情节后，预料结局的能力就会提高。其间，你要积极主动，不要消极被动。当阅读《商业周刊》寻找被明确定义的模式新例证时，你尤其要积极。想一想这些例子与你已知的模式有哪些相同或不同之处。

准备好应对混乱模糊的情况，尤其是面临多重模式的时候。要接受现实，两个、三个甚至更多的模式会同时在复杂的商业情况下发挥作用。

要始终记得，模式识别不是预言。我们无法预测未来。模式识别的目的是尽量减少对正在转变你商业活动的未知和未被察觉的情形，从而增加成功的可能性。当然，有些模式是随机的。它们由突发的事件触发，一下子改变了整个行业。但是，大部分模式都有概率因素。它们是可识别、可测量的各种条件影响战略全局的结果。磨炼你的模式识别能力会使你和你的公司第一个察觉这些模式，并抢在别人之前对它们做出反应。

最重要的是，始终要思考一个问题：下一次改变将出现在哪里？不断地寻找新模式和可能的新举措。如果你的竞争对手用一步好棋打败了你，想一想你下一步最好的应对办法是什么。

思考这些问题，观察这些模式，增强自己在下一回合获胜的可能性。

第13章 把模式应用于自己的组织

从“了解情况”到“采取行动”

模式是具有挑战性的。它们往往对现状提出挑战。它们不只帮助公司回答这个问题“我们的管理层需要了解什么”，还要回答“我们的管理层担心出现什么结果”。公司、管理层和投资者要有足够的魄力和勇气面对模式对行业重塑的现实，唯其如此，才能从模式提供的知识中获利。模式可以帮助公司认识并回应改变商业活动战略全局的突破性变化。尽管需要“应对”这些模式，但处理行业的突变和变化无一例外地会造成巨大的紧张和不适应。过去的经验、人类抗拒变化的天性以及彼此冲突的个性，往往使最精明强干的管理者也难以成功地处理行业的突变。在这种情况下，许多管理人员不能克服组织惰性和内部对变化的阻力，这些阻碍因素使公司不能充分利用由行业的下一轮变化带来的价值增长机会。

为了解决这些问题，称职的领导者必须认识到，当公司重点和战略方向发生重大转变时不可避免地会产生紧张和不适应。在这种情况下，那些愿意循序渐进地改变的人，那些在优质产品潜移默化的影响下成长起来的人，以及那些希望避免内部出现不协调的人，都会产生不可预料的担忧。

模式思考者可以预测这些团体反对根据新模式所采取行动的理由。有些内部组织行为模式能够被准确地预测，就像外部模式可以重新塑造整个外部世界一样。这种行为一次又一次地出现在一次又一次的会议上，以及一家又一家的公司中。这些反应源于人的本性，而不是由行业动力造成的。天然地避免接受不连贯事件挑战的倾向会以许多形式表现出来。然而一般来说，这些反对意见与风险，正在考虑的举措的类型、时间，坚持传统规矩以及利益保护相关。

表 13–1 总结了阻碍处理不连贯盈利的关键问题，以及本章开始讨论的解决这些问题的部分。

表 13–1　关键问题和解决问题的部分

问题	解决问题的部分
改变企业设计风险太大	了解战略风险
我们不需要太多选择	多重战略选择
我们有充足的时间——在改变之前我们要等着看事情怎么发展	懂得并利用时间
我们还是坚持使用一贯的游戏规则	发展举措和对抗性举措，建设后备资源库
为什么要这样做？不确定性太大了。况且，别人会模仿我们，把利润分走	创造战略控制

为了说服这些反对意见，睿智的管理者必须把部分经济学、部分建立联合的政治技巧以及部分顽强和决心结合起来。最充分的理由并不总能够让你占上风，但是它可以使你做好处理问题的准备，这些问题是从“了解情况”到“采取行动”过程中必须解决的。

本章提出了一系列仔细思考和解决这些问题的想法。这些想法的目的在于激发组织能量和热情，做出正确的行动和设计新的利润保护方式，对成功实现战略预期提供帮助。在读过这章后，希望你的领导力能够有所提高，这可以帮助公司更好地迎接挑战。领导艺术会造成在价值两极分化的环境中，公司是排第一、第二还是最后的位置，排位的先后在今天的经济生活中正影响着越来越多的商业活动。

了解战略风险

公司面临许多不同类型的风险:操作风险（机器故障）、金融风险（货币动荡）、产品负债风险（出乎意料的官司）以及不可抗力的风险（洪水冲毁工厂），这还只是其中的一小部分。

比上面提到的风险所付出的代价大得多的还有一种新的风险：战略风险。在这个价值转移和价值两极分化的世界中，过去的企业设计比以前任何时候都更快地失去公司以往的客户和利润率。战略风险以突兀且剧烈的方式表现出来。价值崩溃、价值停滞和两极分化竞争里的银牌选手仅是一两个错误的决策或错过的决策所导致的（图 13–1）。

在许多公司里，对实施新模式的第一条反对意见是改变公司的企业设计“风险太大”。管理者往往担心战略方向的重大改变可能损害现在的商业运作进程。

实际情况是公司不“了解”模式，或者不尽快采取行动，往往对公司的战略地位构成更大的风险。事实上，公司未能重新创造企业设计会严重损害现在的营利性，并提高战略风险水平。

战略风险有点儿像资产集中程度：谁需要它？你不希望企业模式的资产过于集中；你也不愿意其中的风险太集中（见图 13–1、图 13–2、图 13–3）。

其中的悖论是许多公司的企业模式中有很多密集的风险，但这都是不必要的。之所以有风险是因为在战略层面上，公司一直都不知道客户是谁。像比尔·盖茨、杰克·韦尔奇或者珀西·巴恩维克这样高明的商业“棋手”，通过直接与客户接触大大降低了风险，他们与客户接触的密切程度往往是其他同行的10倍以上。与适当客户的对话可以降低企业活动中的风险。与最难对付且具有远见的客户对话是管理人员可以培养的最有益的习惯，不管是对于他们自己还是对于整个管理层而言，都是如此。

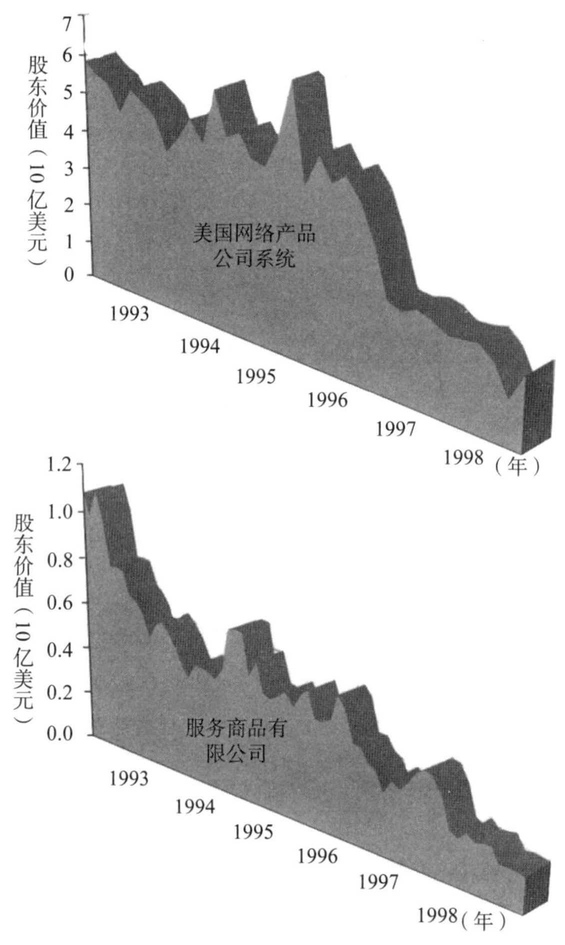

图13–1　价值崩溃

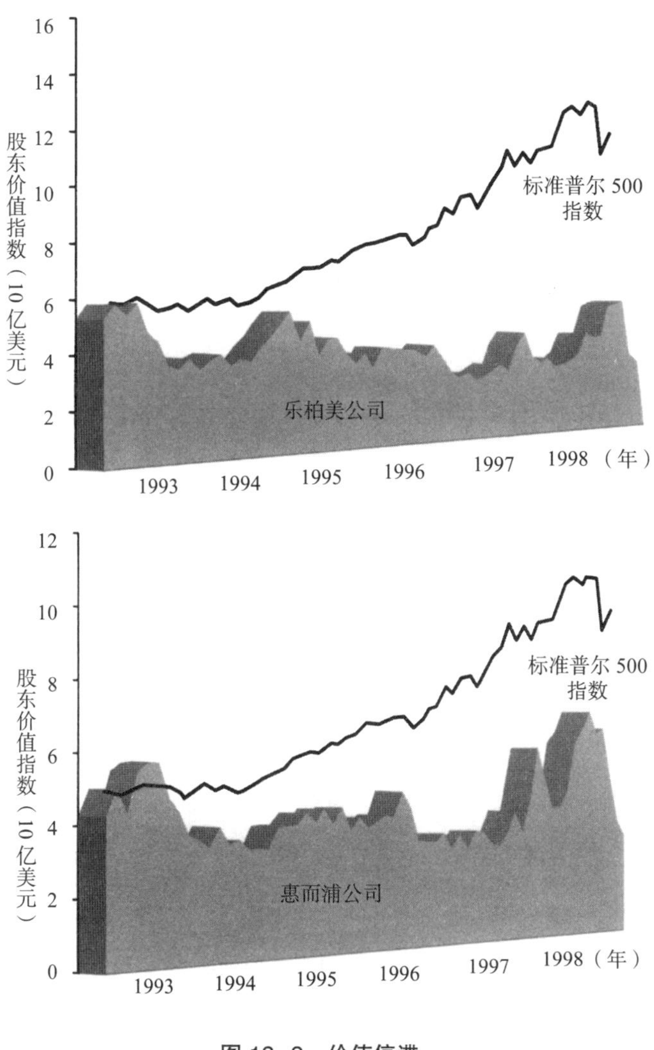

图 13-2　价值停滞

注：全部回报（红利重新作为投资）

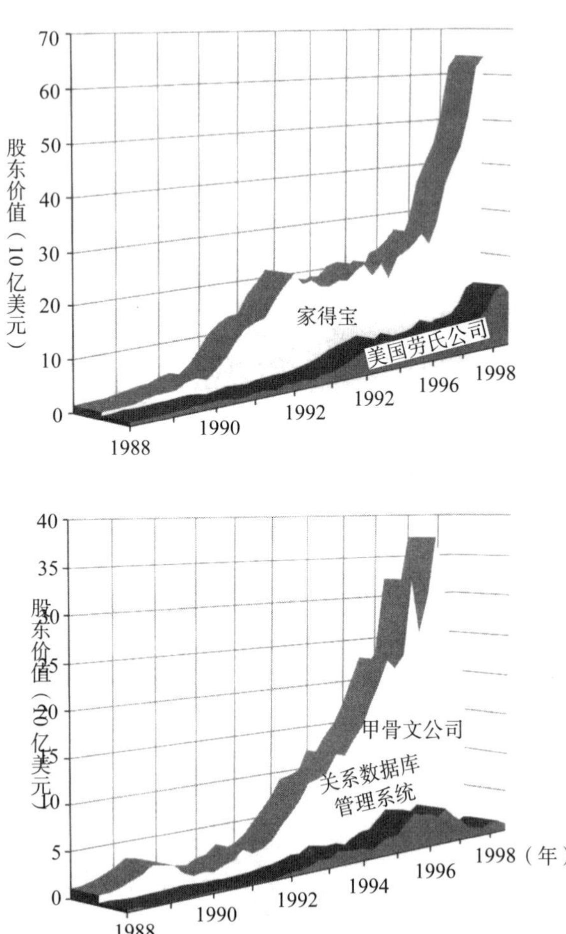

图 13–3　两极分化竞争中的银牌选手

这是可以培养的习惯。一旦你体会到建立在正确的客户信息基础上的行动有哪些好处，你就再也不想在黑暗中行动了。

其他主要的战略风险来自：

- 公司内部对公司的利润模式不明确。一个公司需要知道自己业务中的高额利润来自哪里。

• 目标固定。继续检测错误的变量，即使市场已经转移，新的模式正在发挥作用。

• 不成熟的方案计划。在现有的事实和它们的意义没有明确之前建立模式。许多方案计划的建立基础是应该被量化的“不确定性”，因为战略探测工作的其他努力会把适当的事实加入决策过程。“不确定性”与“已知情况”的比例往往是 8∶2。有了对战略形势和正在展开的新模式更加深入的了解，这样的比例可以逆转。

• 过多地建立模式。当你可以直接检测某些创新对客户产生的效果时，为什么要使用过多的模式？微软的办法是“针对失败的计划”。当你设计了自己的第一步，要设想它可能不会很顺利，或者根本行不通，然后准备好第二步、第三步。

微软创造奇迹的步骤是：

行动—失败；
行动—失败；
行动—大大成功。

• 竞争强度不够，这一条发生在新模式的早期。及早竞争成本低，风险也小；后来加入竞争成本高而且风险很大。及早“了解情况”，在新模式开始全面展开之前集中精力参与竞争，两者结合起来可以极大地降低你所处的竞争地位的风险。它还增加获得客观成功的可能性（请查阅第 2 章，参看两极分化的例子，看看你可以获得多么巨大的成功）。

总而言之，一定要认识到，你的下一步行动和下一种企业行为的设计不仅可以增强你与客户的联系、增加利润，可以最大限度地减小战略风险。公司不能减小战略风险可以导致价值崩溃、价值停滞或者两极分化竞争中的银牌地位。

表 13–2 试图展现高风险和低风险设计的关键区别：

表 13–2　设计区别

高风险设计	低风险设计
好像了解客户	确实了解最重要的客户，他们变化的速度有多快，他们怎样变化
对利润模式的概念模糊不清	“对公司目前和将来可能的利润模式绝对清楚，其基础是对模式以及模式展开情况的详细了解”
“目标固定”	“积极寻找下一步的转移方向”
“方案计划”	“不断加深对公司战略发展情况的了解，以及它对行动的意义”
“建立模式”	采用战略实验的办法： 行动—失败； 行动—失败； 行动—胜利
“竞争”	“新模式开始之初强化竞争，占据两极分化的优势地位”
“把 90% 的精力花在怎样优化现在的模式上”	“把 90% 的管理思考建立在发现新模式上，并提前两年创造将来的企业设计”

- 你的公司是否处在以下边缘：

——股票价格崩溃

——价格停滞

——在两极分化的竞争中处于银牌地位，还是在两极分化的竞争中处于金牌地位？

- 你的公司的战略风险水平随着时间推移在上升还是下降？为什么？
- 你的公司的战略风险水平与最强劲的对手相比如何？

多重战略选择

在计划过程中，许多公司只考虑三四个主要替代措施或者战略选择。一般来说，这些选择是保守的，只体现精心准备的、与目前的企业设计协调的方面。在客户满意、利润很高、企业设计几乎没有创新的静态世界中，这样很好，但只是暂时的。

其他公司可能权衡七八种选择，具体实施三四种。成功的商业领袖一般来说都会广泛尝试各种选择（12 种或 15 种主要选择或者选择的组合），其中有三四种真正具有革命性。

想一想可口可乐公司的历史。20 世纪 80 年代早期是可口可乐公司集中进行战略试验的时期：分散经营、哥伦比亚电影公司、新可口可乐、收购装瓶商、国外扩张等。罗伯托·戈伊苏埃塔为公司创造了一系列的选择，而不只有两三种。

广泛而富有创造性的选择效果非常显著。扩大选择范围会极大地增加能够创造的价值，缩短必要的时间框架。（这是赢家的两极分化曲线非常陡峭的原因。）

我们怎样制订革命性的选择方案？就像以前常讲的关于怎样到达卡耐基音乐大厅的笑话，答案是"练习"。我们往往没有花足够的时间来扩展自己的选择。用一个小时或者一天，想一想你的选择到底有哪些，下一步行动是什么，以及哪些选择可以被利用。

有些选择看起来几乎不可行，或者显得几近疯狂。然而，剧烈地扩大我们的选择对我们的思维有两个微妙且非常强大的效果：

1. 它可以促使我们改进主要选择。

2. 它可以促使我们发现新的不太疯狂的选择。

扩大选择范围无一例外地导致另一个结果。公司开始越过第一步看到第二步，接着又看到第三步。把时间的范围扩展到以后的两步或三步，你可以看到第“8”个选择比第“12”个选择要优越得多（见图 13-4）。

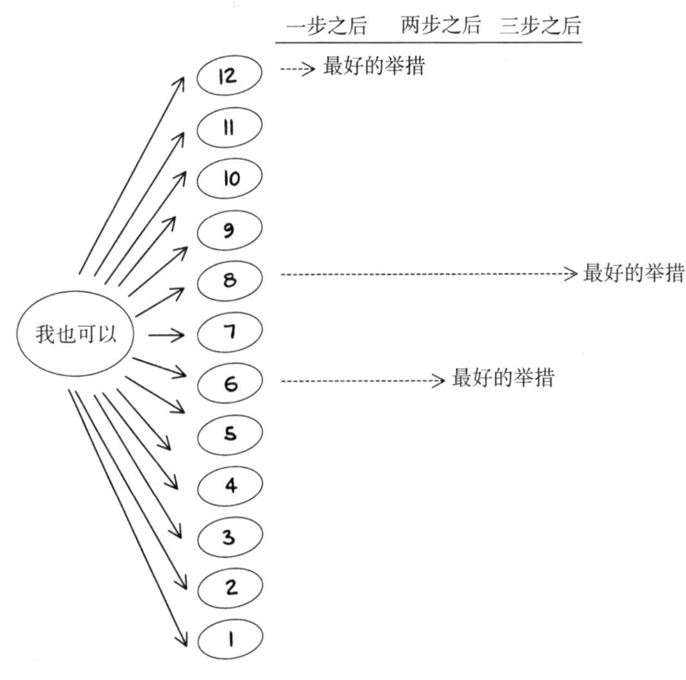

图 13-4　选择范围——三步之后

高明的决策来自几种思考相融合的结果。当我们在复杂的模式识别与敏锐的选择组合之间建立相互联系，把一项真正明智、别人无法模仿的决策推向市场的可能性就会得到相当大的提高。

许多公司存在一种强大的观念，认为公司只要找到一个“最佳”答案就能解决战略问题。反对变化的人不愿意进一步寻找，因为这会产生“太多的选择”。他们不是辨别各种各样的发展战略，而是希望找到一种可行的方法，并很快地进入实施过程。很多时候，最好的战略工作小组也会很快停止思考——它们想到的选择很少，只考虑到将来很少的几步。

在实际情况中，当决策者处理全部相关的战略选项时，他的能力就会加强。选择的多重性往往需要在选择时具备谨慎的头脑和远见卓识，为自己公司辨别最高价值机会的唯一方法是，了解和你所处地位差不多的参加者现有的全部战略举措。当行业中其他主要竞争对手也在积极扩展他们的选择范围时，你尤其需要这样做。除非公司了解了全部的选择，评价了这些选择在将来几步之后的潜在价值，否则公司都有可能错过最难得的机会。长远来看，一系列的“错失良机”不仅阻碍价值的持续增长，还可能导致价值崩溃。

想一想你自己的公司。它是一家“4×1”的公司（4 种选择，一步之后的评估）吗？还是一家“7×2”的公司（7 种选择，两步之后的评估）？还是一家 10×3 的公司（10 种选择，三步之后的评估）？它与主要竞争对手相比，情况如何？

表 13–3 战略思考类型：几种种类，几步之后

	我的公司	我现在的竞争对手	我将来的竞争对手
4×1	——	——	——
7×2	——	——	——
10×3	——	——	——

一家“10×3”的公司将有条不紊地战胜“7×2”或者“4×1”的公司。这不再是资源问题，而是关于你的管理层做出的选择质量的问题。

懂得并利用时间

《发现利润区》描述过的再发明者，为战略发展和实施中时间的充分利用提供了具有指导性的例子。

在这些企业领导者看来，时间比一般人的认识要复杂、微妙得多，而且变化多端。他们知道时间不是绝对的，时间以不同的方式发挥作用，这取决于客户和公司所面临的经济形势。他们对时间的利用大大有助于在一片混乱的非线性商业世界里赢得持续的价值增长（见图 13–5）。

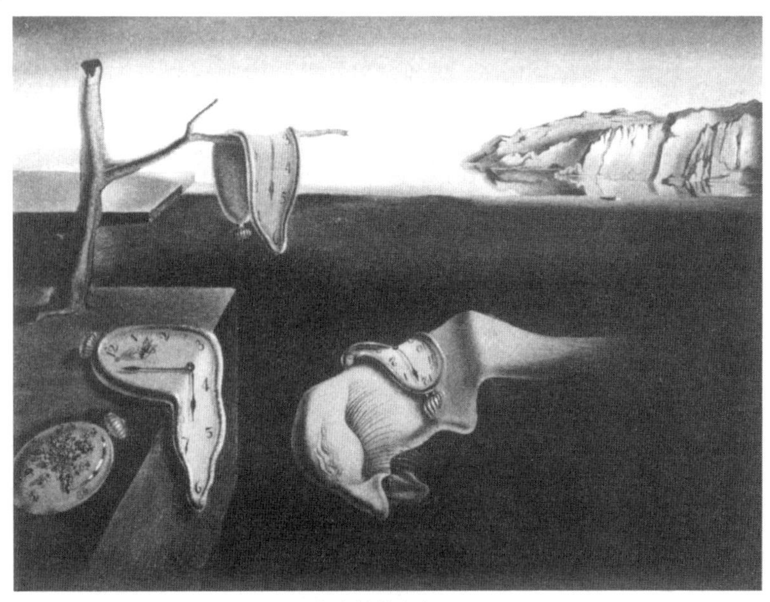

几个月的决定

图 13–5 达利的时间

传统的看法是，在商业领域中时间就是速度——“速度最快者获胜”。

更快总是更好吗？前进步伐能够一直加快吗？时间是以同样的速度发展的吗？

有时候更快就会更好，但是速度只是一个侧面。在不同的客户环境中时间的其他方面更重要：慢一些行动，以适当的先后顺序行动，预见今后的 10 年。

为了扩展你对商业时间的看法，请读一读艾伦·莱特曼发人深思的著作《爱因斯坦的梦》。这本书中提出 33 种物理学中时间发挥作用或者可以发挥作用的方式，比如向前、向后、转圈、变慢、反复以及停顿。

这本书打破了时间是线性的、持续的或者单向的观念。

商业活动中的时间可以像物理学中的时间那样复杂。商业活动中最出色的公司可以帮助我们懂得时间真正作用的方式，我们应该如何利用它、改变它，以及使它对我们有利（见图 13–6）。

几个星期的决定

图 13–6　常规时间

市场的时间有多快？时间在你的行业中怎样运作？在你的公司里呢？在你的思维活动中时间怎样运作？你正在处理的是什么样的时间流动过程？

时间并不做匀速运动，即使在一个市场或者单一行业中也不相同。时间是个关键的战略变量，为了获得一种不连贯的、非线性的时间性质概念，对计算机的简单历史稍加回顾是很有用的，它可以说明时间会以一种怎样奇怪且出乎意料的方式起作用，并可以使我们获得一些线索，懂得时间在我们自己的商业活动中有哪些性质（见图 13–7）。

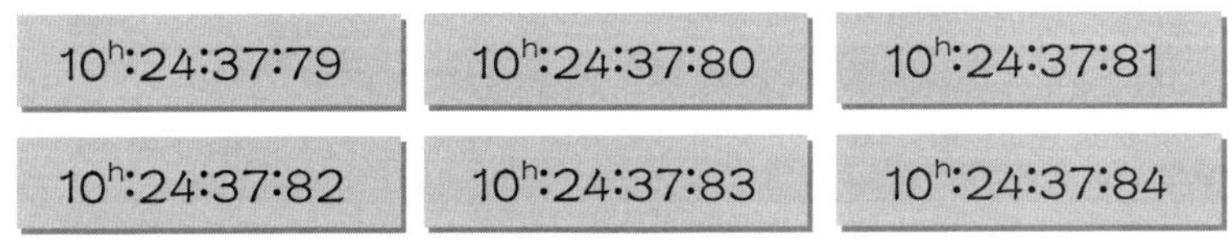

几天或者几小时的决定

图 13–7　数字化的时间

计算中的时间性质

两年是计算的一个实体，对吗？

谈到钢铁、化学制品和公共设施，普遍的看法是把它们作为长周期行业，而消费电子产品、计算机和时尚业被看作周期很短的行业。“计划设计和建造一座钢厂需要花 5 年时间”是一种看法；“一种产品引入 24 个月以后就被淘汰”是另一种看法。时间在计算机行业过得很快，而在钢铁行业则很慢。

这是真的吗？想一想计算机发展的三个阶段，再决定你的答案。

第一个阶段是 1979 年至 1984 年年初，整整 5 年的时间。在 1979 年，发生了几件事：

1. 苹果电脑出现。
2. 电子表格软件 VisiCalc 出现。
3. 文书处理器软件 Wordstar 出现。
4. 很小的个人电脑安装基地出现。
5. 个人电脑、边缘产品及软件的整体收入不到 5 亿美元。
6. 英特尔虽然是芯片之王，但还不占据主导地位。它正要开展一场大规模的宣传活动来和摩托罗拉竞争。

在实际使用苹果电脑的一小部分人中，人们对计算机感到非常振奋。他们感到非常激动，就像计算机从遥远的地方释放出能量，使每个人都相信世界会剧烈地发生不可逆转的变化，而且会很快发生。

1979 年来了又去了，然后是 1981 年。IBM 的活动使人们对个人电脑更加振奋（更重要的是，它是个人电脑的福音）。但是，1981 年，如果你有点儿落后，偶然听到别人谈论个人电脑，你问道："为什么这是个重要的行业？你们用个人电脑来做什么有意义的事情？还是说个人电脑只是有用而已？" 可能别人也只能困惑地看着你，无法提出确凿的答案。

然后是 1982 年的来临和病逝。个人电脑卖掉数千万台。公司认为这种技术非常重要，因为 IBM 支持它。但是，个人电脑有什么不同之处？是文字处理吗？IBM 的 MTST 机器是效率非常高的文字处理设备，用户可以对文字进行修改、添加、删除等。高权限用户的文字处理（比如律师事务所）可以买一套王安程序，就可以完成惊人的文字处理项目，不管项目是大还是小。

"世界将会改变。" 专家在 1978 年这样说。但时间已经到了 1982 年，世界还没有变化。

1983 年，莲花公司引入了 1–2–3 表格。世界最终改变了。和 VisiCalc 不一样，VisiCalc 没有进行优化以适应个人电脑，莲花 1–2–3 表格的设计充分利用了个人电脑的功能。从本质而言，莲花 1–2–3 表格与个人电脑的结合创造了一种复杂的计算机，这种计算机增加上绘图和书写报告。商业世界可以利用个人电脑，也有了合情合理的借口购买品牌产品（IBM）。1984年，莲花公司的销售额是1.57亿美元，IBM的个人电脑销售额增加了50亿美元。数百万个人电脑用户加入了这一行列，1978年的所有假设在1984年都成了现实。

时间快速地过渡到1995年，那年是网络年。关于网络，人们写了无数篇文章。就像1978年一样，那年出现了一些看得见的事件、迹象和公司：网景、UUNet通信服务公司、数百万用户、万维网，也出现了一些文化现象。如果你没有网络地址，你一定是个原始人。再次设想，一个落伍的人对大家争得起劲儿的网络提出了"网络是什么"的问题。

他问："为什么是网络？"

回答很简单："你可以发电子邮件。"

这个落伍的人继续追问："但是你用电话留言也可以做到，每个人都有，而且好多年了。你也可以发传真。"

"邮件内容很简单。"回答说，"人们还需要联邦快递公司来传递50页的发言稿。"

"嗯……就这些吗？"

"你可以在网上搜索。"

"在网上搜索又干什么？"

"你可以存取数据。"

"确实。"

1995年，网络使人们能够享有某种大规模的Lexis–Nexis（律商联迅）的机会，因为网络"淘金热"心理使数以万计的公司把它们的信息免费公布在网上。

但是上网的速度对于大部分用户来说还是极慢的，网上的知识结构杂乱到令人难以置信。彼得·德鲁克抱怨，没有一种对信息的分类系统，以便把庞大的数据归入便于查找的系统中。就"了解情况"而言，没有任何难以抗拒的理由让大多数人趴在网络上。而从商业活动方面来看，没有真正可以利用这种信息渠道盈利的模式。

带宽、不可抗拒的原因、利润模式，所有这些将会在 1999 年或者 2000 年彻底改变。但是，人们在 1995 年做出预言之后需要经过四五年的时间。1999 年年初，我们对网络的狂热已经超过 36 个月，而太阳还没有爆炸。计算机给我们一种可笑的感觉。它不像那种两年一个周期的行业，在文章、会议、演示和讨论超过 10 000 次之后，我们离真正的网络超级新秀还有一两年的时间。

第三个产生反应的时间是 1982—1990 年。8 年，很长的一段时间，仍旧不是永恒，但是对于计算机来说已经是两三个"永恒"了。确切地说，在计算机领域世界怎样给了比尔 · 盖茨 8 年的时间让他发明 Windows 呢？在计算机充满戏剧性的前 50 年历史中，这是一个最难被解开的谜题。

Windows 最初于 1982 年在计算机经销商博览会上出现时，比尔 · 盖茨才第一次见到 VisiOn 的演示。他非常吃惊，然后呆住了，再后来就开始行动。他开始全力以赴地把图表使用界面引入个人电脑。他向这一块"圣地"的进军可能经过了无数挫折，在 80 年代的最后几年最终生存下来。他的远见和坚韧、勤奋的意志，以及对计算机其他领域的包容，是 Windows 3.0 获得辉煌成功的主要原因。

现在我们转换视角，从软件和操作系统转到微处理器。安迪 · 格鲁夫为英特尔建立了一种利润模式，他看到微处理器的利润是四个因素作用的结果：（1）开发最快的新的芯片；（2）尽量延长最快的芯片作为市场上唯一同类产品的时间；（3）鼓励渠道分化；（4）尽快推出新的处理器，使行动较慢的竞争对手没有机会依靠它们对设计和模仿的投资来获得盈利。

格鲁夫没有围绕"从时间到市场"建立他的企业设计，而是围绕"两年的领先地位"来设计。这中间的差别很关键。许多公司追求一种由时间到市场的战略。它们希望缩短研发周期尽快到达市场。但是，就像一般的时间利润曲线所显示的，重要的不是时间本身，而是相对于市场的时间。一种重要产品在市场上占据两年的领先地位，比10种产品占据两个月的领先地位要更好。英特尔懂得这一点。这是它在相当长的时间内仍能保持高利润的原因。

同样的领域，两种时间表。格鲁夫和英特尔的工作人员夜以继日地工作，真正把最新最快的芯片推广到各个渠道。盖茨用了8年的时间发展Windows。这会让你困惑不解："这个行业的真正性质到底是什么？"

诚实的回答是：谁知道呢？答案的一部分是时间在计算机行业不是单一的。它有很多组成部分，就像精密的瑞士钟表里的齿轮一样。这些齿轮以一种精确而复杂的方式组合在一起。有的齿轮很大，转动速度却很缓慢；有的齿轮飞快转动，可体积小得几乎无法看到。

计算机行业也是这样的，既有大齿轮也有小齿轮。各个部分由一种复杂的机制联系起来，以一种细致而相互依赖的方式彼此影响。大齿轮是客户群体，小齿轮是产品和技术创新。真正的技术突破处于两者之间。当然，这样描述过于简单，因为最重要的是组成部分之间的相对大小或者相对速度，而不是它们如何彼此作用、彼此影响。

商业活动中时间的性质

在不同行业中时间的运行速度是不一样的。即使在同一行业，在不同的领域它们的运行速度也不尽相同。

关键的战略问题不是"我们怎么才能更快"，关键的问题是"我们怎样更好地利用时间"。在高明的商业活动参与者之间，每个人怎样利用时间来为自己创造下一步最好的企业设计，这中间的区别很明显。在英特尔，时间的意义是要快，要抢在别人之前，这是企业设计的核心所在。

在迪士尼，一般情况下快速运作也非常重要，但有时并非如此。在全美的主题公园快速实施价格上涨，可能造成公共关系和客户关系的大范围灾难。时间是缓慢的，而不是急迫的。经过精心准备，艾斯纳在 4 年里逐步实施了必要的提价，既创造了高额利润又避免了客户关系的灾难。这里的规则不是“快”，而是“要慢，要有条不紊”。在狭小窗户的限制中要小心谨慎地行进，保护客户至上和利润至上之间很容易被破坏的平衡。

在ABB，时间又是另一种情况。速度很关键，步骤更重要。珀西·巴恩维克因把 6 个月的工作在 6 个星期完成而闻名。但是，任何人如果认为巴恩维克只是机械地把时间压缩可就大错特错了。在ABB的系统中，时间管理需要对围绕整个系统运作的许多不同的经济时间带有深入详尽的了解。德国或美国的经济时间带和西班牙或者希腊的经济时间带有相当大的差别，而它们与波兰或者乌克兰、印度或者马来西亚又不一样。

ABB的“全球专家网络”的企业设计是适应经济时间带和利用不同时间带创建的。对于ABB而言，速度很重要，但是在不同的经济时间带保持差别更重要。当时间的性质时快时慢，具有阶段性的时候，企业设计也必须相应地调整。在这个意义上，ABB的本土化企业设计不仅出现在客户所处的地区，而且可以满足客户在经济时间带中操作。

在尼古拉斯·哈耶克的事例中，之前，时间在瑞士钟表业停了下来，而他使时间重新开始向前。哈耶克走得很快，但如果到达了错误的目的地，他就会导致彻底失败。哈耶克利用时间完成了两项关键任务：(1) 用他的“三种价格实验”明确了真正的客户是谁”这个关键问题；(2) 明确了需要进行多大的改进和突破（在设计、成本和广告方面）。明确这些目标所花费的时间决定了以后十几年具体实践的成功。快速而准确地定义目标将为以后通过艰苦劳动创造巨大价值打下基础。

时间在商业活动中的价值，以及模式识别和再发明的过程是非常复杂的。它既是关于速度又关于步骤的问题，又是关于适当地放慢脚步的问题，而且是关于在多重经济带运作的问题，关于时间与客户可接受性关系的问题。

对时间的有效使用需要反复思考和细心观察，还需要花费大量的时间把所有因素考虑周全。可自相矛盾的是，最后的这个因素是现在很多有才能的管理人员所彻底忽视的。

高明的商业活动参与者最明显的特点是他们不仅掌握了客户在想什么，以及利润怎样赢得，还懂得时间在自己的行业应该怎样运行。他们有能力在发现模式的早期，在企业设计再造中，在有关性质、步骤和节奏方面，巧妙地利用时间。

- 我的公司对时间在本行业的运行情况了解多少？对它应该如何利用？
- 我们公司战略的新陈代谢的紧迫度与其他公司相比如何？

表 13-4　利用时间

时间	我	我的公司	我们的市场	我们最强劲的对手
达利时间	——	——	——	——
常规时间	——	——	——	——
数字化时间	——	——	——	——

为举措和对抗性举措建设后备资源库

针对模式采取行动的一个常见的障碍是不愿意采用“用实践来检验对错”的办法，人们强烈地希望坚持按照公司传统的“战略手册”行事。管理人员满脑子都是公司过去的辉煌、失败和局限，他们往往倡导坚持使用现有的方法，因为现有的方法在过去对公司的发展起过作用。他们不愿意创造新的行动方式，而新方法对利用本行业正在出现的高价值机会可能是非常必要的。相反，他们选择从“已知量”中进行选择——在过去的经验和传统的行业专家所定义的狭隘的举措中选择。

实际情况是扩展你的战略手册和后备资源，任何时候都没有坏处。在任何情况下，拥有最多选择和举措的企业都处于最有利的地位，它们能够很好地适应新的经济情况和利用正在改变战略形势的模式。通过利用非传统的选择和方法，进行模式思维的公司能够创造可观的价值，掌握对本行业的战略性控制。

扩展后备资源在较晚的模式探测情况下尤为宝贵。即使当一家公司看到了模式并最先采取了行动，它的竞争者也不必放弃竞争。竞争者总有机会采取对抗性举措，对模式用不同的方式做出反应。正确的对抗举措能够使企业保持第二名或者重新获得战略控制地位。

好消息是对付每种模式都有至少一种聪明的办法。每种模式都可以派生出两种、三种，甚至六七种有利的对抗举措。后备资源只受到一个人以及团体中其他重要参加者战略想象力的限制。比如，一位非常高明的战略专家最近为价值链分拆模式发展了对抗举措的后备资源：

表 13–5　价值链分拆的对抗举措

模式	可能的对抗举措
价值链分拆	专业化 针对两个小分支专业化 寻找下一阶段的分裂（分拆，第二阶段） 建立系统整合的基础 找出保护专家的办法，重新平衡系统中的权力 预测再次整合从哪里开始，尽早赶到那里

管理层的挑战是发展各种各样巧妙的应对办法，评估它们的相对风险和优势。幸运的是，在现在激烈竞争的商业环境中，几种对抗性举措可以一次又一次地被使用。这些办法不是无穷无尽的。战略应变可以被学习掌握，可以形成管理人员最初的“行动资料库”：

表 13–6　行动资料库

行动资料库	例子
发明新企业设计：	可口可乐、通用电气、迪士尼及其他
加速：比别人更快地实行你的举措	星巴克、SAP、思科、戴尔、惠普（账目管理）、诺基亚（软件工程）、亚马逊网上书店（品牌）
套期保值：两面下注	英特尔（486 和 i86）、微软（OS/2 和 Windows）
效仿：模仿别人的做法，或者模仿并加以改进	家得宝、斯沃琪、时代华纳、日产、欧迪办公、捷威、微软、葛兰素史克，富达
障碍：阻止别人采取他们最有利的举措，保护自己的机会	TCI/微软、Banks/微软、微软/电话买车公司
干涉：干涉其他人的行动，或者促使他们改进业绩	丰田、麦当劳
让步：现在让步为了将来获胜	世嘉、任天堂以及很多其他公司

创造新企业设计

看到新模式的第一眼，最直观（尽管不是最容易的）的举措是阻止竞争对手设计新企业模式。这一步可以由最先看到模式演变并创造新的机会空间的企业执行。这一步做得非常出色（多次重复）的公司包括：可口可乐、通用电气和迪士尼。可口可乐公司的第一步是创立统一的企业设计并发展相当广泛的国际市场——百事可乐公司学习了它的做法。通用电气公司的第一步是开发价值链上制造功能以外的能力，然后继续在竞争中率先创新。迪士尼把其他公司排挤出局，它第一个认识到拳头产品的力量，并围绕它建立了多重利润系统。

加速：比其他人更快地实施你的举措

有时候，机会只凭速度就可以把握。如果行动果断迅速，一位竞争者可以排挤、追上或者跑在别的参与者前面，从而掌握关键的市场导向、地理位置或者能力范围。它们的例子有星巴克、亚马逊网上书店和SAP。星巴克在小商店里迅速展示了它的新产品，并使其他流通渠道（餐厅、机构等）的收益最大化。自己思考一下："谁排在星巴克后面位居第二名？"

套期保值：两面下注

有些新模式出现的时候，它们的结果还不十分明显，企业不能据此做出确切的决定。最明智的举措可能是同时在多处下注。这样的公司有：英特尔的486和i86芯片，微软的OS/2和Windows。不管市场朝哪个方向发展，它们都有准备。

效仿：模仿别人的做法，或者模仿并加以改进

效仿是直接的，它建立的前提是假设第一位行动者的企业设计非常稳固。"类别杀手"的概念在商品分类的广泛领域中得到效仿，像富达和捷威这样的公司为效仿提供了很好的例子。效仿造成竞争的局面。第一位行动者几乎马上被仿效，两位对手齐头并进，互相挑战，彼此对对方的战略行动做出回应。效仿越早开始，成功的可能性越大。

捷威仿效的样板是戴尔，因为它们的市场有广阔的客户机会可以利用，所以两家公司可以并存。戴尔针对公司客户，而捷威针对消费者。

另一个仿效的例子是富达，在嘉信理财创建了一源业务，发展了配电盘模式以方便共同基金交易后，作为交换，富达很快如法炮制。当本田开始制造高档轿车雅图时，丰田推出了凌志，日产推出了英菲尼迪。

障碍：阻止别人采取他们最有利的举措，保护自己的机会

有两个例子很好地说明了对抗性举措障碍的成功实施。第一个是当微软认识到它帮助电话买车公司建立控制面板内在战略控制的时候，微软中断了它们的合作关系，创建了自己的控制面板，称之为微软CarPoint。这样，它最大限度地减小了电话买车公司的举措所造成的战略影响。电话买车公司没有时间建立庞大的客户基础或者广泛的品牌形象，也无法独占与供应商的联系。如果微软没有采取上述措施的话，它们便是潜在的战略控制手段。

第二个是当TCI阻碍微软使它不能在机顶盒操作系统市场上获得领先地位的时候，微软发现自己处于被排挤的一方。TCI确保其他竞争者（如太阳公司的Java）一直在竞技场上，最大限度地扩展TCI将来的选择。

干涉：干预其他人的行动，或者促使他们改进业绩

另一种选择是干涉或者对机会的把握比别人占优势。采用这种办法的企业包括丰田和麦当劳，它们的战略举措涉及提高其他供应商的能力，以便增加它们为客户创造价值的能力。对于丰田和麦当劳来说，其中涉及复杂的培训、系统标准化、联合和更新供应商、改进信息以及利润分享。

让步：现在让步为了将来获胜

最后一个选择是竞争者随时可以选择的方法是干脆让出竞争空间。资源（尤其是人才）非常稀少，可以被用于在竞技场的其他领域进行更好的投资。有时候，最好的选择仅是“等下一辆公共汽车”。这种对策的典型例子是目前正在任天堂和世嘉这两家电子游戏公司之间进行的竞赛。

当任天堂成功推出 8 位电子游戏系统，世嘉没有争夺任天堂在这一市场的主导地位。相反，世嘉推出了第二代 16 位系统，它知道这样一来，当客户更新系统的时候它可以占领整个市场。任天堂用类似的战略来应付，成功地占领了 64 位市场。世嘉继续努力开发 128 位的系统，希望以此打败任天堂。它们没有争先恐后地希望一直占领所有的市场，相反，每家公司都采取了“现在让步为了将来获胜”的战略来尽量控制竞争市场。

表 13–7　举措

行动或举措	我们正在实施的举措是什么？	我们应该实施什么举措？
创造		
加速		
设置障碍		
效仿		
阻碍		
干涉		
让步		

创造战略控制

因为两极分化现象，所以及早发现模式的价值比100多年前提高了。率先察觉正在出现的模式并利用它进行企业设计的公司，能够得到相当可观的市值作为回报。与竞争者相比，较晚察觉模式的公司获得的市值要低得多。

除了得到较高的市值外，较早察觉模式的公司还处于有利位置，可以为保护自己企业设计的盈利形式而产生相当有力的战略控制。战略控制是指一个公司保护自己利润既不会因为竞争也不会因为客户权利而使自己的利润受损的能力。战略控制的程度是一种企业设计成功的决定性因素。那些早期识别出新模式的公司很可能对本行业构成战略控制。

过去10年激烈的企业设计创新已经创造了越来越雄厚的战略控制后备库：

表13–8 战略控制点

战略控制点	例子
标准控制者	微软、甲骨文
价值链管理	英特尔、可口可乐
主导地位	全球范围的可口可乐
专利	辉瑞、默克
知识产权	迪士尼
客户关系拥有者	嘉信理财、通用电气
供应来源的控制	戴·比尔斯
人才的控制	微软、思科
流通/运输机制的控制	美国在线
品牌	雅虎、亚马逊
制度性优势	喜达屋
两年的产品开发领先地位	英特尔
20%的成本差价	纽柯

当新模式被触发、新的价值周期开始时，创建战略控制的机会在第一年是最多的。随着模式的成熟，这些机会开始收缩，到了价值周期的第三年或者第四年，几乎没有机会创建战略控制。即使有，它们也不再具有很高的价值，因为价值周期一两年就要结束了。

及早识别模式的经济和战略优势，共同造成了良性的反馈循环。创建战略控制可以减少公司利润流动的风险，提高公司的市值与销售比，并进一步强化两极分化的效果。其结果造成金牌获得者与银牌选手之间产生巨大的差距，而最终使银牌选手把所有的潜在收益都拱手让给金牌获得者。

我们总结了有助于公司从变化中获利而不是受到损害的几种关键方式：

- 了解战略风险的真正性质。
- 不断为公司寻找最好的举措（多重战略选择）。
- 利用时间的作用原理。
- 建立并应用行动资料库，选择关键举措和对抗性举措。
- 建设利润保险（战略控制）。

现在轮到你的管理小组了。把较少的模式和较多的战略选择列出来，在此基础上试验你们的举措、可能的应对办法和对抗性举措。把比赛至少进行到三四步以后。

- 你的企业活动最有可能展开哪些模式？
- 公司面临的最大战略风险是什么？
- 时间对你们有利还是不利？怎样让它对你们有利？
- 哪些选择可以使你们的处境最好？为什么？
- 在每种情况下公司怎样赢利？
- 每种情况下公司怎样建立战略控制？
- 各种选择之间有没有明显的优劣，还是你们需要两面下注？
- 为了把握更大，你还需要了解哪些情况？

• 你的公司做好行动的准备了吗？

值得注意的是

传统的组织习惯并喜欢产品思维和行业思维。今天，成功的组织已经超越了它们，发展到掌握客户思维和投资者思维。

将来成功的组织将建立在客户思维和投资者思维的基础之上。它们还将掌握：风险思维、选择思维、时间思维、战略控制思维。

延伸阅读

带宽危机

上个月，你有几次连续4个小时考虑战略问题？上个月，你最出色的3位工作人员又有几次这样做呢？

实际上，你可以开始扭转这种“没有时间考虑战略”的下行螺旋。你可以做出更明智的决定和采取更合适的举措。你能够培养一种意识，知道什么是高明的举措，以及怎样展开。

随着这个过程展开，一项好举措将引出另一项好举措，从而为你的公司打开新机会的大门，创造新的资源。而且，它能够为你创造更充裕的带宽来重复这些过程。最终，它会形成上行的螺旋：更充裕的带宽、更明智的决定、更多的机会。

5分钟的思考进行几百次也不能解决10亿美元的问题。模式思维用定点考虑的办法效果不好，这里既有难题也有机会。竞争者得到无数封“邮件”（电子邮件、录音信息、传真、联邦快递邮件、书面信件等），其中涌来的大量信息把带宽的每一点儿好处都抹掉了，能够创造空间来破解关键模式并采取正确行动的参与者，将具有绝对优势，并战胜四面出击的竞争对手。然而，在现在即时通信和时刻保持联系的世界中，为战略保存带宽变得越来越困难。

如果你为战略留出一定的带宽会出现什么情况？

你将有更多时间用来观察和分析模式，用来扩展自己的战略选择，用来思考三步以后的行动，用来更加认真地考虑战略控制的必要性和可能性。

战略捷径

当高级管理人员没有花足够的时间寻找战略捷径的时候，带宽危机尤其严峻。一旦你知道了时间在商业活动中的作用，你就希望抓紧时间。你想知道怎样克服常规办法的“慢动作”。大部分战略主动性都要用几年的时间才能获得。树立品牌或者建设一个基地或者增加服务业务或者确立产品地位，都需要投入金钱和更多的时间。它要经过思考、计划、投资、失误、修正以及发展过程。

以常规方法从A点到达B点也许需要几年的时间，付出数百万美元的投资。

有时候，你可以创造一种战略捷径——独特的、非常规途径，让你越过正常的时间段直接到达B点。

战略捷径非常难得，因而十分珍贵，值得慎重思考。

在理论物理学中，一个虫洞利用时空的弯曲度来很快地从A点到达B点。

在实际商业活动中，战略捷径利用市场时间的特殊性很快地从A点到达B点。

比如，1983 年，嘉信理财既没有时间也没有金钱用传统方式来树立品牌。嘉信理财的管理层制造了一座500英尺[1]高的嘉信理财大钟，把它挂在德国商业银行的总部所在地法兰克福最高的摩天大楼上，由这件事引起的公共关系大爆炸使整个世界在几个星期而不是几年的时间就知道了它的产品。

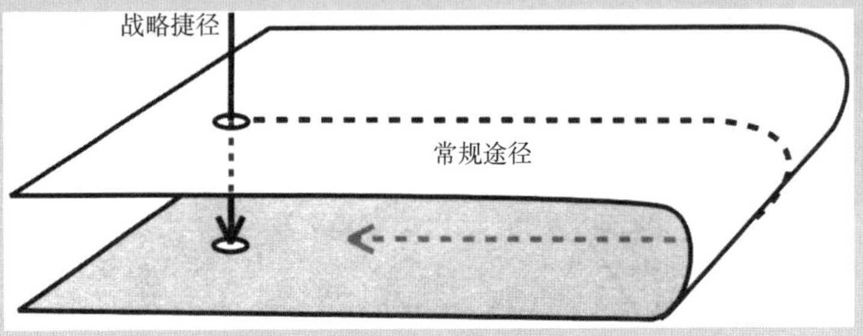

图 13–8　战略捷径

1993年，星巴克既没有时间也没有金钱在竞争激烈、迅速发展的美食咖啡种类中树立品牌。星巴克对其所体现的产品和理念进行了大规模宣传。它利用首次公开募股的事件来进一步扩大知名度，随后，它继续撬动公共关系的杠杆。

为产品建立众所周知的品牌知名度，通过常规方法需要5年的时间和1亿美元的广告投入。星巴克两年就实现了家喻户晓，而且几乎没有做广告。

1992年，莲花公司可能成为Notes（工作平台）的赢家，但是当时的市场是电子邮件的市场。莲花公司本来可以用5年的时间开发产品，并为用户建设安装基地。

但是它没有这样做，莲花公司购买了cc：mail（邮件系统），获得了最好的产品渠道和最大的安装基地。莲花公司在此基础上开始建设，而不是用5年的时间进行建设才达到这样的水平。

① 1英尺=0.304 8米。——编者注

1998 年，康柏的服务器业务需要其具备世界一流且全球化的服务能力。它本来可以用几年时间自行建设，然而康柏购买了数字设备公司，这个举动节省了它 5 年的市场时间。

在 20 世纪 80 年代后期，嘉信理财正在树立金融服务的品牌来赢得数以百万计的客户。这是个缓慢的、逐步的、循序渐进的过程。为了加快步伐，嘉信理财与数万名财务咨询师发展了联盟关系，为他们提供金融服务。这样，嘉信理财赢得了数千万潜在的客户，节省了几年的时间。

1983 年，微软推出了 Windows 1.0。虽然产品还不成熟，但是微软迈出了这一步。这次宣传排挤了 VisiOn，微软开始加快了学习过程。

换一家公司可能会用三四年时间来改进产品，这会产生两个结果:（1）产品不一定能真正得到“完善”，因为它可能没有得到真正的客户反馈;（2）无论如何，VisiOn 已经赢得了市场。更多关于战略捷径的例子每年都会出现。你可以把它们列举出来。它们将挑战你的思维方式，帮助你实现更大的利润。

模式是一种战略捷径。你可以用 6 个月的时间从头做起，归纳、分析、了解情况。或者，你也可以把模式作为假设，用 2 个月的时间来尝试证实或者进行调整，省下来的 4 个月可能决定你在自己的行业领域赢得的是金牌还是银牌。

战略捷径不是免费的。你需要付出代价。嘉信理财付出的是异乎寻常的想象力；莲花和康柏付出的是收购优势和合并后重组的痛苦经历；星巴克付出的是强化的公共关系；微软付出的是遭受批评和嘲笑。

但是，在这些情况下，付出的代价与得到的收益相比只是极小的一个部分。

战略捷径不是商业活动独有的。在科学领域和其他各种各样的领域，如逻辑学、生物学和物理体系，都可以创造战略捷径。在逻辑学中，由美国电话电报公司的纳伦德·卡马卡提出的卡马卡算术把时间和路线安排优化到常规办法所需要的时间片段中。在生物学里，由密歇根大学的弗朗西斯·柯林斯博士提出的染色体跳跃方法极大地缩短了判断病灶的时间。在物理学中，由卢菲特·泽德教授发明并在日本提出的“模糊逻辑”极大地改进了相对于建立在二进制算术基础方法上的时间物理系统的计时表现。

这些捷径在科学领域比在商业领域的发展好得多。但是今后几年，随着业内人士懂得战略捷径可以创造那些令人难以置信的经济优势，这种情况将会改变。

战略捷径把乐趣带回到商业活动中，通过创造捷径，公司可以提前一到两年达到市场曲线的相应位置。技能水平提高，信心增加，成功一次比一次更辉煌，竞争比公司处于领先地位的时候更有意思。

第 14 章

利润模式简明使用手册

本书以一种全新的理念对我们今天所面临的快速变化的商业环境做出了阐释。本书从第 1 章到第 3 章主要介绍当今商业领域发生的变化。在日益复杂的商业领域中，不仅市场辨析和筛选越来越困难，而且商业失败所导致的惩罚也变得更加令人迷惑不解。第 4 章至第 10 章，对市场表象的混乱进行了深层次的剖析，并介绍了各个行业已经出现的大量的案例模式。第 11 章至第 13 章说明企业如何将庞大的知识资源、经验模型以及思维模式三者相互融会贯通，创造出自己的经营战略，并尽快实现和建立市场优势。最后一章将对前 13 章的知识和程序进行强化和总结。使用手册介绍了怎样发现盈利模式及如何将它转化为价值的深度练习。

本使用手册分为 5 个部分：

1. 熟悉模式。
2. 洞悉战略蓝图。
3. 战略预测——解析关键指标。

4.战略选择多样化。

5.从模式中赢利："我最佳的行动是什么？"

通过学习此程序和应用此思想，你将为你的公司和你所在行业的成功助一臂之力。请注意本章的题目"利润模式简明使用手册"，如果想对此有深入了解，请访问利润模式网站。

熟悉模式

众多的模式词语会使人迷惑不解。你需要至少每两个月对第4章至第10章的内容进行回顾，并在本书的页边空白处加上对每一种模式的例子。与此同时，深入思考这些模式为什么会发生，它们发生的前兆有哪些。请考虑其他一些因素：为什么它们如此重要？哪一种对自己最有价值？当你重新阅读《发现利润区2：利润模式》各章节时，应侧重于及早发现模式的成果和失去它们的机会成本这两方面。深入思考那些失败的公司，并找出它们失败的原因：是怎样的程序导致它们失败的？它们是如何组织的，以致没有发现机会而错过了下一个盈利的机会？如果是你，你将怎么做？为什么要这么做？

与你的同事讨论，或者与你最有利可图的客户和投资者探讨，这将能描述你自己的战略蓝图，并为及时地发现潜在的机遇打下良好的基础。

洞悉战略蓝图

超越竞争对手的视野，洞悉战略蓝图。

价值转移能激发你从不同的角度，创造性地思考谁是你真正的竞争对手。这里提出"雷达扫描"的概念，它能促使你超越"我的竞争对手就是我的同行"的惯性观念。"雷达网"强迫你从更广阔的视野发现谁是你真正的竞争对手，他们包括传统的竞争者、客户和未来潜在的竞争对手。

本书激发你对影响你企业的众多组织进行积极的思考，从而超越竞争对手洞悉战略蓝图。这样你就能列出你的公司和所有其他的参与者（客户、渠道、媒体、人才、供应商、第三方），从而使你反思各种关系，发现控制点和正在出现的利润区（见图 14–1）。

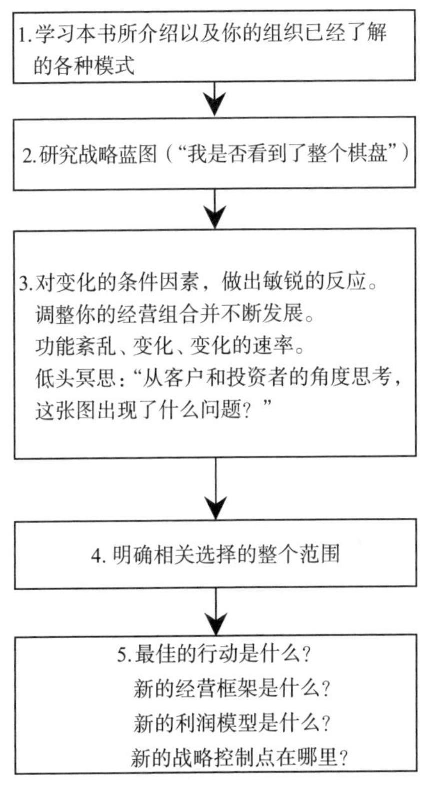

图 14–1　关系图

描绘自己的战略蓝图

第 12 章引入了战略蓝图的概念，并提供了蓝图制定和调整的方法。以下的练习是对之前讨论的补充，并能辅助你系统化地陈述完整的战略蓝图（见图 14–2）。

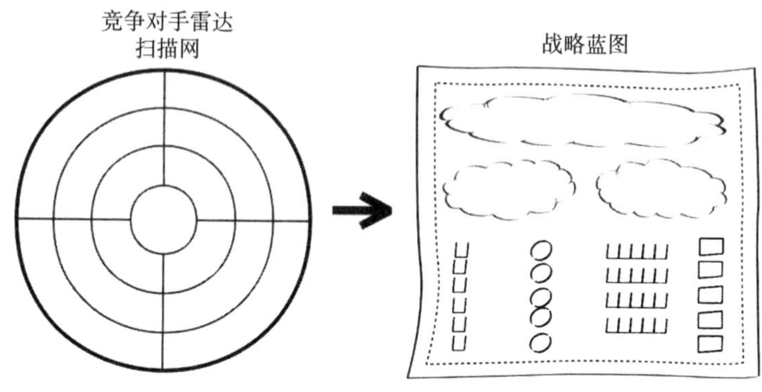

图 14–2　战略蓝图的制定

回顾嘉信理财的战略蓝图（见第 12 章），从战略蓝图草图所领悟的洞察力对解释公司的成功十分关键。图 14–3 是嘉信理财 1991 年制定的战略蓝图的例子。

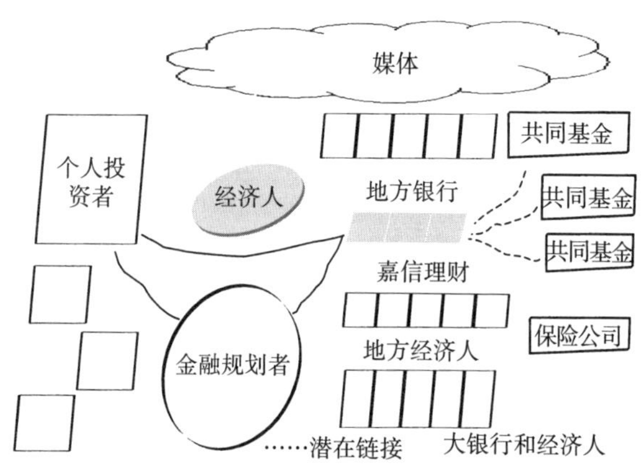

图 14–3　嘉信理财 1991 年制定的战略蓝图

从以上嘉信理财的战略蓝图中你发现了什么？

透过这张蓝图的变化能观察出 1991 年嘉信理财几个利润影响因素：

- 大多数客户没有得到很好的服务。

• 金融规划者是打通客户的主要渠道，却是被忽视的一部分。

• 数以百万计的各种共同基金与数以百万计的投资者的联系效率极为低下。

• 疏通与共同基金的渠道将使基金与客户双方受益。

现在，该轮到你了

打开视野，思考自己的战略蓝图。公司有多少种不同类别的客户？

可口可乐公司的潜在客户模式能够激发你的思考，可口可乐公司的客户模式包括装瓶商、零售商店、泉水（水源）、自动售货机的所有者、客户、投资者和媒体。注意，不要忘记潜在客户——那些现在不是而未来会成为客户的消费者。

识别自己公司不同的客户类别。思考是什么促使每个消费类别不同，并列出造成不同的关键因素。特别注意区分每个客户类别最关键的因素。

客户类型	什么对他们最重要
1. ________________	________________
2. ________________	________________
3. ________________	________________
4. ________________	________________
5. ________________	________________
6. ________________	________________
7. ________________	________________

现在按照客户的重要性或价值从高到低依次对你所列出的客户类型重新排序。某类客户可能不是最有利可图的客户，却是比较有价值的客户。这些战略性客户是否对你的公司有利？

按对公司价值大小对客户类别进行排序：

1. ____________________

2. ____________________

3. ____________________

4. ____________________

5. ____________________

6. ____________________

7. ____________________

以上只是营造你的战略蓝图的第一步，是你商业棋盘的一个维度。

第二步是填充蓝图的另一个维度。在下面的空白处，为在本行业中客户使用的多种分销渠道命名。切忌拘泥于传统的销售渠道，列出你和你的竞争对手能提供给客户的所有可能的方法。

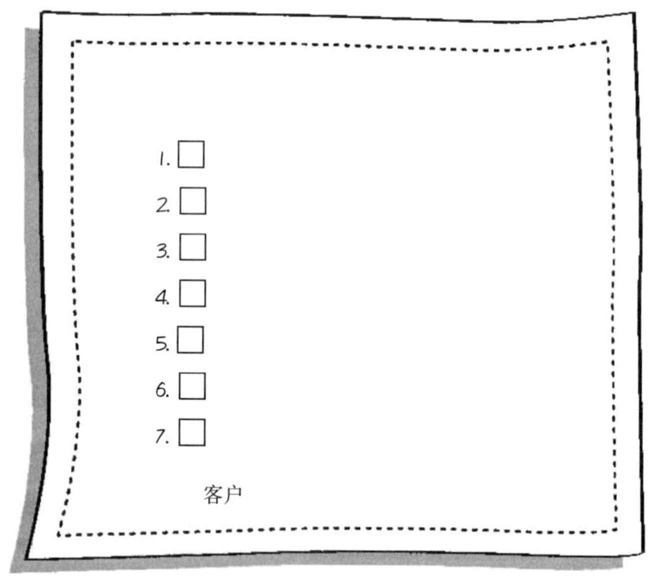

图 14–4　蓝图的第二维度

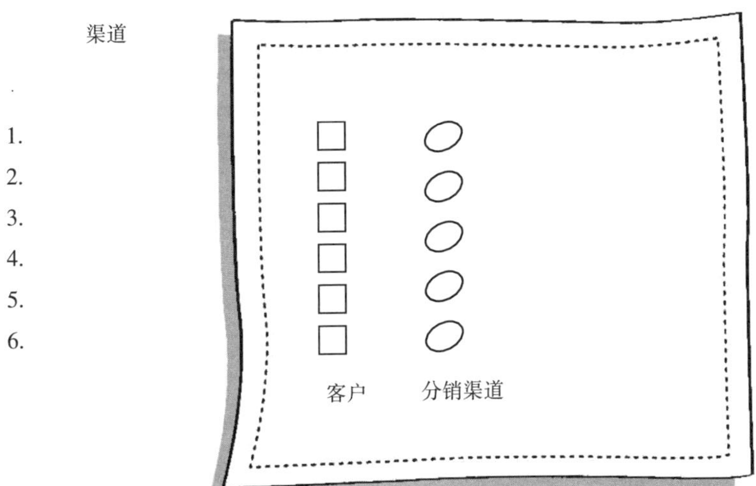

图 14-5　蓝图的第三维度

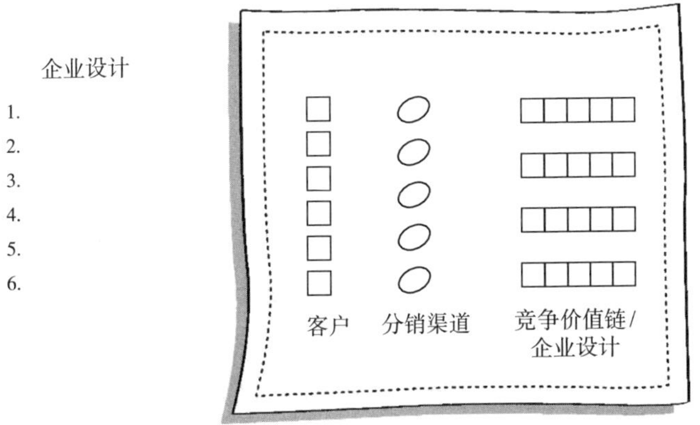

图 14-6　蓝图的第四维度

基于以上信息，写出能够实现服务客户和各种渠道的每一种企业设计/价值链，例如，金融服务需要银行价值链、互利基金价值链、经纪人价值链、软件价值链、保险价值链等。突破传统的模式，画出各种价值链草图，从左至右，从接近客户的分销点开始，加上产品和其他各种要素，同时依次做出评价。

在价值链的每一步都标注是否重要。这取决于你的要求。或许你只想对本行业简单地做个扫描，或许你想了解所有重要部分将怎样相互影响。如果是这样，那么每一步的细节就不那么重要了。但如果你想寻找机会空间和利润区，那么了解每一步的细节就变得至关重要。

下一步是在草图的空白处填上供应商、创新资源、人才资源、媒体资源、投资资源等要素（见图 14–7）。

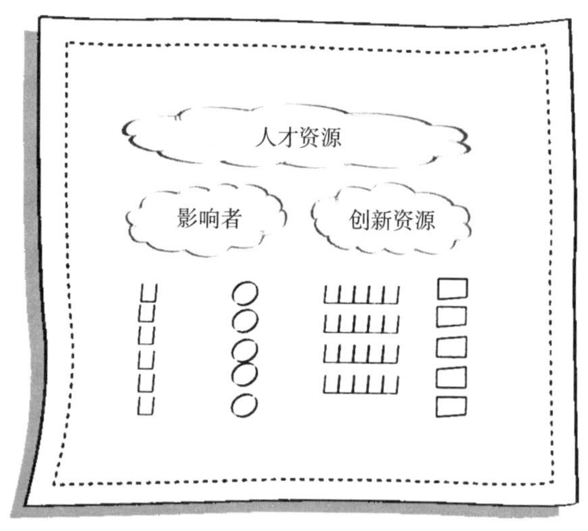

图 14–7　你的战略蓝图

这样做似乎很容易发现哪些参与者是不重要的，并将其置于效果图之外。但你如果这样做了，就会大错特错。通常，如果将这些参与者加到战略蓝图上，这将为你的公司在未来采取最有利的战略行动提供重要的洞察力，会牵出你想落实的一些最重要的问题。例如：

- 谁对人才资源形成了障碍？
- 谁是媒体和投资者的重点对象？

• 谁瞄准了影响者？

最后一步也是最重要的任务是，发挥你对利润影响因素的洞察力。回答以下问题将会对你有帮助：

• 在当前的战略蓝图中，有哪些客户机制被采用？

• 目前是否有被忽视的任何环节，是价值链、供应商或是其他参与者？

• 在所有参与者中，物流、服务流和信息流是否存在功能紊乱的问题？

• 在此战略蓝图中，谁会占据战略地位？

• 价值链的哪一部分为高利润区？

战略预测：解析各种关键指标

制定了自己的战略蓝图后，你可以寻找实现这些蓝图的模式。确认模式并重新定位你所在的行业，会使你尽早处于有利位置并成为领先者，或者能尽早采取行动并缩短同竞争对手之间的差距。在这一过程中，有三个关键因素：

• 谙熟你所在行业已往的模式（参阅第 11 章）。

• 确认推向新模式的条件（参阅第 12 章）。

• 认识巨大价值中的风险。

认识巨大价值中的风险

企业成功和失败的机会和风险变得扑朔迷离。在你的行业中，价值、利润和风险有多大？

根据前面所提供的几个行业中的相关案例，思考一下每一行业中金牌得主和银牌选手之间的差异。一方面是尽早掌握的收益，另一方面是太晚掌握或未能掌握的代价。将你所在的行业填写在最下面一行，并大胆思考谁是你的竞争对手。

表 14–1　金牌得主与银牌选手的差异

行业（1998 年）	金牌得主	银牌选手
半导体	•英特尔—1 800 亿美元	•AMD—40 亿美元
饮料	•可口可乐—1 600 亿美元	•百事可乐—600 亿美元
零售	•家得宝—700 亿美元	•劳氏公司—140 亿美元
你所在的行业	•____—____美元	•____—____美元

你所在行业的价值规模有多大？回忆自己的战略蓝图，谁在竞争这部分价值？

你是否是此行业的金牌得主？你知道其中的原因吗？你是否了解曾改变你所在行业的原有模式？

了解你所在行业的故事

• 你所在行业以前出现过哪些模式？

____

____

• 你所在行业的金牌得主应用的模式有哪些？

____

____

不了解历史者必将重蹈覆辙。今天，这样的回应变得很有价值，从其他行业中得到的经验教训将为你的战略决策提供帮助。你对自己的行业会做出怎样的预测？

从第 4 章到第 10 章，我们分析了许多行业中的金牌得主，它们都是本行业中最早“发现”并采用新的管理模式的成功者，而且它们从中创造了巨大的价值（见表 14–2）。

表 14–2　金牌得主与盈利模式

金牌得主	盈利模式
微软	价值链分拆、行业标准、基石建设
可口可乐	客户重新定位、重新整合
思科	行业标准、数字化企业设计、提供解决方案
通用电气	提供解决方案、从产品到知识
耐克	外包、品牌
雅虎	品牌、交换平台、基石建设
美泰	品牌、从产品到金字塔
盖璞	品牌、重新整合

你列出的利润模式如何重新影响你的行业？你从中学到了什么东西？以下问题将会帮助你得出答案：

- 你最早在什么时候对这个模式提出了质疑？
- 你怎样“发现”问题？
- 你采取了哪些行动？
- 你能够做什么？

是什么让你开始怀疑新的利润模式已经出现？尝试回忆首次质疑，确定“发现”和“采取行动”二者之间的时间差。它们的间隔时间是否太长？那些间隔时间较短的公司，将会在所属行业创造最大的价值。时间就是价值！

及时调整并应对构成你的战略蓝图的影响因素，是一个能帮你缩短迟疑与行动时间差的关键方式。你质疑的那些条件是否仍然存在？

明确能够引导新模式的条件

从第 4 章起，你开始了解那些在本行业中能预测并成功运用模式的公司。其中的许多公司对环境做出了积极应对，并成功地创造出新利润。

采取以下步骤，从多个角度审视战略蓝图：

1. 你的客户（传统的）。
2. 你的客户（更广泛意义上的）。
3. 你的竞争对手（传统的）。
4. 你的竞争对手（多角度来看）。
5. 你的辅助者、供应商、联盟合伙人。

回顾第 12 章中所列出的变动因素，它们是否在你的战略蓝图中得到了印证？

____

____

____

第 12 章简要地列举了变动因素：功能紊乱、变化、变化速度和变化趋势。之后围绕这些要素做了深入探讨，其目的是确定影响战略蓝图条件的特征（见图 14–8、图 14–9、图 14–10）。

在你的战略蓝图中，功能紊乱、变化的来源、变化的向量（速度和方向）分别是什么？对以下的每一个种类，思考后回答一些问题。比如，我所在的价值链中存在哪些功能紊乱的问题？

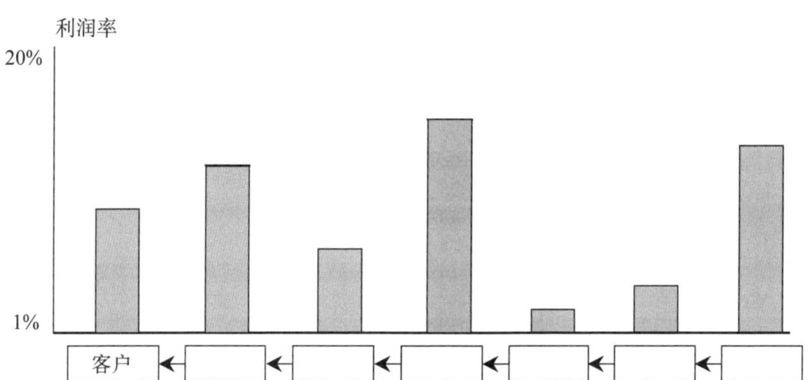

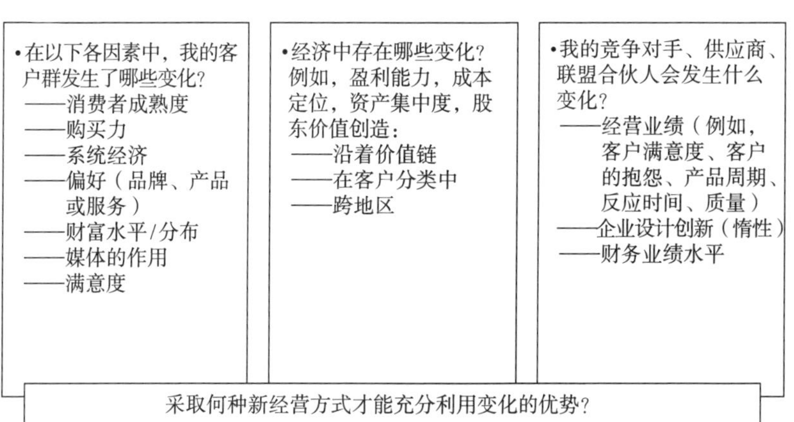

图 14–8　变化性案例：价值链中各环节的盈利能力

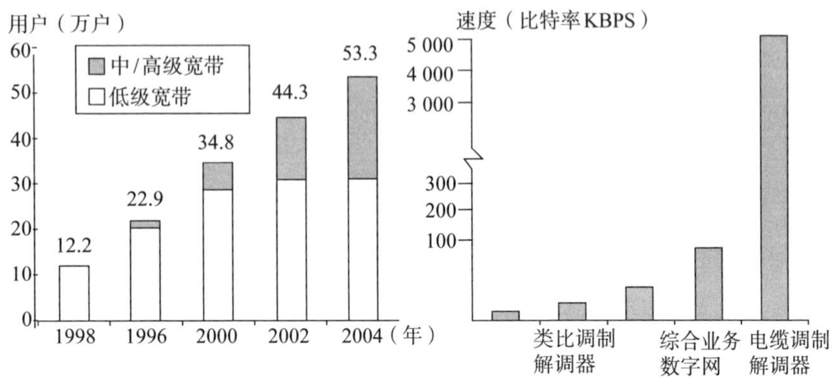

资料来源：辛巴信息公司；考克斯通信公司

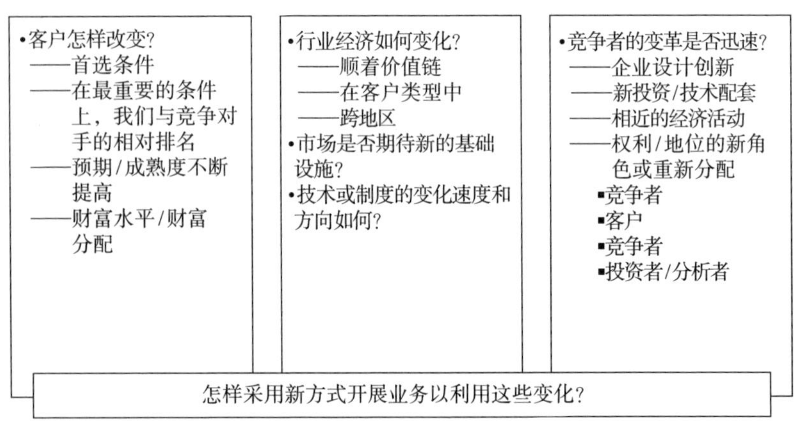

图 14–9　变化的速度/方向案例：网络带宽

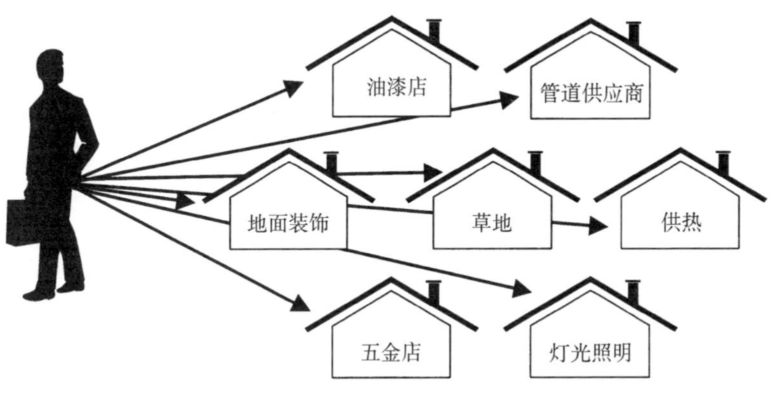

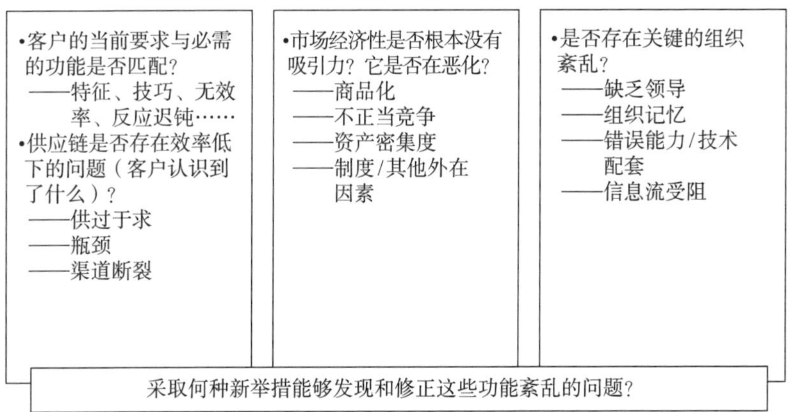

图 14-10　功能紊乱的案例：房屋项目供应

什么条件和诱因在起作用	价值链	客户	渠道	产品	知识	组织
功能紊乱 • 无效率 • 形式和需求不匹配 • 转移的瓶颈 • 其他						
变化性 • 沿着价值链或在客户类别中赢利 • 偏好 • 财富分配 • 其他						
变化的速度/方向 • 技术 • 企业设计创新 • 客户成熟度 • 其他						

在你的战略蓝图中，哪三个因素最重要：

功能紊乱	变化来源	变化的向量（速度/方向）
1.	1.	1.
2.	2.	2.
3.	3.	3.

图 14-11　变动因素分析

战略选择多样化

在开始预测新模式时，你将会采取什么样的行动？

如果在行动之前能够增大你的选择范围，你就能扩展可创造的价值，并能快速成功。财务方案用来降低风险，它们有价值。为什么战略方案不能创造价值？

你怎样才能建立扩大的组合方案？可以从了解那些有远大志向的公司，追求更广阔的选择模式开始。以下问题对每个公司都十分重要：

- 在价值增长期中，什么时候出现关键性的战略结合点？
- 哪些方案是切实可行，值得思考的？
- 公司做出了哪些选择？

1987 年，微软只把 Windows 和 OS/2 作为自己的全部方案组合，而且同时它可以选择 DOS 应用，再加上 Macintosh 应用，数据库软件等。它考虑到了更广阔的经营范围，并选择了其中几个最有价值的方案。时至今日，微软的选择空间已经相当广阔，包括应用操作系统、互联网、财务服务、电器和其他战略方案。这使得微软的成功更具传奇色彩。

回头再看你的公司所具有的经验。公司的价值增长曲线是怎样的？花费一些时间来思考关键性的结合点、考虑过的方案以及造成现状的一些关键事件。什么是关键决策的结合点？思考过哪些方案？可操作方案组合的覆盖面有多大？公司做出了哪些选择？为什么做这样的选择？

利用此思路扩展你的选择范围，分析《发现利润区》一书中所讨论的利润模式，并从中启发思路。利润模式为你公司的企业设计方案提供近期规划，让你发现那些最适合的模式并列入你的规划。

创造往往是团队智慧的结晶。组织你公司最有思辨力的员工，使他们了解公司的战略蓝图，让他们设计能吸引最有利可图的客户的 3 个业务组合，并认真地对待他们的观点和看法。有些方案是否对你很适合？

按以下格式列出你的所选方案，从传统的方案开始，加上对于你的公司来说最有挑战性的方案，同时结合对其他方案的组合创新，完成自己的方案组合（见图 14–12）。

每一个方案组合的相关风险和优势分别是什么？在组合自己的方案时，你需要按照从下至上，从最保守的到最创新的顺序，列出所有的选择组合，页面上部是否有很大空间？你是否需要更深刻的反思？

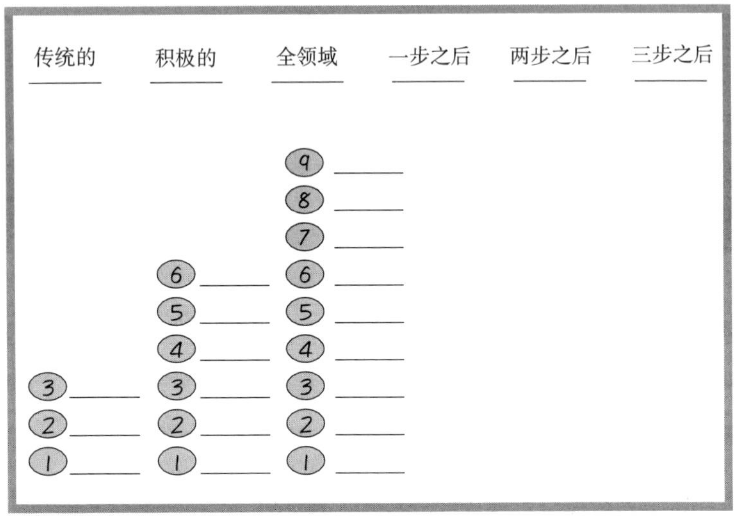

图 14-12　方案组合分析

从模式中赢利:“ 什么是最佳行动？ ”

有了一个方案组合之后，你需要决定“什么是最佳行动”。过去的想法可能只是看到下一步，然而在博弈论或国际象棋中，真正的价值是在考虑到未来的第二步或第三步时才能实现的。狭隘的选择只考虑到下一步，其创造的价值将很低或不会产生价值。广泛的选择和看到几步以后的考虑，将能实现更大的利润增长。最广阔的选择组合和考虑到未来三步以后的出路，将为你的公司创造最大限度的利润增值打下坚实的基础。

利用以前所学习的方案组合，对每一个方案进行评价。

评价哪些方案能够实现最大的价值，是看到一步以后的行动方案，两步以后的行动方案，还是三步以后的行动方案？

哪一个方案能创造最大的战略控制？它最大的风险是什么？

现在选择自己的行动方案，你将怎样实现它？

实施最佳方案所需要做的工作

1. ______________________________

2. ______________________________

3. ______________________________

4. ______________________________

5. ______________________________

6. ______________________________

7. ______________________________

最后记住几个问题：

• 在进行这种改变时，你需要多少能力（带宽）？你拥有多少能力（带宽）？

• 是否有战略捷径可以缩短执行时间？

• 组织是如何准备创造这种变化的？

——是否有必备的人才？

——是否有正确的组织框架？

——是否有正确的企业变化？

• 怎样才能从容地面对变化？

• 这个模式能持续多久？下一个模式到来时，你是否能够确认？

• 在采取行动时，哪些问题你必须牢记在心？

“金钱制造者”：转化模式到利润模式的有关问题

另一种使用模式的办法是将你所处的环境与那些在第 4 章到第 10 章中所介绍的例子做对比测试。其他行业中所出现的模式是否能为你的组织提示未开发的利润机会？下面是由利润模式的两个类别所引发的两个“利润挑战”的例子：产品模式和组织模式。

产品模式：

从产品到品牌

- 我是否拥有品牌？
- 我的品牌意味着什么？
- 品牌代表着什么？
- 品牌需要多少费用？
- 建立品牌最有效的途径是什么？

从产品到拳头产品

- 利润是否从业务组合转移到拳头产品？
- 怎样创造一个体系才能持续保持拳头产品的地位？

从产品到利润倍增器

- 我多少次重复使用我的产品或资产？

1.______________________________

2.______________________________

3.______________________________

4.______________________________

5.______________________________

6.______________________________

7.______________________________

- 什么样的体系能使我更多地重复利用资产？

从产品到金字塔

- 我的产品有多少级别／价格水平？
- 能够有多少个？

从产品到解决方案

- 我是否了解我的客户体系的经济性？

- 哪些客户会接受这些做法?

组织模式:

技能转移

- 我有什么样的技能组合? (A)
- 我需要什么样的技能组合? (B)
- 从A到B我得到了什么?
- 我能够多快地实现从A到B的转变?

从金字塔到网络

- 有 10 个人的规模(最多 10 个人),我的员工有多大能力
  —客户?
  —盈利可靠性?
  —投资者?
- 我如何能使能力最大化,在尽可能短的时间内?

基石建设

- 我在哪儿?
- 什么是我的组织追求的下一步唯一的最佳空间?

从传统

- 对于我的公司而言,最重要的业务问题是什么?

到数字化企业设计

- 我的企业活动中的多少是比特而不是原子?
- 我的管理电子化程度是百分之多少的比特?
- 向电子化管理转变会对我最重要的业务问题产生多大的有利影响?

致　谢

本书第 1 章运用加里·卡斯帕罗夫与“深蓝”比赛的例子介绍了模式思维的重要性。正如下国际象棋要求在棋局中有识别模式的能力，在今日复杂多变的商业环境中要想取得成功，必须具有新的基本技巧和套路，即盈利模式识别能力。然而“深蓝”的故事证明了另外一个重要道理：卡斯帕罗夫并不是被机器所击败，而是被一个融合了共同知识与几百个选手经验并形成了模式化知识基础的团队所击败的。

如今，所有的管理人员和投资者都面临着环境日益复杂而应对事务的余地日益缩小的痛苦局面。这种“带宽”危机困扰着越来越多的决策者，他们必须在更短的时间内做出更有力的决策。应付这种挑战的一个方式是，积极地从过去战略性的失误与胜利中吸取经验教训并从中获利。当然，说起来容易做起来难。有成百上千个行业的企业经验可以学习。作为一个企业的经理人如何获取、学习并运用这些经验？答案经常是含混不清的。你所能明确的是组建一个团队，团队成员能把他们的模式经验总结出来，能针对当今的战略性问题提出必需的权威经验，以构建知识基础。

基于新的盈利模式识别技巧的重要性，战略的制定成为一种团队运作的过程。如果团队工作是在以往模式、机制和步骤所积累的经验知识基础之上的，那么用它来指导团队工作，将极为有效。

构建盈利模式的知识基础是一项复杂且具有挑战性的任务。知识基础包括模式如何运行、为什么会产生、如何从中赢利等。模式的构建要求汇集并整合许多专家的经验和知识，包括行业知识、结果及大量的商务和经济规律，比如客户知识、组织分析等。它不是一个静态而是一个动态的连续过程。

本书的思想观点和案例是建立在美世管理咨询公司极广泛的知识基础之上的。这个知识基础的形成源自整个公司的经验，是在验证与处理了十多个行业的基本战略变化的经验之上形成的。正像今天的企业运营需要一个团队的成员把各种思想观点汇集起来，美世拥有各行各业的专家，他们深刻地了解与把握改变经济生活中主要行业的关键盈利模式，这是本书的基础。在此我们要感谢这些领头人及其他团队成员：信息和娱乐部门的鲍勃·福克斯、财务部门的斯科特·伯恩鲍姆、制造部门的彼得·鲍姆加特纳、运输部门的休·兰德尔、能源与输送部门的詹姆斯·博诺莫以及零售消费和健康服务部门的凯文·蒙特团队，感谢他们对各自行业运营模式的洞察和远见。此外，感谢特别有助于深化促进各种概念发展的我们的合作者查利·霍本、里克·怀斯、埃德·戴盖罗尼莫、南希·洛特和马修·克拉克等。

本书也是那些能激发美世客户洞察力的类似的组织和智囊能量的结晶。我们感谢那些客户，他们向我们提出了难题并提供一起解决棘手问题的合作机会，这激发了我们对战略性变化的深刻理解——是什么引起变化，怎样利用其优势。这种持续的挑战使我们识别了各种盈利模式，列出了公司在一个基本的变化模式受阻时所能运用的各种措施和对抗性措施的清单。

本书是一本图文并茂的书，在此需要感谢美世的制作人员在图表制作方面的建议和支持。尤其感谢维基·博卡什在整个过程中的支持和艺术专业建议。没有她的努力，就没有今天的这本书。

我们感谢时代图书公司的约翰·马哈尼，感谢他在原稿创作过程中的指导、鼓励、指点和反馈。他的意见促成了我们所采用的方法，决定了洞察力水平和专业程度，并使内容结构和案例之间保持平衡。

最后需要指出的是，本书参考和分享了美世全体成员的研究成果、思想观点和热情。没有美世公司主席彼得·科斯特、美世管理咨询营运副主席吉姆·唐的支持与投资，我们将无法汇集整个组织的知识和智慧，无法整合成一个有用的框架，并最终成书。特别感谢由哈克·克罗迪尼领导的，包括马克·科普洛维奇、依沙·阿切尔、康安、马特·斯通、阿德里安－米伦和马丁·斯坦在内的核心团队。他们收集了此书中利润模式的相关研究资料，并帮助理顺了书稿的思路和方向。特别感谢杰克·科洛德内、马克·科普罗维奇和依沙·阿切尔，他们努力改进书稿，并在编辑过程中给予支持。他们的洞察力和热情是本书成书的关键。